集人文社科之思 刊专业学术之声

集 刊 名：日本文论
主办单位：中国社会科学院日本研究所
主　　编：杨伯江
执行主编：唐永亮

COLLECTION OF JAPANESE STUDIES

编辑委员会

名誉编委

武　寅　刘德有　〔日〕米原谦　〔日〕滨下武志

编　　委（按姓氏笔画排序）

王　伟　王　青　王新生　汤重南　孙　歌　刘江永　刘岳兵
刘晓峰　吕耀东　李　薇　杨伯江　杨栋梁　宋成有　张季风
张建立　吴怀中　尚会鹏　周维宏　胡　澎　胡令远　赵京华
郭连友　高　洪　徐　梅　唐永亮　崔世广　韩东育　董炳月

编 辑 部

唐永亮　叶　琳　李璇夏　张耀之　陈梦莉

2021年第1辑（总第5辑）

集刊序列号：PIJ-2019-365
中国集刊网：www.jikan.com.cn
集刊投约稿平台：www.iedol.cn

日本文论

COLLECTION OF JAPANESE STUDIES

1 2021
（总第5辑）

杨伯江 主编

社会科学文献出版社
SOCIAL SCIENCES ACADEMIC PRESS (CHINA)

目 录

专题研究　东亚文化交流与日本国家建构

东亚历史视域下的日本天皇制形成过程探析 …………………… 蔡凤林 / 1

日本女帝研究 ………………………〔日〕吉川敏子/著　史冰容/译 / 26

《源氏物语》对"白虹贯日，太子畏之"的接受研究
　　……………………………………………………… 郑寅珑　佟　君 / 36

飞鸟时代的日本墓葬制度
　　——基于古代东亚国际关系的视角 ……〔日〕菱田哲郎/著　李俊卿/译 / 56

伊波普猷的琉球民族和政治问题研究 ……………………………… 徐　勇 / 65

政治与外交史

平成时代的政治改革
　　——目标、过程及绩效评估 ……………………………… 王哲春　高　洪 / 92

疫情期间日本以欧盟国家为主的欧洲外交 ………………………… 周永生 / 110

经济与社会史

"亚洲共同体"何以可能：中日青年对"亚洲"的社会心理认知
　　……………………………………………………………………… 翟一达 / 131

文化与思想史

日本的对外认识研究：历史、主题与趋势 ………………………… 熊淑娥 / 156

书评

"本土书写者"的困境与呐喊
　　——评《学术世界体系与本土人类学：近现代日本经验》
　　……………………………………………………………………… 贺　平 / 176

Table of Contents & Abstracts ……………………………………………… / 193

CONTENTS

Special Discussion: East Asian Cultural Exchange and Japan's National Construction

Analysis on the Development of Japan's Tennoism
  from the Historical Perspective of East Asia　　　　Cai Fenglin / 1
The Study of Japanese Female Emperors　　　　Yoshikawa Toshiko /26
On the Reception of "Bai Hong Guan Ri, Tai Zi Wei Zhi"
  in *The Tale of Genji*　　　　Zheng Yinlong　Tong Jun / 36
Japanese Burial System in Asuka Era
  —From the Perspective of International Relations in Acient East Asian
　　　　Hishida Tetsuo / 56
Iha Fuyuu's Study of Ryukyu Nationality and Politics　　　　Xu Yong / 65

Political and Diplomatic History

The Political Reform in the Heisei Period
  —Target, *Process and Performance Evaluation*
　　　　Wang Zhechun　Gao Hong / 92
Japan's Foreign Policy towards EU Countries during
  the Epidemic Period　　　　Zhou Yongsheng / 110

Economic and Social History

The Prospect for "Asian Community": Perceptions
  of Asia among Chinese and Japanese Youth　　　　Zhai Yida / 131

Culture and Thought History

An Overview of Studies on Japanese Perceptions of the External World:
  History, Themes and Trends　　　　Xiong Shue / 156

Book Review

Native Anthropologists' Dilemma and Cry-out: A Review on *Native
  Anthropology: The Japanese Challenge to Western Academic Hegemony*
　　　　He Ping / 176

Table of Contents & Abstracts　·············· / 193

• 专题研究　东亚文化交流与日本国家建构•

东亚历史视域下的日本天皇制形成过程探析

蔡凤林[*]

内容提要：在日本政治史研究中，天皇制是核心课题之一。日本古代天皇制的确立是以律令制国家建设为政治前提的王权高度集中过程，呈现出律令制建设与天皇制建构交融并进的政治发展轨迹。天皇制形成的内因在于古代日本社会生产力的发展以及随之产生的国内政治发展需求，外因则是围绕朝鲜半岛问题展开的东亚国际环境对日本的深刻影响。古代日本始终和东亚大陆保持着紧密的政治、经济和文化联系，在古代日本统一王权的建立、律令制国家建设、王权向皇权迈进、天皇制确立的一系列过程中，均能看到古代东亚地区政治文化发展及政治局势变化的巨大影响。其核心纽带是朝鲜半岛这一文明通道，或可说朝鲜半岛问题是催生日本天皇制的主要动力之一。

关　键　词：日本　王权　天皇制　古代东亚　朝鲜半岛

在日本政治制度史上，天皇制作为重要的组成内容和表现形式延续至今，且已成为日本的象征之一。皇权制度确立后，不仅对古代日本中央集权制国家的建立发挥了决定性作用，在第二次世界大战结束以前对日本近代政治及国际关系也产生了极大影响。天皇制是古代日本王权及国家制度发展到一定阶段后的产物，其形成与古代日本社会生产力的发展以及随之产生的国内政治发展需求有着密切的关系。同时，历史上推进天皇制形成的动力，还

---

[*] 蔡凤林，历史学博士，中央民族大学外国语学院教授，主要研究方向为中日关系史及东亚区域史。

存在外部因素，譬如7世纪以前围绕朝鲜半岛问题展开的东亚国际环境。内因和外因的交互作用促成了日本这一独特的政治制度。

截至目前，着眼于日本国内因素研究天皇制形成过程的成果较多，本文将日本早期王权形成、发展并演化为天皇制的历史过程置于古代日本所处的东亚国际环境中进行考察，以图全面展示天皇制形成的过程及其推动力。这一研究课题对于全面深入了解日本政治制度发展史、中日关系史以及东亚区域史具有重要的学术价值和现实意义。

一　日本早期王权的形成与古代东亚社会

王权是人类社会发展过程中体现国家权力产生和存在的一种普遍形式，皇权则是以皇帝为核心形成的国家政权存在形式，是王权高度集中、扩大的产物。日本天皇制的确立也经历了一个由王权向皇权发展的过程。

（一）日本国家雏形及统一王权的形成

作为由各种典章制度和组织机构支撑的政治实体，国家是人类文明发展到一定阶段后的产物。古代成熟国家的本质特征是基于一套复杂的政治制度和社会组织实现政治权力的高度集中。自20世纪后半叶以来，西方学术界一直热衷于探讨人类早期国家的形成动力。其主要观点包括："国家起源于技术进步和社会分化，人口增长压力，社会竞争和战争，大规模水利和灌溉系统的兴修与管理，贸易竞争与垄断，宗教礼仪的作用等不同学说。"[①] 中国的国家雏形出现于新石器时代，是中国古代社会内部技术进步和社会分化、发展的成果。[②] 而日本的新石器时代，即绳文时代（始于公元前10000年前后，延续至公元前400年），主要生产形态属于狩猎、渔猎和采集业，虽然有定居村落出现，但社会依然处于没有阶级分化的原始公社制阶段。日本的国家雏形"邑落国家"应该是在公元前3世纪或更早的时期由朝鲜半岛移居至日本列岛的稻作民族创建[③]，这也是日本王权雏形形成的特点之一。

---

① 戴向明：《简论中国早期国家形成的动力机制》，载吉林大学边疆考古研究中心编《新果集2——庆祝林沄先生八十华诞论文集》，科学出版社，2018。
② 高江涛：《试论中国早期国家形成的模式与动力》，《史学月刊》2019年第6期。
③ 蔡凤林：《日本早期国家的形成与古代东亚社会》，《日本问题研究》2019年第1期。

在日本的早期国家阶段，倭国（7世纪末改称"日本"）统治者倭王（7世纪末改称"天皇"）积极遣使，通交中国汉魏王朝，加入中国的朝贡体系。[①] 总结起来，其目的有二。一是希望得到中国的先进器物（包括政治信物、宗教器具和日常用品等），并分配给组成倭国统治集团的豪族（包括中央豪族和地方豪族），以先进物质的提供来结成倭王和各大豪族长之间的政治隶属关系；或以中国皇帝的赐物为"威信财"（即象征政治权威的信物），强化倭王在倭国内部的政治地位和政治威信，巩固王权。二是力图得到中国皇帝的册封，使自身的王位得到承认或被授予中国的官爵，以此作为政治权威，确保自己在日本列岛"百余国"林立的政治军事竞争中占据优势地位，其本质亦为王权的巩固和扩大。日本王权的形成、巩固和发展，与古代日本统治者在政治、经济上积极依恃中国的外交政策有密切关系，否则就无法解释早在汉魏王朝时期倭人就"以岁时来献见"于汉朝在朝鲜半岛设立的统治机构乐浪郡[②]，或数次克服千难万阻来到中国首都洛阳通聘中国的原因了。日本统一王权在形成、巩固过程中得到中国在政治、经济上的有力支持，印证了历史上中华文明对周边民族或国家的形成发挥巨大作用的事实。

二战结束前，历史上"任那日本府"曾统治朝鲜半岛南部之说成为日本社会的通说。二战结束后，石母田正继承这一观点，于1962年提出任那是倭国的"直辖地"甚至是"殖民地"。[③] 该观点自20世纪60年代后半叶开始遭到朝鲜和韩国学者的批判，目前"任那日本府论"完全被学界否定。[④] 但是，自古以来日本列岛与朝鲜半岛南部的任那加罗地区（今韩国洛东江中下游地区）之间有着密切的经济、文化往来是事实。近年学界的研究成果显示，尤其是在乐浪四郡设立后，形成了一条自今日本九州地区经

---

① 参见《汉书》卷二十八下《地理志下》，中州古籍出版社，1996；《后汉书》卷一百十五《东夷列传》，中州古籍出版社，1996；《三国志·魏书》卷三十《乌丸鲜卑东夷传》，中州古籍出版社，1996。
② 《汉书》卷二十八下《地理志下》，第110页。
③ 石母田正「古代史概説」、『石母田正著作集12 古代·中世の歴史』、岩波書店、1990。
④ 鈴木英夫「加耶·百済と倭—『任那日本府』論—」、鈴木英夫『古代の倭国と朝鮮諸国』、青木書店、1996。

由任那加罗地区至乐浪郡的经济、文化交流通道。① 《日本书纪》记述朝鲜半岛是"财宝国"或"金银之国"等②，这集中反映了古代日本人的"朝鲜观"。"对于古代日本人而言，朝鲜半岛不仅是财富和资源之地，还是文明、信息、人才乃至政治权威的来源。朝鲜半岛犹如一条从东亚大陆架往日本列岛的文化管道，从中国向日本列岛输送了大量的文明乳汁，哺育了日本文化。"③

中国的西汉时期，日本列岛"百余国"林立的政治局面向列岛统一王权迈进，这大致发生在3世纪初。日本统一王权的雏形邪马台国联合体形成的重要动力是日本列岛各部族希望获得朝鲜半岛的铁资源或经由朝鲜半岛得到中国的先进物质。④

古代日本为了确保来自朝鲜半岛的利益，自4世纪后半叶开始参与东亚国际政治军事事宜。现藏于日本奈良县天理市石上神宫的七支刀（因刀身两侧向刀尖方向各有三个分叉，故称"七支刀"）铭文是表现4世纪日本与东亚国际社会间政治关系的珍贵文献。通过该铭文，不仅能够了解到4世纪后半叶日本列岛已形成统一王权，而且可知日本首次与百济建立政治军事联盟，并两次出兵参加了369年和371年在朝鲜半岛的雉壤和平壤展开的抗击高句丽的战役。⑤

高句丽《好大王碑》（亦称《广开土王碑》）是展现4世纪末至5世纪初东亚国际政治军事局势的珍贵文献。据此碑记载，391年（辛卯年），倭国军队渡海援助被高句丽占领的百济。此后，400年、404年、407年，高句丽在新罗王城（今韩国庆尚北道庆州市）及带方等地，与倭国、百济展开了数次激烈交战。在这场持久战中，倭国成为高句丽的主要敌人。关于《好大王碑》中出现的"倭寇"二字⑥，有研究者认为他们是来自今日本九州北部地区的海盗集团，但是根据当时倭国和百济、任那加罗地区结盟，共

---

① 岡村秀典「考古学からみた漢と倭」、白石太一郎編『日本の時代史1　倭国誕生』、吉川弘文館、2002。
② 舎人親王『日本書紀　巻九　神功皇后紀』、経済雑誌社、1897。
③ 蔡凤林：《日本早期国家的形成与古代东亚社会》，《日本问题研究》2019年第1期。
④ 白石太一郎編『日本の時代史1　倭国誕生』、90-92頁。
⑤ 鈴木靖民「倭国と東アジア」、鈴木靖民編『日本の時代史2　倭国と東アジア』、吉川弘文館、2002、13頁。
⑥ 王健群：《好太王碑研究》，吉林人民出版社，1984。

同侵略新罗并引发高句丽长期大规模出兵征讨这一情况，可以认为《好大王碑》中出现的"倭寇"是倭国统一王权从以大和（今奈良县）、河内（今大阪府东部地区）为中心的日本列岛各地统一动员、组织、派遣的国家军队。①

军事和外交是构成王权的两大要素。倭王权是奈良盆地各豪族长为了共同掌控通往朝鲜半岛这一文明通道而联合起来的产物，故在王位继承方面必然要求其继承者具有外交和军事指挥能力。②而包括上述369年、371年倭国支援百济的两次战争在内，4世纪中后期至5世纪初倭国出兵抵抗高句丽南下，促进了倭王与日本列岛各豪族长之间的政治统属关系，客观上推动了日本古代统一王权的形成。

《晋书·武帝纪》记载，西晋泰始二年（266）十一月己卯，"倭人来献方物"。③此后近150年间史籍上不见倭国和中国交往的记载，再次出现则是在5世纪初东晋安帝义熙九年（413）十二月。④在近一个半世纪后的5世纪初，倭国再次朝贡中国，目的是施展远交近攻和"事大主义"的外交策略，从中国获得政治支持，阻止高句丽南侵。升明二年（478）倭王武（雄略天皇）向中国南朝刘宋皇帝所呈表文则进一步表露出这种政治意图。⑤

上已述及，在4世纪以前，由于汉魏等中国封建王朝的政治支持以及倭国各豪族为抵御高句丽南下携手联合，倭王在日本列岛实现了一定程度的政治统合。但是到了5世纪，不仅"倭王"的政治地位需要得到刘宋皇帝的"除正"（正式授予），甚至像倭隋这样的王族或大豪族成员在倭国国内被授予"平西、征虏、冠军、辅国将军号"或"军、郡"（即将军号和郡太守号⑥）等官爵时，亦需要得到刘宋皇帝的"除正"。⑦倭王珍被刘宋皇帝授予的"安东将军号"和倭隋等人被"除正"的"平西、征虏、冠军、辅国

---

① 鈴木靖民「倭国と東アジア」、鈴木靖民編『日本の時代史2　倭国と東アジア』、22頁。
② 大平聡「世襲王権の成立」、鈴木靖民編『日本の時代史2　倭国と東アジア』、217頁。
③ 《晋书》卷三《武帝纪》，中州古籍出版社，1996，第10页。
④ 《晋书》卷十《安帝纪》，第40页。
⑤ 《宋书》卷九十七《倭国传》，中州古籍出版社，1996，第434页。
⑥ 坂本義種「古代東アジアの日本と朝鮮」、吉川弘文館、1978。
⑦ 《宋书》卷九十七《倭国传》，第434页。

将军号",在序列上是接近的。① 据《宋书·倭国传》和《宋书·本纪》记载,5世纪时"倭五王"(赞、珍、济、兴、武)遣使朝贡刘宋王朝达十次。② 其间,倭王及其属下得到刘宋皇帝的叙官封爵,并利用这些官爵,对内加强倭王对倭国统治的正统性,对外维护倭国与朝鲜半岛南部的文明通道的畅通。从这个意义上讲,5世纪的倭王权是"基于他律性权威的君主权力"。③

据《宋书·倭国传》记载以及《埼玉县稻荷山古坟出土铁剑铭》《熊本县江田船山古坟出土铁刀铭》④ 考证,5世纪时,倭王已和日本列岛各豪族长结成了一定程度的政治隶属关系,此亦成为升明二年(478)倭王武遣使向刘宋顺帝上表汇报"窃自假开府仪同三司,其余咸各假授"⑤ 的政治基础。简言之,5世纪时倭国在统一的专制王权形成道路上迈出了一步,这与得到中国刘宋王朝的政治支持并采用中国的政治制度有着直接的关系,而其根源在于朝鲜半岛动荡的局势。

(二)日本基于"血缘原理"的王位继承制的形成

天皇制的思想基础是由专制意识和皇位继承原理构成的。其中,皇位继承原理是基于"血缘原理"的王位继承制的发展形式。向王位继承制中导入"血缘原理"是中央集权制和天皇制建设进程中的重要步骤和环节。

根据《古事记》和《日本书纪》中设定的"皇统谱",日本人至晚在7世纪末至8世纪初即已产生体现天皇血统和政统亘古未绝的"万世一系"政治意识。事实上,此"皇统谱"目前已被学界彻底推翻,不足为信,天皇的血统和政统均非"万世一系"。

4世纪末至5世纪初,倭国通过联合百济、抵抗高句丽的战争,强化了倭王在国内的政治统合力,这成为倭国发展成日本列岛规模的政治联合体的

---

① 武田幸男「平西将軍倭隋の解釈」、『朝鮮学報』第77号、1975。
② 先后发生于永初二年(421)、元嘉二年(425)、元嘉七年(430)、元嘉十五年(438)、元嘉二十年(443)、元嘉二十八年(451)、大明四年(460)、大明六年(462)、升明元年(477)、升明二年(478)。
③ 河内春人『日本古代君主号の研究』、八木書房、2015、92頁。
④ 中田祝夫「日本の漢字」、大野晋・丸谷才一『日本語の世界4』、中央公論社、1982、159頁。
⑤ 《宋书》卷九十七《倭国传》,第434页。

契机之一。5世纪之前，一方面，倭王得到倭国内部的政治承认是以其执政能力尤其是应对朝鲜半岛局势的外交、军事能力为基准的；另一方面，倭国具有浓厚的豪族联合体性质，王权由得到大多数豪族长支持的大和地区大豪族长继承。

关于5世纪"倭五王"的世系，《宋史·倭国传》记述珍为赞之弟。结合《日本书纪》对反正天皇身世的记述①，可以认为珍是反正天皇。而关于珍和济之间的血统关系，《宋史·倭国传》没有明确记述，与《古事记》《日本书纪》中的"皇统谱"也缺少严密的对应性。②藤间生大认为赞—珍系和济—兴—武系属于两个不同的血缘集团。③这一观点获得了一些研究者的支持。④按此观点推知，至5世纪，倭王权的继承尚未为单一血缘关系集团所独占。

关于5世纪倭王在王位继承制中导入血缘关系的研究，还需要关注之前在日本列岛上出现的不同王权的性质及其相互关系。《汉书·地理志》载西汉时期日本列岛上有"百余国"⑤；《后汉书·东夷传》载东汉建武中元二年（57），"倭奴国奉贡朝贺"，安帝永初元年（108）倭国王帅升等"愿请见"⑥。《三国志·魏书》卷三十《乌丸鲜卑东夷传》载三国时期倭女王卑弥呼向曹魏王朝遣使数次。这些日本早期王国的统治者在政治和血统上是否存在传承性，目前尚不能妄下结论。4世纪初日本列岛上开始建造形制统一的前方后圆坟，并且出现了许多超大规模的前方后圆坟，象征着王权得到了强化。但是到了4世纪末，这种大型坟墓不再建造。这可能是因为王权更迭导致国内政治陷入混乱。能够体现出倭王权内部的混乱状态得到改变的是5世纪前半叶古市古坟群中的仲津姬陵古坟及大阪府百舌鸟古坟群中的履中天皇陵的出现。⑦有研究者提出，4世纪时畿内大型古坟首先出现在大和盆地南部，其中奈良县柳本古坟群确立了优越地位。此后，柳本古坟群的优越地

---

① 舍人亲王『日本書紀　卷十二　履中、反正天皇紀』、217頁。
② 大平聪「世襲王権の成立」、鈴木靖民編『日本の時代史2　倭国と東アジア』、203頁。
③ 藤間生大『倭の五王』、岩波新書、1968。
④ 原島礼二『倭の五王とその前後』、塙書房、1970；大平聪「世襲王権の成立」、鈴木靖民編『日本の時代史2　倭国と東アジア』、200-204頁。
⑤ 《汉书》卷二十八下《地理志下》，第110页。
⑥ 《后汉书》卷一百十五《东夷列传》，第384页。
⑦ 一瀬和夫「倭国の古墳と王権」、鈴木靖民編『日本の時代史2　倭国と東アジア』、104頁。

位被大和盆地北部的佐纪盾列古坟群取代。5 世纪，在河内、和泉（今大阪地区）的古市、百舌鸟古坟群中出现了规模最大的古坟。这一现象表明大和王权的盟主权在分别以大和盆地和大阪平原为根据地的两大势力间移动。① 究其原因，可能是倭国在 4 世纪末至 5 世纪初对朝鲜半岛的军事、外交行动受挫，对倭国内政产生了极大影响，导致王权更迭甚至王统变化，至少使政治基础向河内地区扩大。②

"倭五王"以后，6 世纪初即位的继体天皇的父系是近江（今滋贺县）豪族，母系是越前（今福井县）豪族或出自近江的息长氏。③ 总之，继体天皇出自地方豪族。在天皇制发展史上，继体天皇的即位是重要的转折点，此时倭王血统又一次出现断层且形成了与应神天皇没有关系的新王朝。此外，继体天皇的成长环境及其成功即位与古代日本移民集团"汉氏"有密切关系④，此亦令人深思。

尽管"倭五王"做出了巨大的外交努力，但 5 世纪末 6 世纪初朝鲜半岛局势愈加不利于倭国。475 年，在抵抗高句丽的战争中，百济国王盖卤王战死，百济被迫将首都从汉山城南迁至熊津城（今韩国忠清南道公州）。为了复兴王权，百济进入朝鲜半岛西南的故马韩领地荣山江流域，继而东进，将势力扩及蟾津江流域，迫近任那加罗。512 年任那的上哆唎、下哆唎、娑陀、牟娄四县被百济合并，513 年任那的己汶、多沙两地被百济分割。527 年，筑紫国豪族磐井发动叛乱，私通新罗，阻止大和朝廷出兵朝鲜半岛。⑤ 538 年，迫于来自高句丽的压力，百济再次向南迁都到泗沘城（今韩国忠清南道扶余），正式经略任那加罗。与此同时，新罗崛起，从东面威胁任那加罗，562 年任那加罗完全被新罗吞并。从此，倭国丧失了朝鲜半岛南部的文明通道。

---

① 白石太一郎「畿内における大型古墳の消長」、『考古学研究』第 16 - 1 号、1969。
② 鈴木靖民「倭国と東アジア」、鈴木靖民編『日本の時代史 2　倭国と東アジア』、23 頁。
③ 黛弘道「継体天皇の系譜について」、『学習院史学』第 5 号、1968；黛弘道「継体天皇の系譜についての再考」、坂本太郎博士古稀記念会編『続日本古代史論集』、吉川弘文館、1972；岡田精司「継体天皇の出自と背景—近江大王家の成立をめぐって—」、『日本史研究』第 128 号、1972；塚口義信「継体天皇と息長氏」、横田健一編『日本書紀研究』（第 9 冊）、塙書房、1976。
④ 舎人親王『日本書紀　卷十七　継体天皇紀』、284 - 285 頁。
⑤ 舎人親王『日本書紀　卷十七　継体天皇紀』。

7世纪末以前，日本的内政与朝鲜半岛问题紧密交织在一起，外交直接影响其内政。6世纪前半叶，继体天皇以新的血统即位，王位并不稳固。6世纪中叶，倭国失去任那加罗这一文明通道，又加剧了倭王政治权威的不稳性，王权面临分裂的危机。① 政治上内外交困，为了稳定王权，钦明天皇（继体天皇之子，539~571年在位）一方面竭力号召"收复"任那加罗[例如，临终时给皇太子即后来的敏达天皇（572~585年在位）留下遗嘱："朕疾甚，以后事属汝。汝须打新罗，封建任那。"②]；另一方面，改变此前由王族成员依靠实力继承王位的制度，导入"大兄"制③，将王权继承制引向"单一血缘原理"。④ 尽管在近代天皇制确立以前严格意义上的父位子承的皇位继承制未能确立，但钦明朝以后王位（皇位）在钦明天皇后裔尤其是在其子敏达天皇后裔中传承，形成了以倭王为核心的特殊而神圣的血缘政治集团。7世纪后半叶，日本在"白村江战役"中惨败而陷入空前的国家危机，为了建立以倭王为核心的中央集权制，强化倭王血统和政统的紧迫性加剧，于是倭王开始编造王位谱系，其最后的成果便是出现在《古事记》和《日本书纪》中的"皇统谱"。

二　天皇制的确立与古代东亚社会

　　早期王权的形成不代表皇权的建立，但早期王权是皇权建立的政治基础。"皇帝"一词是由"三皇"与"五帝"这两个极尊称号结合而成的，中国的皇帝是以"海内为郡县，法令由一统"为政治基础的极端专权之产物。⑤ 日本天皇制的确立亦是以律令制国家建设为政治前提的王权高度集中过程，呈现出律令制建设与天皇制建构交融并进的政治发展轨迹。因此，为阐明天皇制的确立过程，下文对日本律令制国家制度建设的过程予以分析。

---

① 佐藤長門「倭王権の転成」、鈴木靖民編『日本の時代史2　倭国と東アジア』、238頁。
② 舍人親王『日本書紀　卷十九　欽明天皇紀』、348頁。
③ "大兄"是倭王将长子置于自己的辅政地位，作为对长子、长兄的敬称，让世人称他们为"大兄"，目的是淡化固有的叔父、同母弟、异母弟等的辅政功能，试图建立王位的父子继承制。
④ 佐藤長門「倭王権の転成」、鈴木靖民編『日本の時代史2　倭国と東アジア』、239頁。
⑤ 《史记》卷六《秦始皇本纪》，中州古籍出版社，1996，第17页。

（一）推古朝改革与日本王权的强化

律令制国家本质上属于摆脱基于血缘亲族关系的氏族部落制，以统一的官爵制度与法律基准规范统治阶级和被统治阶级行为的政治实体。如果从这一视角审视、理解律令制国家的本质特征，则可以认为日本律令制国家建设始于推古朝（593~628年）。在该时期，倭国统治者制定了促进倭国大豪族官僚化的"冠位十二阶"，并颁布官员行为准则《宪法十七条》、改进礼仪服饰、撰写史书等，拉开了以中央集权制为宗旨的律令制国家建设的帷幕。推古朝的这些改革和倭国当时所处的东亚国际政治环境有着直接的关系。

6世纪后半叶，新罗和百济的对立日趋严重。589年隋朝统一中国，高句丽、百济和新罗相继朝贡隋朝，加入隋朝的朝贡体制。① 这些均对当时的倭国造成了极大的政治冲击。6世纪后期，倭国最重要的政治课题是"复兴"任那。《日本书纪》敏达天皇纪四年（575）二月乙丑条记载："百济遣使进调，多益恒岁。天皇以新罗未建任那，诏皇子与大臣曰：'莫懒懈于任那之事。'"② 敏达天皇纪十二年（583），天皇又下诏称："属我先考天皇（钦明天皇——引者注）之世，新罗灭内官家之国（指562年新罗吞并任那加罗——引者注）。先考天皇谋复任那，不果而崩，不成其志。"③ 因此敏达天皇临终时下遗诏，希望"不可违背考天皇敕，可勤修乎任那之政也"。④

《日本书纪》记载，为了"复兴"任那，6世纪末至7世纪初（崇峻朝至推古朝），倭国采取了诸多措施。例如，崇峻天皇纪四年（590）八月庚戌朔条记载："天皇诏群臣曰：'朕思欲建任那，卿等如何？'群臣奏曰：'可建任那官家，皆同陛下所诏。'"崇峻天皇纪四年十二月壬午条记载："差纪男麻吕宿祢、巨势臣比良夫、狭臣、大伴齿连、葛城乌奈良臣为大将军。率氏氏臣、连为裨将部队，领二万余军，出居筑紫（今九州地区——引者注）。遣吉士金于新罗，遣吉士木莲子于任那，问任那事。"崇峻天皇纪五年（591）十一月丁未条记载："遣驿使于筑紫将军所曰：'依于内乱

---

① 《隋书》卷八十一《高丽传》，中州古籍出版社，1996；《隋书》卷八十一《百济传》，中州古籍出版社，1996；《隋书》卷八十一《新罗传》，中州古籍出版社，1996。
② 舍人親王『日本書紀 卷二十 敏達天皇紀』、352頁。
③ 舍人親王『日本書紀 卷二十 敏達天皇紀』、354頁。
④ 舍人親王『日本書紀 卷二十 敏達天皇紀』、359頁。

(指崇峻天皇被弑事件——引者注），莫怠外事。'"① 推古天皇纪九年（601）三月戊子条记载："遣大伴连齿于高丽，遣坂本臣糠手于百济，以诏之曰：'急救任那。'"推古天皇纪九年十一月甲申条记载："议攻新罗"。推古天皇纪十年（602）二月己酉朔条记载："来目皇子为击新罗将军，授诸神部及国造、伴造等并军众二万五千人。"② 601~603年征讨新罗的计划内容翔实，具有严密的内在逻辑，应为信史，是继崇峻天皇四年十二月倭国遣二万余人部队"出居筑紫"准备征讨新罗之后的又一次针对朝鲜半岛的大规模军事行动计划。

由这些记载可知，虽然任那在562年被新罗吞并，但倭国统治者依旧对任那念念不忘，"复兴"任那成为倭国6世纪后期至7世纪最大的政治课题。推古朝实施的政治和文化改革与实现这一政治目标密切相关。改革的目的是通过国家制度和政治形象建设，实现有效的国家功能，主要是与新罗展开政治和文化竞争，使任那加罗摆脱新罗的控制。尽管推古朝改革尚未废除部民制而实施真正意义上的律令制度，但开启了日本律令制国家建设的进程，王权得到加强。脱离倭国当时所处的东亚国际政治环境而孤立地谈论推古朝改革的动因，显然会偏离正鹄。

（二）"大化革新"与日本专制王权的形成

在日本律令制国家和专制王权建设进程中，大化元年（645）开始的大化革新是一次转折点。改革的主要内容是仿效唐朝废除王室、豪族的土地私有制和部民制，土地和部民收归国有，编制户籍并施行班田收授法和租庸调制。孝德朝初年又改变了传统的"大臣"（オオオミ）、"大连"（オオムラジ）等官职，根据中国的官职"大臣"（ダイジン），设置"左大臣"和"右大臣"，并取范中国北朝的官制，设置祠官头，执掌王族世系、继嗣以及朝廷礼仪、婚姻、卜筮等工作。③ 在大化革新中，还在朝廷设立了具有中国风格的官职"国博士"，任命从唐朝留学回国的僧旻和高向玄理担任此职，作为最高政治顾问。也是在这次改革中，倭王正式使用"大化"这一公年号，

---

① 舍人亲王『日本書紀 卷二十一 用明、崇峻天皇紀』、370-371頁。
② 舍人亲王『日本書紀 卷二十二 推古天皇紀』、375-376頁。
③ 森公章「倭国から日本へ」、森公章編『日本の時代史3 倭国から日本へ』、吉川弘文館、2002、56頁。

"万物之所系，而一化之所待"，希冀加强王权、万象更新。竹内理三将作为政治首领的"大王"和作为宗教首领的"天皇"加以区分，认为推古朝是倭王从政治首领向宗教首领过渡的时期，而将其神化则是在大化革新时期。① 如下文所述，日本启用"天皇"号并将天皇神化为"现御神"（"现人神"）是在天武朝。② 但大化革新空前地强化了倭国最高统治者大王的权力应是事实，古代日本墓制也可证明这一点。7世纪中叶，大王墓以八角坟完全取代前方后圆坟和方坟，完成了大王墓葬与其他豪族墓葬的"隔绝化"③，意味着这个时期倭王在众多豪族中的政治地位进一步走向独尊。大化革新对日本专制王权的形成发挥了巨大推进作用，使古代日本进入天皇制国家形成的前夜。而此次改革亦与当时日本所处的东亚国际政治环境密不可分。

7世纪中叶以后，日本面临的最为紧要的内政外交问题依然是任那加罗问题。642年，百济义慈王从新罗手中夺回任那加罗地区40余城，可是《日本书纪》孝德天皇纪大化元年（645）七月丙子条将此事记载为：

> 高丽、百济、新罗并遣使进调。百济调进使兼领任那使（进）任那调……又诏于百济使曰："明神御宇日本天皇诏旨：'始我远皇祖之世，以百济国为内官家，譬如三绞之纲，中间以任那国属赐百济，后遣三轮栗隈君东人，观察任那国界。是故，百济王随敕，悉示其界。而调有阙，由是却还其调，任那所出物者，天皇之所明览。夫自今以后，可具题国与所出调。汝佐平等，不易面来，早须明报，今重遣三轮君东人、马饲造（阙名）。'"又敕："可送遣鬼部达率意斯妻子等。"④

其中认为，自孝德天皇的祖先以来，百济就是日本的"内官家"（天皇直属地）。"中间以任那国属赐百济"，指继体天皇六年（512）十二月，继体天皇应百济之请，将任那地区的上哆唎、下哆唎、娑陀、牟娄四县赐予百

---

① 竹内理三「大王天皇考」、『日本歴史』第51号、1952。
② 佐藤弘夫『神国日本』、筑摩書房、2006。
③ 白石太一郎「畿内における古墳の終末」、『国立歴史民俗博物館研究報告』第1号、1982。
④ 舎人親王『日本書紀　卷二十五　孝徳天皇紀』、426-427頁。

济。① 但天皇还是会遣使视察任那国界；百济虽受赐任那国，但依然"悉示其界"。而且百济向日本奉调时，天皇"明览""任那所出物"，要求其以后奉调时具报国名和调的内容，不得欠缺。从中可窥知孝德天皇对任那地区的高度重视。

皇极天皇四年（645）六月十二日（亦为"三韩进调之日"），中大兄皇子（天智天皇，661~667年称制，668~671年在位）等改革派人物杀死保守派苏我本宗家主要人物苏我入鹿（史称"乙巳之变"），当时古人大兄皇子说："韩人杀鞍作臣。"《日本书纪》对此注释："谓因韩政被诛。"② 鞍作臣，即苏我入鹿，他坚持"百济一边倒"的外交方针，与改革派通过新罗学习唐朝，从而在国家制度建设上超越新罗的外交方略相冲突。即围绕朝鲜半岛问题，倭国统治者内部形成了两种外交方针的对立，这成为苏我入鹿被斩杀的主因。也就是说，朝鲜半岛问题促成了大化革新。"乙巳之变"发生后，皇极天皇让位，孝德天皇即位。孝德朝的政治是以孝德天皇为中心展开的。革新政权的首要工作是积极应对百济和高句丽的使节，《日本书纪》用很大篇幅阐述日本对朝鲜半岛的立场③，表现出对朝鲜半岛的高度重视，此亦佐证大化革新发生的动因在于朝鲜半岛问题。

（三）天智朝、天武朝改革与天皇制的确立

7世纪后半叶天智朝和天武朝的改革促成了日本律令制国家的确立，而这些改革的主要动力亦来自当时日本所处东亚国际政治环境的影响。

660年、668年，百济、高句丽二国相继灭亡，663年"白村江战役"爆发，这些重大政治军事事件对此后的东亚地区历史产生了极为深远的影响。就日本而言，"白村江战役"中惨败使其自4、5世纪以来试图称霸朝鲜半岛南部地区的政治理想破灭，自此至16世纪末丰臣秀吉发动两次大规模侵朝战争，古代日本不再军事干预半岛事宜。同时，"白村江战役"的结果客观上推进了日本律令制国家建设的进程。

古代中国封建统治者基于自定的朝贡政治体制，视朝鲜半岛各国为应朝

---

① 舍人亲王『日本書紀 巻十七 継体天皇紀』、288-289頁。
② 舍人亲王『日本書紀 巻二十四 皇極天皇紀』、423頁。
③ 舍人亲王『日本書紀 巻二十五 孝德天皇紀』、426-427頁。

贡中国的国家，而古代日本亦以朝鲜半岛为自己不可或缺的生命线，这导致朝鲜半岛局势成为左右古代中日关系的关键。从这个意义上讲，围绕朝鲜半岛问题爆发的"白村江战役"有其历史必然性。660年百济灭亡后，包括百济国王义慈王在内的1300余名百济人被押至唐朝首都长安，659年倭王派出的遣唐使（大使坂合部石布）被唐廷扣留在长安，目睹了意味着东亚政局巨变的这一历史场面。661年他们回到日本后应对天智朝和天武朝政治产生了影响。

麟德元年（664）五月，唐朝熊津都督府（百济灭亡后唐朝在百济故地设置的统治机构）镇将刘仁愿遣朝散大夫、上柱国郭务悰率领百数十人前往日本。日本筑紫大夫以刘仁愿等人为非唐帝敕使为由，拒绝向日本朝廷转呈其函件。麟德二年（665），唐廷遣朝散大夫、上柱国刘德高与郭务悰等254人出使日本。乾封二年（667），刘仁愿再遣熊山县令、上柱国司马法聪出使日本。咸亨二年（671），郭务悰和送使沙宅孙登等人率领47艘船、2000人前往日本。① "白村江战役"后，唐使如此频繁而大规模地出使日本，使当时的日本统治者颇为忧虑，担心唐朝与新罗联军进攻日本。于是，日本在对马岛、壹岐岛、筑紫以及濑户内海沿岸地区部署"防人"，修筑烽火台、水城、山城等防备设施②，加强防务。③

参加"白村江战役"的倭国军队在编制上是以地方豪族召集的部队为主力，实际上当时中央豪族亦拥有各自的军队。由于当时中央集权制国家尚未建成，中央豪族之间的关系近乎平等，缺少统一的指挥系统。"白村江战役"惨败使倭国痛感中央集权制国家建设的紧迫性④，这成为天智朝、天武朝推进律令制国家建设的主要动力。

664年（甲子年），中大兄皇子令其弟大海人皇子（后来的天武天皇）颁布被称为"甲子宣"的改革方案。其主要内容包括：施行二十六阶冠位制度，重新规定大氏、小氏、伴造的"氏上"（氏长），规定氏上的"民

---

① 池内宏「百済滅亡後の動乱及び唐・羅・日三国の関係」、池内宏『満鮮史研究』（上冊第二冊）、吉川弘文館、1960。
② 森公章「倭国から日本へ」、森公章編『日本の時代史3　倭国から日本へ』、75 – 76頁。
③ 事实上，唐朝4次出兵朝鲜半岛，主要目的是解决长期边患高句丽问题，没有明确史料表明唐朝计划攻打日本。唐朝皇帝出于具体的政治目的（将日本纳入唐朝册封体制以防止日本成为高句丽后方）向日本遣使，只有贞观六年（632）唐太宗遣高表仁出使日本一次。
④ 森公章『「白村江」以後』、講談社、1998。

部"（隶属民）和"家部"（相当于封户）。新制定的冠位制基本继承了大化五年（649）制定的十九阶冠位制①，只是增加了中位、下位的冠位数，目的是通过细化爵位制掌握中、小豪族。这一制度后又被天武天皇十四年（685）正月制定的四十八阶冠位制继承。该制度规定"氏上"以畿内豪族为对象②，目的是实现中央豪族的官僚化；规定氏上的"民部"和"家部"，则是为了使朝廷能够直接掌握豪族的隶属民。"甲子宣"在继承孝德朝以来的国家体制的同时，进一步加大王权对中、小豪族和中央豪族的渗透力度。对"氏上"的认定，在天武朝、持统朝时期以至《大宝律令》施行前开展过数次，其基点均在"甲子宣"。③

《日本书纪》天智九年（庚午年，670）二月条记载："造户籍，断盗贼与浮浪。"④ 这就是著名的"庚午年籍"，是日本历史上第一部覆盖全国人口的户籍，其无疑受到了中国户籍制度的影响。编制"庚午年籍"的主要目的是限制豪族的权力、掌握全国民众，以便统一征募军队或统一调动全国军力，应对朝鲜半岛危局。同时，便于在全国范围内征调修筑防御工事所需劳动力。⑤ "庚午年籍"成为编制《大宝律令·户籍令》的基础。

天智天皇十年（671）正月五日，倭国改革官僚体制，以大友皇子为太政大臣、苏我臣赤兄为左大臣、中臣连金为右大臣，以苏我臣果安、巨势臣人、纪臣大人等人为御史大夫，并仿效唐朝设置了相当于《大宝律令》中六省（式部省、治部省、大藏省、兵部省、刑部省、民部省）的法官、理官、大藏、兵政官、刑官、民官等内政机构。这种官僚体制的形成以及以后不断强化的军事体制，均以"白村江战役"惨败后高涨的国家意识为背景。⑥

"白村江战役"后，日本和新罗恢复友好关系，原因是战后不久新罗即与唐朝对立，试图把唐朝势力排挤出朝鲜半岛。天武八年（679）前，日本和新罗的关系平稳。据《日本书纪》记载，天武二年（673）至天武六年

---

① 森公章「倭国から日本へ」、森公章編『日本の時代史3　倭国から日本へ』、24頁。
② 平野邦雄『大化前代政治過程の研究』、吉川弘文館、1985。
③ 森公章「倭国から日本へ」、森公章編『日本の時代史3　倭国から日本へ』、74頁。
④ 舎人親王『日本書紀　卷二十七　天智天皇紀』、483頁。
⑤ 森公章「倭国から日本へ」、森公章編『日本の時代史3　倭国から日本へ』、87頁。
⑥ 上田正昭『私の日本古代史』（下）、新潮社、2012、205頁。

（677），新罗不断派遣贺腾极使（祝贺天皇登基的使节）、进调（朝贡）使、请政使（汇报国政）等赴日修好。天武四年（675）和天武五年（676），日本亦向新罗至少遣使两次。① 为了获得日本的支持，将唐朝势力排挤出朝鲜半岛，新罗频繁遣使日本，迎合日本对朝鲜半岛的宗主国意识。天武八年（679）以后，虽然新罗对日本的态度如故，日本对新罗的态度却发生了变化，不再允许新罗使节进入京城，原因是676年唐朝将统治朝鲜半岛的机构安东都护府移至辽东地区，新罗在大同江以南地区建立统一王朝，这对日本构成了威胁。事实上，早在"白村江战役"刚结束时，日本就对依靠唐朝消灭百济的新罗持有戒备心，只是由于新罗当时出于对抗唐朝的需要向日本称臣，日本才同意与新罗恢复通聘关系。而在新罗将强大唐朝统治机构排挤出朝鲜半岛后，日本统治者对之心生狐疑、感到恐惧，于是开始加强对新罗的防范，主要形式之一就是加强律令制国家建设，在国家制度及其运行方面与新罗展开竞争。

古代日本人关于天皇"万世一系"的政治意识，使日本社会避免了改朝换代带来的动荡，但围绕皇权争夺发生的社会动乱依然不在少数。672年，由于大海人皇子和天智天皇之子大友皇子争夺皇位，爆发了"壬申之乱"。"白村江战役"后，出于加强中央集权制建设的目的，天智天皇试图将王位继承制改为父子继承制，希望将王位传给自己的儿子大友皇子②，这引起天智天皇之弟大海人皇子的不满，引发了"壬申之乱"。但无论是天智天皇抑或"壬申之乱"后成为天武天皇的大海人皇子，迫于日本当时所处的东亚国际局势，都致力于加强以律令制为基础的中央集权制国家建设。

天武朝的律令制建设始于天武十年（681），该年二月，"天皇、皇后共居于大极殿，以唤亲王、诸王及诸臣，诏之曰：'朕，今欲更定律令、改法式。'"③ 天武十四年（685）正月，制定四十八阶冠位制④，这成为持统三年（689）颁布的《飞鸟净御原令》的基础。在日本律令制国家建设的历史上，令的编纂始于天武朝，此后日本专心致志地编纂体系化的律令。

---

① 舍人亲王『日本書紀　卷二十五　孝德天皇紀』、446頁。
② 森公章「倭国から日本へ」、森公章編『日本の時代史3　倭国から日本へ』、91頁。
③ 舍人亲王『日本書紀　卷二十九　天武天皇紀』、522頁。
④ 舍人亲王『日本書紀　卷二十九　天武天皇紀』、535-536頁。

律令格式是中国特有的法律制度，发轫于魏晋，完备于唐初。① 大宝元年（701），《大宝律令》编纂完成，标志着日本律令制国家建设的完成。"日本的律令在编目、条文等框架上是以唐的律令格式为母法的子法。"② 7世纪后半叶，通过遣唐使传入日本的唐朝永徽律令成为编纂《大宝律令》的蓝本。③ 坂本太郎指出："《大宝律令》是把大化革新的纲领，其后50多年实施新政的经验和中国历代编纂律令的经验、教训融汇在一起，经过仔细推敲而制定的一部完整的国家基本法典。它是一部综合性的法律体系，兼具高度的文化性和伦理性。圣德太子的文化国家理念和大化革新的法治国家观念都凝聚于其中，是古代国家政治、思想、文化的最高统一表现。而且，以此为准绳的政治方式，规定了其后持续长达400余年的古代社会的本质，其效力形式上一直持续到明治年代初期。"④《大宝律令》是日本自7世纪上半叶开始学习唐朝，进行律令制国家建设的主要成果。另外，天武朝时期着手制定"八色姓"爵位制度，开始编纂《日本书纪》和《古事记》，计划建设藤原京，改革礼仪服饰，等等，这些也是配合中央集权律令制国家建设而实施的改革。

"白村江战役"后实施的天智朝、天武朝改革，使日本律令制国家建设进程出现了质的飞跃，其代表性成果是《大宝律令》。《养老仪制令》天子条规定："天子，祭祀所称。天皇，诏书所称。皇帝，华夷所称。"⑤《养老仪制令》与《大宝律令》内容一致。律令编纂体现的是高度中央集权制国家建设的精神，"天皇"号的启用应是与日本律令编纂事业同步进行的。日本律令的源头应是天武朝开始编纂的《飞鸟净御原令》（关于天智朝是否编纂过《近江令》，目前学界有争议⑥），因此"天皇"号应启用于天武朝，就如同这一时期为配合律令制国家建设而开始使用"日本"这一新的国号

---

① 楼劲：《魏晋南北朝隋唐立法与法律体系：敕例、法典与唐法系源流》，中国社会科学出版社，2014。
② 鈴木靖民「日本律令の成立と新羅」、鈴木靖民『倭国史の展開と東アジア』、岩波書店、2012、294頁。
③ 鈴木靖民『古代日本の東アジア交流史』、勉誠出版、2016、227頁。
④ 〔日〕坂本太郎：《日本史》，武寅等译，中国社会科学出版社，2008，第93页。
⑤ 黒板勝美・国史大系編修会編集『新訂増補国史大系24　令集解（後編）』、吉川弘文館、1966、701頁。
⑥ 森公章「倭国から日本へ」、森公章編『日本時代史3　倭国から日本へ』、90-91頁。

一样。《飞鸟净御原令》中将倭王妻子"大后"改称"皇后",应与"天皇"号对应使用①,这也佐证了伴随律令制国家建设的步伐,日本启用了"天皇"号。

至于天武天皇使用"天皇"而未用其他专制君主称号,这应该是基于他与唐朝皇帝的对等心理而仿效唐高宗李治(649~683年在位)做法的结果。咸亨五年(674),唐高宗下诏,"皇帝称天皇"②,采用了"天皇"号。日本天武朝在政治和文化建设上积极施行唐风化政策,开始实质性地学习唐朝,建设律令制国家。669年日本派遣第7批遣唐使,其后直到702年才再次派遣遣唐使,这30余年间日本和唐朝不存在官方外交关系,但和新罗关系密切,大陆文化、信息的输入依靠与新罗的通交。③ 可以说,天武朝建设律令制国家主要是通过新罗向唐朝学习的过程。④ 669~700年,新罗通聘日本23次,其中天武朝时期通聘12次[672年、673年、675年(两次)、676年、678年、679年、680年、681年、683年、684年、685年];675~700年,日本向新罗遣使9次,其中天武朝时期遣使5次(675年、676年、679年、681年、684年)。⑤ 唐高宗时期,唐朝和新罗的关系密切,唐朝对新罗的管控也很严格。⑥ 700年日本所立的《那须国造碑》(位于今栃木县大田原市)上出现了唐睿宗李旦的年号"永昌"(689年正月至十一月使用)。⑦ 由此看来,7世纪末日本经由新罗对唐朝文化的吸收很迅速,唐高宗采用"天皇"号,应为新罗所熟知。现存新罗金石文中首次出现的"天皇大帝""高宗天皇大帝"文字见于文武王(661~681年在位)于681年或682年所立碑(目前一部分碑文藏于韩国国立庆州博物馆)。⑧ 因此可以推知,天武天皇应是以新罗为媒介了解到唐高宗使用"天皇"号并予以模仿,

---

① 荒野泰典[ほか]編『律令国家と東アジア』、吉川弘文館、2011、208頁。
② 《旧唐书》卷五《高宗纪下》,中州古籍出版社,1996,第18页。
③ 森公章「倭国から日本へ」、森公章編『日本時代史3 倭国から日本へ』、85頁。
④ 鈴木靖民「日本律令の成立と新羅」、鈴木靖民『倭国史の展開と東アジア』、岩波書店、2012。
⑤ 鈴木靖民「天平文化の背景」、鈴木靖民『古代日本の東アジア交流史』、勉誠出版、2016、236-237頁。
⑥ 《新唐书》卷二百二十《新罗传》,中州古籍出版社,1996,第903页。
⑦ 東野治之『日本古代金石文の研究』、岩波書店、2004年。
⑧ 増尾伸一郎『日本古代の典籍と宗教文化』、吉川弘文館、2015、46-53頁;新川登亀男『「天皇」のなりたち』、韓国・高麗大学校日本研究所、2000。

目的是与唐朝皇帝平等并凌驾于新罗之上。

另外，天武天皇以"天皇"改称古代日本最高统治者"大王"的原因，还应考虑到利用道教要素的问题。《日本书纪》记载天武天皇谥号为"天渟中原瀛真人"（意为"居住在大海彼岸仙境瀛洲的真人"），天武天皇"能天文、遁甲"[①]，675年，天武天皇"始兴占星台"[②]，等等，这些记载说明天武天皇是身具道教色彩的统治者。当然，天武天皇重视道教，看重的是道教中与神道内容相近的要素，其政治职能远大于宗教职能，利用道教是天武天皇营建"神国"的举措之一。日本最高统治者称号由"大王"变成"天皇"，其宗教巫术性得到进一步完善和发扬。在与新罗展开激烈的政治竞争时，为了寻找自我鼓励的精神动力或强心剂，天武天皇加强对意识形态的控制，试图依靠宗教圣威强化天皇的政治权威，称自己为"现御神"。这种神化天皇的政治意图，也为日本统治者以道教至尊神的称号"天皇"指称之前的日本最高统治者"大王"提供了思想基础。

总之，内政和外交是交相作用、相即一体的国政内容，执政者对二者不可偏废，这对于7世纪以前的日本而言更是如此，其国内政治改革体现了日本古代历史与东亚历史的一体性。以天皇制为核心的律令制国家建设是日本在围绕朝鲜半岛问题与新罗展开激烈政治竞争的背景下，基于强烈的对等意识在向中国学习典章制度和思想文化的过程中启程并完成的。

三 关于"天皇"号启用时期的诸说

关于历史上日本何时启用"天皇"号，学界争论了较长时间，其大致情况如下所述。

明治时代以后，尽管日本的历史研究引入欧洲实证主义历史研究方法[③]，推进了分辨史实和传说故事的研究方法，但明治时代实证研究天皇制的成果目前尚未发现，这是由于当时天皇制研究遭到持"皇国史观"学者的抵制。大正时代，1920年，津田左右吉发表《天皇考》一文[④]，现代意

---

① 舍人親王『日本書紀 卷二十八 天武天皇紀』、488頁。
② 舍人親王『日本書紀 卷二十九 天武天皇紀』、507頁。
③ 長原慶二『20世紀日本の歷史学』、吉川弘文館、2003。
④ 津田左右吉「天皇考」、『津田左右吉全集』（第三卷）、岩波書店、1963。

义上的"天皇"号研究由此开启。在此文中,津田左右吉根据《法隆寺金堂药师像铭》(附有"丁卯年奉"的纪年,丁卯年即 607 年)中出现的"池边大宫治天下天皇"字句,提出"天皇"号的使用始于推古朝,并认为"天皇"一词来自道教。津田左右吉利用金石文研究"天皇"号的研究方法,给以后对"天皇"号的研究带来了很大影响。津田左右吉对近代天皇制中强调的"神代史"持批判态度,1940 年更因批判《古事记》和《日本书纪》神代卷被视为对天皇的"不敬"而受到攻击,其相关著作遭到禁压,"天皇"号研究陷入停滞状态。第二次世界大战结束后,随着民主化进程的开启,"皇国史观"遭到批判,天皇制研究迎来转机。1946 年肥后和男出版《天皇制的形成》一书①,提出"天皇"号启用于推古朝。

20 世纪 50 年代以后,关于"天皇"号的研究骤增,观点亦多样化。宫田俊彦认为"天皇"号是由"治天下"或"御宇"和"天皇"两部分组成,推古朝时期"治天下"和"天皇"这两个称号已形成,舒明、皇极天皇时期二者合用,律令制下发展成"御宇天皇"。② 前已述及,竹内理三认为推古朝是倭王从作为政治首领的"大王"向作为宗教首领"天皇"的过渡时期。坂本太郎采用以《古事记》《日本书纪》为基础史料的传统研究方法,重视《日本书纪》推古二十八年是岁条中出现的《天皇纪》这一书名,认为启用"天皇"号是在推古朝。③ 另外,三品彰英根据《日本书纪》中引用的百济三书,认为"天皇"号的启用是在钦明朝。④ 总之,关于天皇制,20 世纪 50 年代主要研究"天皇"号何时启用的问题,并涉及"天皇"号的意义、天皇的地位等问题。关于"天皇"号的启用时间,尽管意见纷呈,但研究者均重视 7 世纪前半叶,这种倾向延续至 20 世纪 60 年代中叶。

20 世纪 60 年代,关于"天皇"号启用年代的研究迎来了一个转折点,其代表性研究成果是 1967 年渡边茂发表的《关于古代君主称号的二三试论》一文。⑤ 该文根据唐高宗使用"天皇"号的时间,认为日本是在持统朝时期开始使用"天皇"号的。1969 年东野治之提出日本"天皇"号的启用

---

① 肥後和男『天皇制の成立』、河出書房、1946。
② 宮田俊彦「『治天下』と『御宇』天皇」、『茨城大学文理学部紀要』第 1 号、1951。
③ 坂本太郎「古事記の成立」、久松潜一編『古事記大成 4』、平凡社、1956。
④ 三品彰英「日本国号考」、『聖徳太子研究』第 3 号、1967。
⑤ 渡辺茂「古代君主の称号に関する二、三の試論」、『史流』第 8 号、1967。

是在天武朝，持统朝得以确立。① 1968年下出积与提出"天皇"号的启用不是受道教的影响，而是源自天孙降临传说。② 1970年宫田俊彦提出，研究"天皇"号的启用时间应重视《隋书·倭国传》的记载③，倾向于"推古朝说"。同年，大桥一章继承竹内理三的观点，提出推古朝时期"大王"号和"天皇"号是并用的。④

1971年石母田正出版《日本的古代国家》一书⑤，论述日本古代国家的形成及其结构，给当时学界带来了很大影响。该书虽然认可"天皇"号的启用是在推古朝，但认为其作为"制度上的统一和确立"，是在《飞鸟净御原令》颁布以后。石母田正主张，在这个时期，"天皇"号的使用在制度上由不稳定状态向确立的阶段过渡，试图调和"推古朝说"与"持统朝说"之间的对立。关于"天皇"号的启用，石母田正还提出了一个观点，即应重视君主号转换时期的对外关系。基于这一思路，1976年，山尾幸久提出"天皇"号的启用是在天智朝，认为"天皇"号是来自朝鲜和日本的复合称号。⑥

有关"天皇"号启用于推古朝的说法，由于作为其立论依据的《推古朝遗文》《野中寺弥勒菩萨造像记》《船首王后墓志》等史料目前均被认为属于天智朝的文献，所以此说一时间被否定。但堀敏一、大津透、吉田孝等研究者从对隋关系的视角，重新强调"天皇"号的启用是在推古朝。他们提出，为了对隋朝保持对等的国际地位，日本使用了"天皇"号。⑦ 梅村乔从日本和朝鲜半岛的关系出发，提出日本为了恢复在朝鲜半岛的权益，出于凌驾新罗的王权理念，使用了"天皇"号。⑧

总之，关于日本"天皇"号的启用，迄今出现了"钦明朝说"、"推古

---

① 東野治之「天皇号の成立年代について」、『続日本紀研究』第144－145号、1969。
② 下出積與『神仙思想』、吉川弘文館、1968。
③ 宮田俊彦「天皇号の成立は推古十六年である」、『日本歴史』第268号、1970。
④ 大橋一章「天皇号成立の時代について」、『歴史教育』第18－7号、1970。
⑤ 石母田正『日本の古代国家』、岩波書店、1971。
⑥ 山尾幸久「古代天皇制の成立」、後藤靖編『天皇制と民衆』、東京大学出版会、1976。
⑦ 堀敏一「日本と隋・唐両王朝との間に交わされた国書」、堀敏一『東アジアのなかの古代日本』、研文出版、1998；大津透「天皇号の成立」、大津透『古代の天皇制』、岩波書店、1999；吉田孝「『史記』秦始皇本紀と『天皇』号」、『日本歴史』第643号、2001；吉田孝『歴史のなかの天皇』、岩波書店、2006。
⑧ 梅村喬「天皇の称呼」、永原慶二［ほか］編『講座　前近代の天皇4』、青木書店、1995。

朝说"、"大化革新说"、"天智朝说"、"天武朝说"、"持统朝说"和"文武朝说"等假说。① 但20世纪80年代以后,"天武朝说"成为主流,尤其是1984年森公章发表《围绕天皇号的成立》一文②,梳理此前的研究史后提出"天武－持统朝说",成为"天皇"号启用年代研究的基准。20世纪70年代以后骤增的出土文献亦佐证"天皇"号启用于天武朝。例如,1985年飞鸟京遗址出土的木简(推定该木简写于天武十年)上写有"大津皇"③(此处的大津皇指天武天皇之子大津皇子);1998年飞鸟池遗迹出土的木简上写有"天皇聚弘□寅□"和"丁丑年"(天武六年)。④ 上已述及,天武天皇采用"天皇"号是基于他对唐朝皇帝的对等意识而欲凌驾于新罗之上的政治意图,也是围绕朝鲜半岛问题而推进日本律令制国家建设的核心产物之一。

余 论

在古代,日本积极汲取以中华文明为核心的大陆文明,对东亚大陆呈现出一以贯之的文化"开放性"(近代以后这种"开放性"转向欧美),其进步发展与中华文明(这里主要指典章制度和思想文化)的滋育紧密交织在一起;日本传统文化的形成与日臻成熟是和吸收中华文明同步展开的,其主因在于中日文明发展层次间的巨大落差和日本社会生存、发展的需求。人的本质特征是社会关系的总和,人类以群体形式才能生存发展;同时,人类群体的发展往往又是不同人类群体之间互动的产物。在日本政治史研究中,天皇制是核心课题之一,其形成固然与古代日本国内政治进程的需求有一定的关系,但作为古代日本国家体制的主要发展形式之一,历史上推进日本天皇制发轫并走向确立的动力还需要考虑7世纪末以前日本所处的东亚国际政治环境影响这一重要外在因素。如本文所述,直至7世纪末8世纪初天皇制确立,日本王权的建设发展始终没有超越与古代东亚社会间紧密的政治、经济、文化联系而独自推进,其主要动力是日本对朝鲜半岛这一摄取中华文化

---

① 河内春人『日本古代君主号の研究』、3－21頁。
② 森公章「天皇号の成立をめぐって」、『日本歴史』第418号、1984。
③ 日本木簡学会「奈良・飛鳥京跡」、『木簡研究』第12号、1990。
④ 日本木簡学会「奈良・飛鳥池遺跡」、『木簡研究』第21号、1999。

要素的文明通道的觊觎。简言之，朝鲜半岛问题是催生日本王权及其发展形式天皇制的主要动力之一，日本人的"大陆梦"古已有之。

663年，日本在"白村江战役"中惨败，退出围绕朝鲜半岛问题展开博弈的东亚国际政治舞台，672年"壬申之乱"后朝着实质性地建设律令制国家体制的目标迈进，其最高统治者"大王"成为专制君主"天皇"，这种情况延续至10世纪律令制国家衰微、藤原氏擅权。7世纪后半叶至10世纪后半叶（969年"安和之变"后常置"摄政""关白"）的3个世纪，尽管天皇的专制权力不断受到冲击甚至侵犯①，但这个时期算是天皇最为专权的时期。这与当时日本依然在东亚国际社会上面临剧烈的政治竞争，尤其依旧将朝鲜半岛视为"藩属国"的思想意识有直接关系。国际竞争意识对确保古代天皇近300年具有一定程度的专制性政治地位产生了很大影响。

在历史的长河中，日本的政治形态和国家体制几经变易，然天皇制这一政治制度自确立起始终未被废止而延续至今，且成为当代日本的重要象征之一，这有多方面的原因。

关于日本中世时期天皇的政治地位，黑田俊雄曾指出，天皇"虽然有尊严，但始终处于意志被抑制、约束的地位。他们只有在在位时开设院厅或成为上皇开始院政时才能得到表演自由的可能性"。② 尽管如此，中世天皇要从事节会、官奏、叙位、除目这"四个大事"，尤其是"叙位、除目之事为公事中的第一大事"。③ 在律令政治体制下，整个国家是天皇的"家产"，国家官员是天皇的"家产性官员"，必须由天皇任命，这一权力在中世得到延续。

关于中世日本的社会政治结构，黑田俊雄将其定义为"权门体制"，即由天皇家、幕府、寺社等具有门阀组织和政治威势的权门势家分掌国家政权的政治体制。④ 此论得当。在日本中世，由于每个权门的门阀机构在政治权力上存在各自的局限性，作为对权门分权统治的补充形式，颁布法令、任免

---

① 729年、757年、764年相继发生了"长屋王之变""橘奈良麻吕之乱""惠美押胜之乱"；764~770年道镜专权；884年藤原基经就任首任"关白"，887年"关白"制度确立，开启"摄关"政治；930~949年藤原忠平任"摄政""关白"。
② 黑田俊雄『日本中世の国家と宗教』、岩波书店、1975、30-31页。
③ 藤原俊宪「貫首秘抄」、塙保己一编『群书类従』（第七辑）、名著普及会、1978、453页。
④ 黑田俊雄『日本中世の国家と宗教』、7-11页。

官职、举行仪礼、征收赋税等国家行政工作，须通过"宣旨"（平安朝末期以后传达天皇敕命的文书）发布于全国。但当时日本政治制度是，天皇并不具有自由的任免权，诸权门相互竞争和妥协后才能决定。① 可以说，中世天皇在政治上丧失了律令制国家时期拥有的实际权力，在权门势家并存共立的多元政治体制中只是作为形式存在。由于权门势家联合掌握国家政权，在政治权力上各自存在局限性且相互对立，天皇在政治上拥有的正统性有机会发挥作用（这个时期天皇沦为各权门势家争夺最高政治权力的权威装置，尤其是武家并不认为天皇是日本国的实际掌权者），这是权门势家各派均未废除天皇而实质性地自立为日本国王的主要原因之一。

此外，由日本列岛特殊的地理环境和地貌特征造成的古代日本文明发展进程的相对滞后以及随之而来的非理性主义或非合理主义思想泛滥，导致在古代日本"神魔皆有人情，精魅亦通世故"，神佛绝对掌控思想信仰和现实生活内容，一切思想文化均沦为神学的奴婢，尤其是 13 世纪后半叶元朝军队两次攻打日本后，"神国"意识弥漫于日本社会各个领域。作为神的象征，天皇虽然在政治上已无力可发，但是作为"现御神"的载体仍具有超越性的宗教权威，从而给中世日本的权门势力提供了以神道设教、以神力支撑政治的社会土壤；宗教的意识形态化，又为天皇制的赓续提供了有效的社会保障和精神空间。而天皇所代表的公卿贵族文化的正统性也帮助天皇树立社会权威，为天皇的存续发挥了积极作用，镰仓幕府和室町幕府统治者均景仰、重视公卿文化即可佐证此点。

社会政治制度不是亘古不变的，而是随着社会生活和语境的变化而求变求异。作为政治制度的核心，古代王权的内容和结构也随着时代的推移而发生变化。日本王权向皇权迈进是对古代东亚不同历史时期政治风云的回应过程。但是，纵观日本的古代政治制度发展史，可发现其有一个内容并未发生变化，那就是"人治"，不是依靠成熟完备的典章制度和律令制度治理社会，争夺最高政治权力是古代日本统治者政治生活的常态，古代日本政治生态呈现出混乱态势，与日本传统的社会结构有密切的关系。

由于社会发展进程滞后，古代日本在很长时间内保留着以氏族血缘关系为纽带的社会结构形式，是"以个人尚未成熟，尚未脱掉同其他人的自然

---

① 黒田俊雄『日本中世の国家と宗教』、30 頁。

血缘联系的脐带为基础"① 的社会。古代日本虽然进行过多次政治和社会改革，但未曾彻底打破以血缘关系或拟制血缘关系（实际上属于地缘关系）为纽带的"模块化"社会结构，此亦古代日本社会在政治制度上无法彻底推行律令制和郡县制、在选用人才方面无法持久稳定地施行科举制的主要原因。在前近代，日本虽受儒学的影响（尤其是在江户时代深受朱子学的影响），但在政治伦理上并没有完全确立中国儒学所倡导的"忠君""皇权"等思想理念。在这样的社会结构、政治思想氛围中，依靠物质和神学的作用，才能更有效地维护政治上的统治。日本的古代国家，6世纪以前建立起来的豪族政权，其共同目标是获得中国的先进器物；中世日本依然坚持将以追求物质利益（主要是领地）为基础的主从关系作为支撑的国家体制。以物质利益支撑政治关系，这集中反映了古代日本人鲜受儒学义利观影响的务实、功利的民族性（国民性）和价值观。

综上所述，古代日本天皇制的形成虽然与日本国内政治进程的需求有一定关系，但本文认为，历史上推进日本天皇制形成、发展的主要动力还在于7世纪以前日本所处的东亚国际政治环境的影响。即使在德川幕府绝对专权的江户时代，天皇也没有被废除，天皇制以潜在形式得以延续。总结起来，得益于以下原因：一是天皇持续拥有作为国家元首的政治正统性；二是天皇持续拥有作为"现御神"的宗教神圣性；三是天皇代表着优势文化。正因为天皇始终具有政治、宗教权威，历史上每当遇到由外患引发的国家危局或利益危机时（如元朝攻日），日本人首先想到的是天皇，建构以天皇为精神支柱或民族凝聚核心的社会机制，以纾解国难或维护自身利益。日本近代天皇制的确立也与天皇的上述政治和社会作用有着直接的关系。

（审校：唐永亮）

---

① 《马克思恩格斯全集》（第23卷），人民出版社，1972，第96页。

• 专题研究　东亚文化交流与日本国家建构 •

日本女帝研究

〔日〕吉川敏子/著　史冰容/译＊

内容提要：日本古代史上曾经出现过多位女帝。日本学界开始在女帝与男帝为同等的君主的认识下论述女帝存在的历史意义。日本的女帝制度演变，经历了排除女系天皇、女帝登场、确立女帝过渡、女帝带来双重王权以及女帝终结的过程，这与同时期日本国家的王权状态存在密切联系。女性上皇和男性上皇存在差异，即女性上皇照顾天皇，男性上皇脱离国家政事，在不断尝试、不断犯错中摸索出的女性上皇辅佐天皇的双重王权体制，具有牵制外戚势力、保障皇室对天下强有力统治的作用。

关　键　词：天皇制　女系天皇　过渡女帝　双重王权

日本和中国政治史上的一个重要差异是女帝是否存在。在中国历史上，通过易姓革命即位的女帝只有武则天，但日本历史上曾有过8位计10代女帝，其中有6位计8代女帝集中出现在6世纪末至8世纪后半叶的约180年内。学界对日本古代女帝的关注度很高，在先行研究中，已经推翻了巫女王说、妹兄和姐弟分别承担祭事与政事的姬彦制等学说，开始在女帝与男帝为同等的君主的认识下论述其历史意义。① 本文将概述日本女帝出现的过程，并考察同一时期日本的王权状态。此外，需要提前说明的是，为便于表述，本文中的固有名称或称号采用了后世谥号或《日本书

＊ 吉川敏子，文学博士，日本奈良大学教授，主要研究方向为日本古代史。史冰容，清华大学人文学院博士研究生。
① 荒木敏夫・佐藤長門・仁藤敦史・義江明子「〈座談会　日本史の論点・争点〉古代女帝研究の現在」、『日本歷史』第796号、2014。

纪》中的表记，六国史中可确定具体年月日的记载，在表述中有时只使用年份或者年月。

一　排除女系天皇

关于女帝即位的原因，有过渡论和过渡否定论两种对立的观点，但女帝在皇位继承上起了过渡作用是不争的事实。在男系主义的皇室，女帝仅凭自己的血脉无法生出王位继承人（女系天皇）。本文以正统的男系天皇继承王位为前提，评价女帝在皇位继承中的过渡作用。

757年施行的《养老令·继嗣令》"皇兄弟皇子"条中明确规定排除女系天皇："凡皇兄弟皇子，皆为亲王，〈女帝子亦同〉① 以外并为诸王。自亲王五世，虽得王名，不在皇亲之限。"《养老令·继嗣令》"王娶亲王"条规定："凡王娶亲王，臣娶五世王者听。唯五世王，不得娶亲王。"

根据《令集解》所引的古记，701年制定的《大宝令》里也有"女帝子亦同"的本注。"皇兄弟皇子"条的规定是以女帝能够诞生子嗣为前提的，"王娶亲王"条的规定为女帝子嗣中的男系与王室保持血缘关系提供了保障。

避讳女系天皇的意识可以追溯到大宝令制以前。日本首位女帝是592年即位的推古天皇，不过《日本书纪》里记载了神功皇后、饭丰青皇女、春日山田皇女等人或主动执政或被动执政的传说。她们不仅出身皇族，而且执政之后都没有配偶，推古天皇之后的诸位女帝也具有这样的特征。② 暂且不论上述叙述的历史真实性，至少"女性王族执政"作为理所当然之事流传下来。此外，《日本书纪》中将应神天皇和显宗天皇的即位时间分别安排在神功皇后和饭丰青皇女死后，这一点也表明，在645年皇极天皇让位以前，她们执政的传说就形成了。

二　女帝登场与王位继承的探索

本节将探讨日本首位女帝——推古天皇和第二代女帝皇极（齐明）天皇的即位过程。

---

① 〈 〉内为原注。
② 吉川敏子「女帝と皇位継承」、『史聚』第41号、2008。

（一）推古天皇

推古天皇在崇峻天皇被苏我马子暗杀后，由群臣推举，于592年即位。当时，宣化天皇、钦明天皇的子辈没有被推举为王，他们下一代的王子们也未达到年满30岁的即位资格①。于是，作为下一代王位继承人的过渡，产下男性子嗣的钦明天皇女儿、敏达天皇大后受到群臣拥立。钦明天皇的女儿中，虽然穴穗部间人皇女、用明天皇大后也产下厩户皇子，但她此时已再婚。当然，拥立推古天皇并不只是因为她没有再婚，她的统治能力也是重要原因之一。虽有厩户皇子、苏我马子的辅佐，但日本与隋朝通交、制定冠位十二阶、大兴佛教等政策无疑是因推古天皇的决断力才得以成功实施。

推古天皇在628年去世之前（75岁）一直在位，在她去世之前，下一代优秀的王位继承人选都去世了。因为推古天皇长寿，王位向下一代过渡失败。同时，因为群臣推举拥立为王的惯例，她的下一代还围绕王位继承发生了纠纷（《日本书纪》舒明天皇即位前纪）。

（二）皇极天皇、齐明天皇

641年舒明天皇去世时，曾经与舒明天皇竞争王位的山背大兄仍然健在，而舒明天皇的皇子尚年幼②。于是，作为舒明系下一代天皇的过渡，皇极天皇即位了，但是她也未能完成理想中的过渡。在经历了645年"乙巳之变"的混乱后，皇极天皇放弃统治地位，将王位让给了弟弟孝德天皇，由此完成了日本历史上首次生前让位。有学者认为这次让位是由孝德天皇主导的③，但笔者不认同这种观点。作为一个被后世认为通过大胆发动政变篡夺王位、主导大化改新的人物，孝德天皇留下的身影未免过于单薄。此时，舒明天皇的子辈中，外戚苏我本宗家在"乙巳之变"中被灭，古人大兄皇子出家去了吉野，皇极天皇所生的中大兄皇子年仅20岁。因此，把孝德天

---

① 村井康彦在《王权的继承——关于不改常典》中指出，7世纪之前，即位的条件之一是继承人基本上要年满30岁，虽然有武烈天皇幼年即位夭折的例子，但之后的即位多遵循这一原则。参见村井康彦「王権の継受ー不改常典をめぐってー」、『日本研究』第1号、1989。
② 舒明天皇的长子古人大兄皇子年龄不明，但拥有权势无比的外戚苏我本宗家的支持仍无法即位，故推测其不满足年龄要求。
③ 遠山美都男『天智天皇—律令国家建設者の虚実—』、PHP新書、1999。

皇即位看成大王突然放弃统治权而下一代有继位资格者空缺的应急措施更为妥当。

如此一来，皇极天皇便成为日本史上首个前大王，她在放弃统治权后暂时退出了政治舞台，其后的大化改新由中大兄皇子主导，以孝德天皇的名义推进。《日本书纪》记载，中大兄皇子曾用"天无双日，国无二王"来表达他的一君思想［大化二年（646）三月壬午条］，虽然该言论的真实性已无从考证，但据此可以推测革新政府未曾设想会出现前王与现王并存的双重王权。可是，白雉四年（653）中大兄皇子与孝德天皇的对立公开化，事态的发展显现出前大王皇极巨大的影响力。孝德天皇不承认"倭京还御"，中大兄皇子却奉迎皇极回京，公卿百官都追随中大兄皇子。如果皇极不与中大兄皇子同行，中大兄皇子就难以带动百官，从这件事也可以看出人们依然介怀前大王所保持的王权威力。尽管推古、皇极两位女帝的过渡失败了，不过作为其副产品，统治阶层认识到让位会造成两个王权并存的情况。

654年，孝德天皇去世，尽管中大兄皇子已经满足继承王位的年龄条件，结果却是皇极重新登基，即齐明天皇。齐明天皇即位有多重理由，笔者曾经主张，下定决心发动"乙巳之变"的中大兄皇子以在推古女帝治下施展政治才能的厩户皇子为榜样[①]。孝德天皇的去世为中大兄皇子实现政治理想留下了可能性，但齐明天皇即位还有另一个理由，即在7世纪中叶激荡变幻的国际局势中，日本的统治阶层意图通过将权力集中于既有的皇极王权之下来强化王权。

三　确立女帝过渡的方式

持统天皇确立了女帝可以将王位传给她中意的皇嗣这一王位继承方式，并为元明天皇、元正天皇所沿袭。

（一）持统天皇

持统天皇即位时，已有让位的先例。持统天皇的丈夫天武天皇去世后，本来定下的继承人草壁皇子留下7岁的轻皇子（后来的文武天皇）等子嗣

---

① 吉川敏子「女帝と皇位継承」、『史聚』第41号、2008。

也去世了。在此悲惨的状况下，为了孙子能够继承皇位，690年持统天皇即位。持统天皇也是十分有能力的统治者，她将天武天皇推进的藤原京迁都、制定《飞鸟净御原令》等许多有助于律令国家形成的政策付诸实践。轻皇子15岁时，为了维护天武系的皇统，持统天皇搬出一度被否定的、由天智天皇制定的"不改常典"（不论皇太子年龄直接继承皇位的继承法）①，在立太子后让位。由于15岁的少年天皇尚不具备足够的统治能力，持统天皇以太上天皇（上皇）的身份辅佐皇孙。因此，文武朝施行《大宝令》、702年再次派遣遣唐使等政策，想必都是政治手段熟练的持统上皇牵头进行的。持统天皇深知祖母皇极天皇身为前大王的威严，她灵活地吸收借鉴父亲天智天皇制定的"不改常典"，并成功地加以应用。持统天皇是首位将皇位让位给理想的继承人并以上皇身份实现共同统治的王。

由于天皇是超出法律的存在，所以并没有法律明文区分天皇与上皇的权能。但是，在《续日本纪》大宝二年（702）十月甲辰条开始出现的有关持统上皇行幸三河的记载中，行幸中的持统上皇行使了本应属于天皇的授勋、赐姓、赐封等大权，故可窥见上皇仍拥有与天皇类似的权能。

（二）元明天皇

庆云四年（707），文武天皇留下7岁的首皇子（圣武天皇）去世，享年25岁。当时，持统上皇已经去世，文武天皇的母亲与其同父异母的姐姐持统天皇做了相同的选择，即天皇位而成为元明天皇。她秉承文武天皇的遗志，实现了平城迁都②，切实实行律令制。

灵龟元年（715），元明天皇退位，继承皇位的并不是15岁的首太子，而是元明天皇的女儿、未婚的元正天皇，她相当于皇太子的伯母。《续日本纪》中，灵龟元年九月庚辰颁布的让位诏书中记载了元明天皇因体力衰弱，表达了退位的想法："因以此神器，欲让皇太子，而年齿幼稚，未离深宫。

---

① "不改常典"指皇太子制，参见森田悌「不改常典について」、笹山晴生先生還曆記念会編『日本律令制論集　上』、吉川弘文館、1993；若井敏明「不改常典と古代の皇位継承」、『續日本紀研究』第309号、1997。笔者认为，草壁皇子在天武天皇去世后没有马上即位是为了等到30岁。虽然天智天皇将25岁左右的大友皇子立为皇嗣，但天武天皇杀了大友皇子并篡夺了王位。对于实施天武天皇所否定的少年即位制度，草壁皇子应该是有所忌惮的。

② 关于平城迁都是从文武朝开始计划的观点，参见鎌田元一「平城遷都と慶雲三年格」、鎌田元一『律令公民制の研究』、塙書房、2001。该文首次发表于1989年。

庶务多端，一日万机。一品冰高内亲王，早叶祥符，凤彰德音……传今皇帝位于内亲王。"如果只将元明天皇让位给元正天皇归因于首皇子过于年幼而让元正天皇起"衔接"作用①，这种解释并不充分。元明天皇应该考虑得更长远，她考虑的是首皇子即位后的国家体制问题。文武天皇虽然 15 岁就已即位，但是文武朝的前半期都处于文武天皇与持统上皇的双重王权统治下。大宝二年持统上皇去世后，年仅 20 岁的文武天皇作为唯一的统治者开始独自承担国家统治的重任，但年纪轻轻就去世了。祖母与儿子、孙子的共同统治不会长久。因此，皇室从上述持统—文武天皇的统治中，得出了"拥立上皇长寿，以祈求稳固王权"的结论②。实际上，元明天皇在养老五年（721）去世时，首皇子年仅 21 岁。

（三）元正天皇

东野治之通过考察自天武朝开始，持统、文武、元正、圣武、孝谦等相连朝代的正仓院宝物赤漆文罐木厨子的来源，指出元正天皇代替长年患有精神疾病的藤原宫子——首皇子的生母，成为首皇子名义上的母亲③。元正天皇终身未婚，正是为了维护首皇子的皇权，她的即位与让位也有可能是文武天皇的遗志，即为首皇子的将来考虑。元正天皇即位后，也在元明上皇的辅佐下果断地开展了税制改革。岸俊男指出，元明上皇的存在感之强，从其去世前后的状况可见一斑。④元正天皇在上皇去世后的两年多时间内，作为唯一的王执掌朝政，通过颁布《三世一身法》等具体政务来彰显自己的存在感，并在神龟元年（724）二月让位于圣武天皇。

元正天皇的在位时间仅八年半，但是其作为上皇的生涯长达 24 年。与之前的上皇不同的是，她虽然不是圣武天皇的直系至亲，权威却不逊于其他上皇。天平十三年（741）七月，元正上皇移驾恭仁宫，先入恭仁宫的圣武天皇在河畔迎接元正上皇；天平十五年（743）五月，圣武天皇密宴群臣时

---

① 吉村武彦『女帝の古代日本』、岩波新書、2012。
② 吉川真司『天皇の歴史 2 聖武天皇と仏都平城京』、講談社、2011。
③ 東野治之「元正天皇と赤漆文欟木厨子」、東野治之『日本古代史料学』、岩波書店、2005。该文首次发表于 1998 年。
④ 岸俊男「元明太上天皇の崩御—八世紀における皇権の所在—」、岸俊男『日本古代政治史研究』、塙書房、1966。该文首次发表于 1965 年。

命皇太子阿倍内亲王（后来的孝谦天皇）跳五节舞，出席宴会的元正上皇颁布诏书，向下臣诏示了皇太子阿倍内亲王的正当性。这些事例都表现出上皇权威之高。

从天平十二年（740）十二月到天平十七年（745）五月，元正上皇与圣武天皇在平城京、恭仁京、难波宫、紫香乐宫之间经常分别行动。天平十六年（744）二月，左大臣橘诸兄在圣武天皇缺席的情况下，在难波宫宣布迁都难波宫的敕令，这很有可能是上皇的敕令。此事是否取得圣武天皇的同意以及宣诏的经过都尚不明确，所以无法据此判断天皇与上皇权力孰轻孰重，但可以知晓的是，上皇也拥有下令迁都的权能。上皇下令迁都的行为，在弘仁元年（810）的平城上皇之变中也有佐证。

四　女帝带来的双重王权问题

孝谦天皇是日本历史上最有特点的女帝。首先，她于天平十年（738）成为日本历史上唯一一位女性皇太子，并于天平胜宝元年（749）在男性天皇生前让位后即位，这在历史上也属首次。未婚未育的孝谦天皇在天平宝字元年（757）立远亲大炊王（后来的淳仁天皇）为皇太子，翌年让位于他。孝谦天皇虽于天平宝字六年（762）出家，但在天平宝字八年（764）用武力夺回皇位，在未还俗的情况下复位。她也是日本历史上唯一一位拥有僧籍的天皇。更甚者，她还想让自己成为根据血统继承皇位制度的终结者，创立佛法王统，打算拥立她崇敬的道镜和尚为天皇。宝龟元年（770），孝谦天皇去世，僧侣统治国家的构想由此破灭，天智系的光仁天皇即位。像孝谦天皇这样策划终结天皇世系的天皇也是特例。下文将尝试分析这位特殊女帝出现的来龙去脉。

首先，分析孝谦天皇被立为太子的背景和目的。草壁皇子去世后，在文武天皇、圣武天皇皇位的嫡亲继承体系中，不只是女帝，正如正仓院宝物黑作悬佩刀所象征的那样，深受草壁皇子信任的藤原不比等也拥有卓越的功绩。[①] 圣武天皇的外祖父藤原不比等在他即位前去世，据传圣武天皇十分看重妻

---

① 薗田香融「護り刀考」、薗田香融『日本古代の貴族と地方豪族』、塙書房、1991。该文首发表于 1964 年。

子——藤原不比等的女儿藤原光明子以及她的兄弟，连自己的接班人也坚持选立藤原氏所生的皇子。神龟四年（727）闰九月，光明皇后产下男婴，十一月他就被立为太子，但是翌年皇太子夭折。此外，在皇太子夭折那年，皇妃县犬养广刀自产下安积亲王，但安积亲王没有被立为太子。圣武天皇期待藤原家的其他女性能够诞下男婴，之后将藤原光明子的侄女藤原南夫人、藤原北夫人纳入后宫，但是她们都未诞下子嗣。尽管安积亲王是圣武天皇唯一的儿子，但在他长大成人的过程中，天平十年阿倍内亲王被立为太子，这就否定了安积亲王拥有皇位继承权。当然，如果此后藤原家的妃子诞下男婴，其自然应该是正统的皇位继承人。即便如此，阿倍内亲王也不会被废掉太子地位，而以皇女身份度过平稳一生。阿倍内亲王被立为太子，不只是作为过渡的皇太子来填补太子人选的空白，圣武天皇打算让她继承皇位，再作为上皇辅佐年幼的弟君。曾经入唐求学的吉备真备担任她的东宫学士，阿倍内亲王应该充分学习了帝王知识。

最终，藤原家的妃子也未能生下圣武天皇所期盼的男婴。天平胜宝元年，圣武天皇出家，将皇位让给孝谦天皇。虽说圣武天皇已出家，但是他生下儿子的可能性也不是零。圣武天皇去世后，据传光明皇太后曾说："冈宫御宇天皇（草壁皇子）（乃）日继（波）加久（弖）绝（奈牟止）为，女子（能）继（尔波）在（止母）欲令嗣。"［《续日本纪》天平宝字六年（762）六月庚戌条］因为男系天皇草壁的皇统到孝谦天皇这里就断了，但是可以从女系那里继承，于是便让淳仁天皇继承皇位。① 受此影响，孝谦天皇没有起到理想的过渡作用，因而退而求其次，让皇室男性远亲来维系皇统。

出家的圣武上皇并不积极关心政事。孝谦天皇在位的一大特征就是，母亲光明皇太后比圣武上皇影响力更大，但她没有像上皇一样颁发敕诏的权限。② 天平宝字元年爆发橘奈良麻吕之乱，母女意见相左，孝谦天皇违反皇太后平稳事态的意愿，彻查和严惩了嫌犯。可见，皇太后的意向终究只是出于对天皇的辅佐和理解，在这一点上，皇太后与由上皇和天皇形成的双重皇

---

① 吉川敏子「光明皇太后と孝謙上皇の皇統観」、『史聚』第47号、2014。
② 吉川敏子「紫微中台の『居中奉勅』についての考察」、吉川敏子『律令貴族成立史の研究』、塙書房、2006。该文首次发表于2000年。

权有所不同。

光明皇太后去世后，孝谦上皇与淳仁天皇的不和趋于表面化。天平宝字八年，发生了惠美押胜之乱，孝谦上皇取得胜利，她废黜了淳仁天皇，以称德天皇之名再次登上皇位。为了维持草壁嫡系血统，孝谦天皇成为女帝，但是由于没有接班的皇弟，她主张打破血统的束缚，在拥立远亲男帝而实行共同统治的尝试也失败后，继续摸索新的王位继承方式。而且，称德天皇不只是要与草壁嫡系血统，也要与整个皇室血统诀别，企图成为由佛教徒继承王位的创始人。神护景云三年（769），因为宇佐八幡神托事件，称德天皇拥立道镜和尚为新天皇失败，但她并未放弃，而是在道镜的出生地河内国建造由义宫并等待下一次机会，不过翌年称德天皇就去世了。称德天皇提出的不依据血统而由佛教徒统治的设想没有得到贵族阶层的支持。在她去世后，这一理想破灭，道镜和尚也被左迁。

五 女帝的终结

宝龟元年即位的光仁天皇否定了女帝和嫡系继承制度。他即位时已经62岁高龄，倘若其命不久矣，按照前例，为了年轻的嫡子他户皇太子①顺利继承皇位，他的亲生母亲（圣武天皇的女儿）井上皇后也有可能暂时即位。但是，井上皇后因为宝龟三年（772）的诅咒事件被废，他户皇太子亦被废黜，而且宝龟六年（775）两人同时暴毙。由此，女帝再次登场的可能性被抹杀了。继而，光仁天皇在临终之年，即宝龟十一年（780）将皇位让给正值壮年的桓武天皇，此举意味着否定了将其同母胞弟早良亲王立为皇太子，也意味着否定了直系亲属继承制度。桓武天皇后来也未将皇位传给早良亲王，他希望能够在自己的孩子之间实现兄弟传承。其后，皇位在平城天皇、嵯峨天皇、淳和天皇兄弟间传承，没有再出现年轻天皇与女性上皇的双重王权。

直到淳和天皇的接班人仁明天皇时期，因生前让位导致的旁系继承依然时有发生，但是嵯峨天皇经历了弘仁元年（810）平城上皇之变所引发

---

① 关于他户的年龄没有确切的史料记载，但在光仁天皇即位的时间点上，他作为皇子尚不能即位，因此很可能当时未满21岁。参见『養老選叙令』第34、35条。

的王权分裂混乱后,在让位于淳和天皇之际,正式宣布不再干涉朝政。自此,天皇生前让位之后引退成为常例。此后,皇位继承从以藤原北家为外戚的嵯峨、仁明系回归直系继承制,在天安二年(858)九岁的清和天皇即位后,幼帝变得很常见。不过,此时并没有为幼帝安排女帝,而是以太政大臣藤原良房摄政为开端,外戚开始代行王权。天皇委任外戚代行王权,表面上虽然维持了天皇的尊贵性,但事实上相对削弱了皇室的权力。

结 语

吉川真司指出了女性上皇和男性上皇的差异,即女性上皇照顾天皇,男性上皇脱离国家政事[①],这种差异是值得肯定的。不过,不是因为上皇的权限存在性别差异,只是因为即位和让位的目的不同,所以平城上皇甚至可以发出平城迁都的号令。新的皇位继承人尚未出生,女帝即位和让位的目的是保障正统的男系天皇继承皇位和照顾年幼天皇,在使命上就与男帝存在本质的不同。可以说,从不断尝试、不断犯错中摸索出的女性上皇辅佐天皇的双重王权体制,具有牵制外戚势力、保证皇室对天下强有力统治的作用。藤原仲麻吕企图通过皇位继承的外戚化建立独裁体制,而击溃其野心的正是日本古代历史上的最后一位女性上皇孝谦,这一点颇值得玩味。

(审校:熊淑娥)

---

① 吉川真司『天皇の歴史2 聖武天皇と仏都平城京』、講談社、2011。

• 专题研究　东亚文化交流与日本国家建构•

《源氏物语》对"白虹贯日，太子畏之"的接受研究*

郑寅珑　佟　君**

内容提要：紫式部创作《源氏物语》时深受中国典籍影响，其中，头弁朗咏"白虹贯日，太子畏之"一句汉文该做何解读，自古以来便争论颇多。此句出自汉代邹阳《狱中上梁王书》，最早见于《史记》，以荆轲刺秦王的典故为背景。根据研究，《河海抄》的注释最为关键。第一，关于"太子畏之"的"畏"，中国古代学者有"畏惧"与"怀疑"两种解释，而《源氏物语》语境下当理解为"畏惧"，不过邹阳原意当为"怀疑"。第二，关于"白虹贯日"，邹阳认为上天被荆轲的精诚所感动，因此出现"白虹贯日"的吉兆，而在《源氏物语》中暗指光源氏想谋害朱雀天皇。据此可知，朗咏者头弁误读汉文，将歌颂反抗暴政的典故理解成"以下犯上"。紫式部通过塑造这一人物，呈现以右大臣一族为主导的朱雀朝的乱世景象。不过，前人并未提及，与通行观点相反、断章取义式"误读"也有可能是《源氏物语》作者紫式部本人的无心之失，只是现今并无实证。

关　键　词：源氏物语　中国古代典籍　文化传播　文化误读

《源氏物语》诞生于日本平安时代中后期（11世纪初），是日本古典文

---

* 本文为教育部人文社会科学研究青年基金项目"《源氏物语》对中国史传文学的接受研究"（编号：20YJC752028）的阶段性成果。
** 郑寅珑，广东技术师范大学外国语学院讲师，主要研究方向为日本古典文学、中日比较文学、日汉翻译研究；佟君，日本文学博士，中山大学外国语学院教授，主要研究方向为日本古典文学、日本近现代文学、中日比较文学、日汉翻译研究。

学的巅峰之作。作者紫式部在创作上极大地受到了中国典籍的影响，这已是学界共识。她出身文人贵族家庭，精通汉学，作品中时常可见对中国典故、诗文的引用或化用。其中，《源氏物语·贤木》中头弁①吟咏的"白虹贯日，太子畏之"该如何解读，日本学界一直存在争论。自古至今的注家、研究者在"白虹贯日"的天象寓意、"畏"字的理解以及人物对应关系的解读上异见横出，值得系统梳理。

一 研究回顾

《源氏物语·贤木》中，桐壶上皇驾崩后，原本稳定的政治局面为之一变，从左右大臣相互制衡变为右大臣一族独掌朝政。本来按照上皇的遗诏，主角光源氏与左大臣也应该辅佐朱雀天皇，奈何天皇性格懦弱，万事听从母亲弘徽殿女御与外祖父右大臣的安排，导致右大臣一族势力迅速膨胀。他们擅权专制，任人唯亲，排除异己，而光源氏则是被打压的重点。右大臣的孙子头弁曾经故意挑衅光源氏，当众使其难堪。前后文脉提示如下：

> 弘徽殿太后的兄长藤大纳言之子头弁，是年轻一辈中的朝中红人，风头正盛，心中无所顾忌。在去往妹妹丽景殿女御住处的路上，恰逢源氏大将的开道小史悄声行来，便驻足片刻（待源氏大将行至跟前），缓缓大声朗咏道："白虹贯日，太子畏之！"源氏大将听了甚觉刺耳，却又无法责备于他。毕竟弘徽殿太后着实可怕，平日里的传闻已令人如坐针毡。而她身边的那些人，更是由此开始说些有的没的。源氏虽然不胜其扰，却也只能装出一副若无其事的样子。②

---

① "头弁"为官职名，即藏人头兼任弁官之意。《源氏物语》中常以官职称呼人物。
② 笔者译，原文为："大宮の御兄弟の藤大納言の子の頭弁といふが、世にあひはなやかなる若人にて、思ふことなきなるべし、姉妹の麗景殿の御方に行くに、大将の御前駆を忍びやかに追へば、しばし立ちとまりて、「白虹日を貫けり。太子畏ぢたり」と、いとゆるるかにうち誦じたるを、大将いとまばゆしと聞きたまへど、咎むべきことかは。后の御気色はいと恐ろしうわづらはしげにのみ聞こゆるを、かう親しき人々も気色だち言ふべかめることどももあるに、わづらはしう思されけれど、つれなうのみもてなしたまへり。"紫氏部『源氏物語　賢木』、阿部秋生・秋山虔・今井源衛・鈴木日出男校注・翻訳、小学館、1995、125 頁。下引《源氏物语》原文皆出于此版本。

头弁所言"白虹贯日，太子畏之"到底是什么意思呢？结合后文"弘徽殿太后着实可怖，平日里的传闻已令人如坐针毡"可知，右大臣派系间已经开始流传对光源氏不利的言论，所以可以推断头弁的朗咏必然不怀好意，甚至是某种带有政治隐喻的讽刺或中伤。《源氏物语》的古代注释书《紫明抄》《河海抄》《花鸟余情》等指出，头弁的朗咏来源于《史记》《汉书》《文选》等中国典籍，出自汉代邹阳的《狱中上梁王书》。关于此句之语义，日本古代有多种说法，主要堪为后世参考者有《河海抄》《花鸟余情》《岷江入楚》三种，其中重要观点如下：

（头弁）将想要刺杀秦始皇的燕太子丹比喻为此处的光源氏。①

白虹虽贯日，却终未透彻。畏惧其志难遂也。此处将光源氏比作荆轲。另将冷泉院东宫比作太子丹。②

又有内淫之义欤？以虹暗喻淫乱之事也。亦见于《毛诗》。如取此意，源氏私通尚侍（胧月夜）之事，已渐为人知，可作此说否？另有后言源氏思及头弁所言甚觉困扰，久不会尚侍。③

现当代学者对此句的见解亦错综复杂。玉上琢弥肯定了《花鸟余情》的人物对应关系，认为此处是头弁的误用，反映出右大臣一派学识浅薄。④山崎诚认为头弁朗咏应取西汉文学家邹阳《狱中上梁王书》中的原意，即

---

① 笔者译，《河海抄》原文为："燕の太子丹が始皇をかたぶけんとせしをいま源氏にたとへたる也。"玉上琢彌編『紫明抄　河海抄』、山本利達・石田穰二校訂、角川書店、1968、303頁。
② 笔者译，原文为："白虹日をつらぬけどもつゐにとをらず。その心ざしとげがたかるべき事をおそれたる也。いま源氏を荊軻にたとへたり。又冷泉院の東宮にておはしますを太子丹によそへていへる詞也。"伊井春樹編『源氏物語古注集成1　花鳥余情』、桜楓社、1978、87頁。
③ 笔者译，原文为："又内婬の義もかなへるにや虹を婬乱にたとへたる事。毛詩にもみえたり。此義ならば、源氏内侍のかみにかよふ事、人もやうやうしりたれば、かやうにいへる歟。又おくの詞にも頭弁のしつる事をおもふにわづらはしくて、かんの君にも久しくきこえ給はずとあり。"中田武司編『源氏物語古注集成11　岷江入楚』（第一巻）、桜楓社、1980、651頁。
④ 玉上琢彌『源氏物語評釈』（第二巻）、角川書店、1965、580–581頁。

"太子畏之"的"畏"应作"怀疑"解，头弁以荆轲自比，以燕太子丹比喻现在的天皇，而光源氏则是挑拨君臣间信赖的小人。① 中川宽认为"白虹贯日"是兵败的征兆，头弁的"畏"应该理解为"恐惧失败"，即讽刺光源氏等人的谋略必定失败。② 日向福亦认同头弁学问浅薄之说，因此头弁以荆轲刺秦王的典故来讽刺光源氏，将朱雀帝比喻为暴君秦始皇，而光源氏则想到"虹蜺主内淫"，认为头弁在讽刺他和胧月夜的关系。③ 小岛菜温子别出心裁，认为"日"代表了燕太子丹意欲谋反的心，而"白虹"贯穿了他的野心。④ 神尾登喜子以此为切入口，考察长屋王等皇子谋反时有关天象的历史叙述，指出紫式部巧妙地把历史上造反的皇子形象融入光源氏的人物造型当中。⑤ 三浦佳子认为头弁朗咏与邹阳《狱中上梁王书》中的原意重合，意在讽刺光源氏并未真正受到朱雀天皇的信任。⑥

古人的注释以及前贤的研究极大地丰富了解读的可能性，如果在此基础上要提出新论，则至少需要解决以下几个问题：第一，"太子畏之"的"太子"指谁？"畏"为何意？第二，"白虹贯日"之象征为何？第三，头弁之意为何？与中国典籍有没有出入？第四，紫氏部此处书写有何寓意？

佐藤信一指出，日本平安时代的贵族阶级对中国历史文化有着共同的集体认知，燕太子丹的故事在平安时代广为流传，这是紫式部在创作中化用此句的基础。⑦ 中国典籍在日本传播过程中，总会发生文化过滤、文化误读、文化变异现象，而文学作品的诞生离不开时代背景下的文化土壤。因此，本文尝试首先考察"白虹贯日，太子畏之"在中国典籍中的运用，分辨其意

---

① 山崎誠「源氏物語の漢詩文朗誦―『白虹貫日太子畏之』と『風之力蓋寡』をめぐって―」、『国語と国文学』第50巻第9号、1973、13-22頁。

② 中川寬「『白虹日を貫く』攷」、『解釈』第26巻第4号、1980、4-8頁。

③ 日向福「『賢木の巻』の構成について―『史記』との関連で―」、『和漢比較文学』第7巻、1991、15-26頁。

④ 小嶋菜温子『源氏物語批評』、有精堂、1995。

⑤ 神尾登喜子「帝位と天文密奏―宿曜と白虹貫日―」、伊井春樹・高橋文二・廣川勝美編『源氏物語と古代世界』、新典社、1997、175-204頁。

⑥ 三浦佳子「『源氏物語』賢木巻の『史記』引用」、『学芸古典文学』第9巻、2016、42-51頁。

⑦ 佐藤信一「賢木　白虹日を貫けり。太子おぢたり―漢籍引用による物語の重層化―」、『国文学　解釈と教材の研究』第45巻第9号、2000、64-69頁。

义分歧；其次，梳理"白虹贯日"及其背后的故事在日本平安时代的流传与接受；最后，回归文本，结合当时藤原氏族倾轧政敌的历史史实，蠡测头弁及作者紫式部之用意。

二 "白虹贯日，太子畏之"的出处、原意及分歧

据考，"白虹贯日，太子畏之"最早见于《史记》，出自汉代邹阳的《狱中上梁王书》，《汉书》、《文选》以及《初学记》、《群书治要》等典籍中亦有同类记载。邹阳，西汉散文家，为梁孝王的门客，因受羊胜等人诬陷入狱，险遭死刑。为了表明心迹，邹阳在狱中写信给梁孝王，反复引证史实，以荆轲等人为例，痛陈不被主上信用之哀。信中开首云：

> 臣闻忠无不报，信不见疑，臣常以为然，徒虚语耳。昔者荆轲慕燕丹之义，白虹贯日，太子畏之；卫先生为秦画长平之事，太白蚀昴，而昭王疑之。夫精变天地而信不喻两主，岂不哀哉！今臣尽忠竭诚，毕议愿知，左右不明，卒从吏讯，为世所疑。是使荆轲、卫先生复起，而燕、秦不悟也。愿大王孰察之。①

这里的"白虹贯日，太子畏之"就是头弁所朗咏的句子，指燕太子丹命荆轲刺杀秦王的典故。关于"白虹贯日"的天象与"太子畏之"的"畏"字该做何解，历代学者众说纷纭。日本平安时代的贵族在学习《史记》等典籍时，利用中国各种注释来帮助理解。紫式部参考了哪本典籍或者哪一种说法，学界尚没有定论。山崎诚提出，从当时中国典籍的流传情况看，《史记集解》、《史记索隐》、《汉书》颜师古注本及《文选》李善注本的可能性最高。② 日向福进一步缩小范围，认为从《源氏物语》对中国典籍接受的整体性来说，引用出自《史记》的可能性最大。③ 而陆颖瑶则从右大

---

① 《史记》卷八十三《邹阳传》，中华书局，1963，第2470页。
② 山崎誠「源氏物語の漢詩文朗誦—『白虹貫日太子畏之』と『風之力蓋寡』をめぐって—」、『国語と国文学』第50巻第9号、1973、13-22頁。
③ 日向福「「賢木の巻」の構成について—『史記』との関連で—」、『和漢比較文学』第7巻、1991、15-26頁。

臣家族以摄关家族为原型出发，根据一条天皇时期摄关家族爱读《文选》的史实，提出紫式部可能受此影响而使用的是《文选》。①

笔者认为山崎诚的观点最为客观。在唐代以前的注释中，《史记集解》、《史记索隐》、《汉书》颜师古注本及《文选》李善注是解读该句最为关键的四种材料。这些注释书也都流传到了日本，在平安时代均属常见，没有必要进一步限定为某种典籍。紫式部汉学知识丰富，她既可能直接参考以上典籍，也可能通过《初学记》《群书治要》等类书间接获取信息，现在已无法准确判定，故将这四种材料都纳入考虑范围更为妥当。具体内容如下：

> 应劭曰："燕太子丹质于秦，始皇遇之无礼，丹亡去，故厚养荆轲，令西刺秦王。精诚感天，白虹为之贯日也。"如淳曰："白虹，兵象。日为君。"②《烈士传》曰："荆轲发后，太子自相气，见虹贯日不彻，曰：'吾事不成矣。'后闻轲死，事不立，曰：'吾知其然也。'"③

> 《烈士传》曰："荆轲发后，太子自相气，见虹贯日不彻，曰'吾事不成'。后闻轲死，事不就，曰'吾知其然也'。"是畏也。又王劭云："轲将入秦，待其客，未发，太子丹疑其畏惧，故曰畏之。"其解不如见虹贯日不彻也。《战国策》又云聂政刺韩傀，亦曰"白虹贯日"也。④

> 应劭曰："燕太子丹质于秦，始皇遇之无礼，丹亡去，厚养荆轲，令西刺秦王。精诚感天，白虹为之贯日也。"如淳曰："白虹，兵象，日为君，为燕丹表可克之兆。"师古曰："精诚若斯，太子尚畏而不信也。太白食昴，义亦如之。"⑤

---

① 陆颖瑶「『源氏物語』漢籍典拠小考—『まことの聖にはしけれ』と『白虹日を貫けり』—」、『国学院雑誌』第120巻第8号、2019、17-31頁。
② 据《汉书》颜师古注，似脱"为燕丹表可克之兆"一句，而武英殿本《史记》不脱。——引者注
③ 《史记》卷八十三《邹阳传》，"集解"，第2470页。
④ 《史记》卷八十三《邹阳传》，"索隐"，第2470页。
⑤ 《汉书》卷五十一《贾邹枚路传》，中华书局，1964，第2344页。

如淳曰："白虹，兵象。日为君。"善曰：畏，畏其不成也。《列士传》曰："荆轲发后，太子相气，见白虹贯日，不彻，曰：吾事不成矣。后闻轲死，太子曰：吾知其然也。"①

以上四种注释对于"白虹贯日"基本无异解，即一种天象。然而，"白虹贯日"原本为君王受到危害的凶兆，晋唐之人却广泛采纳了荆轲"精诚感天，白虹为之贯日"的说法。至于是刺秦的"可克之兆"，还是最后"虹贯日不彻"，则取决于如何理解"太子畏之"中的"畏"字。

（一）"白虹贯日"：凶兆还是吉兆？

白虹是太阳光受云层中的冰晶折射或反射而形成的日晕现象，当日晕刚好穿日而过，则会出现"白虹贯日"这种罕见天象。中国人自古便认为"天垂象，见吉凶"（《易·系辞上》），太阳多被视为君王的象征，因此"白虹贯日"不仅被当作不祥之兆，而且多被认为是危害君主王权的凶兆。②例如，《晋书·天文志》记载，"凡白虹者，百殃之本，众乱所基"；《感精符》曰"白虹贯日，天子将殂"；《荆州占》曰"白虹贯日，臣杀主"等③，即如淳所谓"白虹，兵象。日为君"。

然而，从邹阳的前后表述可见，"白虹贯日""太白蚀昴"都是上天被荆轲、卫先生感动而显现的吉兆，用以表现他们的忠心。应劭云"精诚感天，白虹为之贯日也"，如淳云"为燕丹表可克之兆"，都证明了这点。这是因为"日"所象征之秦始皇，在汉代多被描述为暴君，"白虹贯日"自然成为燕太子丹及荆轲不畏强秦、推翻暴政之兆。《史记·始皇本纪》把秦始皇的容貌、人品比喻成豺、虎、狼等野兽，《史记·儒林列传》更是直指"及至秦之季世，焚《诗》《书》，坑术士，《六艺》从此缺焉"。而与此相对，参与推翻秦朝的陈涉、项羽等人，在《史记》中则被塑造成英雄。秦

---

① （南梁）萧统编著《文选》（第4册），上海古籍出版社，1986，第1766页。
② 因白虹属阴，日属阳，臣子、后妃、外戚属阴，君王主上属阳，所以"白虹贯日"的天象被视为君主受到臣子、后妃、外戚等侵害的凶兆。参见马小菲《从自然神到灾异符号——先秦两汉虹观念的变迁》，载杜泽逊主编《国学季刊》2016年第2期，山东人民出版社，2016，第78~89页。
③ （唐）瞿昙悉达：《唐开元占经》，中国书店，1989，第981~982页。

始皇的暴君形象在汉代已经定型，并一直延续至今。

因此，在中国的传统叙事中，燕丹与荆轲并不是企图谋反的乱臣贼子，而是勇于反抗暴秦的悲剧英雄。例如，《史记·刺客列传》中，以"好读书击剑""其为人沉深好书"，将荆轲刻画为文武兼备的侠义之士，最后又赞扬其"不欺其志，名垂后世"。"风萧萧兮易水寒，壮士一去兮不复还"，成为荆轲的经典形象，被后世不断传唱。① 比如，陶渊明的《咏荆轲》，此诗慷慨悲壮，热情歌颂荆轲刺秦王之伟绩，其末尾称赞道"其人虽已没，千载有余情"，寄托了诗人对侠士的无限惋惜之情；又如，王昌龄在《杂兴》中感叹"可悲燕丹事，终被狼虎灭"；贾岛在《易水怀古》中咏叹"易水流得尽，荆卿名不消"。因此，"白虹贯日"虽然为凶兆，但在荆轲刺秦的典故中成为义士感动上天的经典意象。

（二）"太子畏之"：恐惧还是怀疑？

对于"太子畏之"，各家见解主要分为两种。一种见解认为，"畏"即"畏惧"之义，乃太子丹有畏惧之心，以《烈士传》"见虹贯日不彻"为代表，司马贞《史记索隐》赞同此说，亦李善所谓"畏其不成也"。另一种见解认为，"畏"有"疑"义，即太子丹怀疑荆轲不去刺杀秦王，意即怀疑荆轲有畏惧之心，以《史记索隐》引王劭之语为代表，颜师古《汉书注》亦同。

根据上下文意，邹阳将"荆轲慕燕丹之义，白虹贯日，太子畏之"与"卫先生为秦画长平之事，太白蚀昴，而昭王疑之"对应，即颜师古所说："精诚若斯，太子尚畏而不信也。太白食昴，义亦如之。"也就是说，"太子畏之"与"昭王疑之"乃互文同义。清末王先慎云："荆轲未去，太子屡疑之，事详《国策》。畏之者，畏其不去也。白虹贯日，乃轲发后事，阳特举以见轲之精诚达天，取与卫先生之事为配。"② 中井积德曰："精诚感虹，反见疑，与卫先生一类。注引《烈士传》，非也。应说亦舛。"泷川资言曰："畏犹疑也。丹疑轲不往也。"③ 王叔岷又言："太子屡疑荆轲事，又详《刺

---

① 蔡丹指出后世的诗人受到《史记》的影响，基本上把荆轲作为义士和悲剧的英雄来吟咏。参见蔡丹《古代诗人接受〈史记〉论稿》，陕西师范大学出版社，2015。
② 王先谦：《汉书补注》（第8册），上海古籍出版社，2012，第3808～3809页。
③ 〔日〕泷川资言考证《史记会注考证》，上海古籍出版社，2015，第3210页。

客荆轲传》。"① 以上学者均赞同此说。

太子丹怀疑荆轲之事见于《战国策》《史记》，今略摘录《史记·刺客列传》：

> 于是尊荆卿为上卿，舍上舍。太子日造门下，供太牢具，异物间进，车骑美女恣荆轲所欲，以顺适其意。
>
> 久之，荆轲未有行意。秦将王翦破赵，虏赵王，尽收入其地，进兵北略地至燕南界。太子丹恐惧，乃请荆轲曰⋯⋯
>
> 荆轲有所待，欲与俱；其人居远未来，而为治行。顷之，未发，太子迟之，疑其改悔，乃复请曰："日已尽矣，荆卿岂有意哉？丹请得先遣秦舞阳。"荆轲怒，叱太子曰⋯⋯②

由此可知，太子丹至少两次怀疑荆轲，史书记载与邹阳所论相合。因此，邹阳此句之意为：荆轲慕燕丹之义，决意前去行刺秦王，他的精诚感动上天，白虹为之贯日，但太子依然怀疑他会改悔。即其下文所谓"精（诚）变天地而信不喻两主"，也就是"忠无不报，信不见疑，臣常以为然，徒虚语耳"。可见，邹阳此处"畏"即怀疑之义。

那么头弁采用了哪种解释？如上所述，山崎诚与三浦佳子认为头弁采用了邹阳的原意，即"怀疑"说，指主上怀疑忠臣。取此意的话，则可做两解。一是头弁将自己代入邹阳的心境，认为朱雀天皇像燕太子丹怀疑荆轲那般不信任自己，就是因为光源氏从中挑拨，讥讽光源氏为小人。二是头弁将光源氏比作荆轲，则朱雀天皇对应燕太子丹，以此讥讽光源氏并未真正受到天皇信任。这两种解释都较为牵强。首先，头弁乃天皇外戚，正受朝廷重用，并非如邹阳那般处于弱势地位，与天皇之间不存在信任问题。其次，如果头弁能通过上下文正确把握邹阳原意，他应该知道此句矛头直指主上，意在批判主上不信任忠臣，而头弁没有指责朱雀天皇之理。再次，在邹阳原意中，荆轲乃忠臣之典范，如果将光源氏比作荆轲，则"白虹贯日"就是其忠心的象征，这肯定与其在头弁心目中的形象不一致。显然，头弁并不理解

---

① 王叔岷：《史记斠证》，中华书局，2007，第2487~2488页。
② 《史记》卷八十六《刺客列传》，第2531~2533页。

邹阳之句的原意,且以上人物对应关系不成立。

因此,以头弁取"畏惧"之意来理解可能更为合理。虽然此解与原意不合,但中国唐代的顶尖学者如司马贞、李善尚且无法准确把握而望文生义,将"太子畏之"解释为畏惧事情不成,更何况日本平安时代的一般贵族。但若取此说,"白虹贯日"天象的政治含义,以及"太子"到底指谁,则需要结合日本的情况仔细考辨。

三 "白虹贯日"天象在平安时代的意义

白虹在古代被认为是虹蜺的一种。古人认为虹蜺是阴阳二气相交的产物,雄者色彩显著称为"虹",雌者浅淡称为"蜺(霓)"。《晋书·天文志》指出,云气有两种,即瑞气与妖气,妖气亦有两种,"一曰虹蜺,日旁气也,斗之乱精。主惑心,主内淫,主臣谋君,天子诎,后妃颛,妻不一"。① 可见,虹蜺本身便被视为凶兆。这种观点亦随着中国古代史书、占星术等典籍流传至日本,为日本阴阳道所吸纳。② 取《小右记》中与《源氏物语》成立时间相近的一则日记以窥当时的情况:

> 临暗归来,传两人返报:"今日申刻虹立左相府、左卫门督、左宰相中将家、一条大北方宅等,是吉平朝臣于宰相中将许所陈,占申左府、左金吾等虹怪甚不吉,但宰相中将虹无殊事者。"[长和元年(1012)六月二十八日条]③

即当天在左大臣藤原道长、左卫门督藤原赖通、左宰相中将藤原经房及藤原穆子等人的住处附近出现了彩虹,阴阳师安倍吉平占卜后得知,该天象对藤原道长、藤原赖通等人十分不吉,但对于藤原经房来说并无大碍。《小右记》中还详细记载了当天所有出现彩虹的宅邸,曰"随闻得所记,以为

---

① 《晋书》卷十二《天文志中》,中华书局,1974,第 329~330 页。
② 阴阳道指以日本自古以来的民间咒术信仰为基础,辅以中国阴阳、五行、易、卜筮、纬书、天文、神仙等思想,结合历术、占星术以及部分道教信仰而形成的咒术倾向浓厚的方术。参见〔日〕漥德中《道教入门》,萧坤华译,四川人民出版社,1996。
③ 藤原实资『小右記 3』、岩波書店、1964、42 頁。

后鉴"。可见，虹蜺的出现被视为非常之事，可大可小，需经阴阳师占卜，谨慎对待。

而有关"白虹"的记录，笔者目力所及，日本平安时代及以前的史料中相关记录有14则，其中有"白虹贯日"3则（见表1）。

表1　日本相关史料中对"白虹"的记录

顺序	年月日	史料名	原文	相关事件
1	养老四年（720）正月甲子	《续日本纪》卷第八	是日，白虹南北竟天	隼人谋反，大隅国守阳侯史麻吕被杀
2	养老五年二月癸巳	《续日本纪》卷第八	日晕如白虹贯，晕南北有珥	元正天皇多次下召纳言消灾
3	宝龟六年（775）五月丙午	《续日本纪》卷第卅三	白虹竟天	阴阳头大津连大浦卒
4	承和三年（836）七月癸酉	《续日本后纪》卷第五	是日东方白虹见	能登、因幡等地饥荒，仁明天皇命各地读经奉币消灾
5	承和五年十月戊戌	《续日本后纪》卷第七	酉刻，白虹竟西山南北。长卅许丈、广四许丈，须臾而销焉	仁明天皇下召写经消灾
6	承和十一年九月庚申	《续日本后纪》卷十四	外记曹司厅前白虹见	无明显相关事件。但当年异象灾荒频现，八月文章博士进言为先祖之灵作祟
7	贞观十二年（870）六月十日辛卯	《日本三代实录》卷十八	是日，夜，白虹见东北，首尾着地	连月雨灾，太宰府有新罗贼寇逃窜
8	贞观十六年四月乙未七日	《日本三代实录》卷廿五	时甲未，日有五重晕，白虹贯日，即日在胃宿。天文书曰：日月晕气者，三日以内有阴雨，则其消而不成。而八日暴雨，然则可谓其消	八日有雨消灾
9	元庆八年（884）正月廿三日乙丑	《日本三代实录》卷四十四	日有冠，右有珥，色黄。左有白虹向日，是名日抱	史料记载阳成天皇身体不适，让位光孝天皇（一般认为实际因违抗藤原基经而被迫退位）

— 46 —

续表

顺序	年月日	史料名	原文	相关事件
10	延长二年（924）十月十七日壬午	《扶桑略记》	戌时,白虹亘西天	十六日降雨,有雨仪
11	承平元年（931）六月十二日	《贞信公记》	白虹怪可慎给。又有天文异兼祈雨等也。右大将为上,宜阳殿板敷鸣怪,可慎子午年公卿	多种异象频现,七月宇多法皇病重,九月驾崩
12	天德三年（959）十二月九日	《九历》	日三轮出事,又白虹贯日事	十日有占卜村上天皇健康的文书上奏
13	承安三年（1173）六月十日	《玉叶》	七月一日壬辰,或人云去月十日白虹立云云。是希代事云云	后白河院女御琮子身体不适出家
14	文治四年（1188）六月廿四日	《玉叶》	七月十一日乙巳,资元来申云:去月廿四日白虹见贯心大星,是希代之变异云云	后白河院身体不适

资料来源：笔者根据相关史料制作。其中，第1~9条出自佐伯有義编『六国史』、朝日新聞社、1992~1994；『続日本紀』卷上、146頁、157頁；『続日本紀』卷下、285頁；『続日本後紀』、88頁、127頁、279頁；『日本三代実録』卷上、443頁、548頁；『日本三代実録』卷下、317頁。第10条出自東京大学史料編纂所編『大日本史料』（1編5冊）、東京大学出版会、1989、622頁。第11条出自東京大学史料編纂所編『大日本古記録　貞信公記』、岩波書店、1956、154頁。第12条出自東京大学史料編纂所編『大日本古記録　九暦』、岩波書店、1958、27頁。第13条出自東京大学史料編纂所編纂『史料綜覽』卷3、朝陽会、1926、526頁。第14条出自東京大学史料編纂所編『大日本史料』（4編2冊）、東京大学出版会、1981、403頁。

可见，白虹在日本古代作为不详之异象被普遍认知，如第2、5条，天皇均在白虹出现后想办法消灾；第14条则直接称之为"希代之变异"。具体分析，如第1、7条，作为以下叛上、谋反作乱一类的征兆；第2、5、8、10条，作为灾难来临之预兆；第3、9、11、12、13、14条等，则与皇族、内宫身体健康等相关。以日、天为君王之象征，则"白虹贯日""白虹竟天"是对君王不利的征兆，以身体健康、天灾、人祸等为主要表征，而尤以谋反叛乱为其最。可见，在日本平安时代的语境下，"白虹贯日"作为天象依然象征对君王不利的凶兆。

如果以日本语境下"白虹贯日"的意蕴来理解头弁的话，那么他就是在暗示光源氏一派有谋反之意。虽然在《狱中上梁王书》中，邹阳从汉代反观秦始皇，认为"白虹贯日"是上天受荆轲的精诚所感动而显现的可克之兆。但如上所述，头弁并没有采用邹阳的原意，而是取了《史记集解》、《史记索隐》以及《文选》李善注中《列士传》的说法，即燕太子丹"见虹贯日不彻"，认为"吾事不成"。也就是说，头弁在朗咏中包含了中伤与打压的两层意思，一方面污蔑光源氏派系包藏祸心，另一方面则以绝对的自信表示"你们的谋反必败，最后只落得恐惧担心的下场"。

至于日向福的"虹蜺主内淫"说，很明显受到了《岷江入楚》的影响，即"又有内淫之义欤？以虹暗喻淫乱之事也"。"虹蜺主内淫"出自《后汉书·五行志》刘昭注引《星占》："虹蜺主内淫，土精填星之变。"不过，李贤又引《易谶》曰："聪明蔽塞，政在臣下，婚戚干朝，君不觉悟，虹蜺贯日。"则其所谓"内淫"亦与"婚戚干朝"相关。以"内淫"说解释此处并不准确，其一，"白虹"非"虹蜺"泛泛之称，"白虹贯日"在中日典籍中都已有明确意指（以下犯上之凶兆），若以"虹蜺主内淫"来解释，则无疑舍近求远；其二，"白虹贯日，太子畏之"，有明确典故出处（荆轲刺秦王故事），其所指已非常明确。《岷江入楚》、日向福之所以做出此解，关键在于将光源氏与胧月夜私会的故事联系在一起。《源氏物语》载：

> 大将（光源氏）想到头弁的朗咏，心中有愧，又觉世值多事之秋，便许久不再到访胧月夜之处。①

光源氏不再去找胧月夜，是因为想到头弁的朗咏而心中有愧，日向福便认为头弁的朗咏所指乃是光源氏与胧月夜的私通。此解略显牵强，原因在于头弁以盛气凌人的态度，在大庭广众之下，将光源氏置于威胁皇权之境地，这对光源氏来说已是危机逼近的信号，在与胧月夜私会之事上有所收敛也在情理之中。因此，对"白虹贯日"的解读仍当采用其核心意更为顺达与深刻。

---

① 笔者译，原文为："大将、頭の弁の誦じつることを思ふに、御心の鬼に、世の中わづらはしうおぼえたまひて、尚侍の君にも訪れきこえたまはで、久しうなりにけり。"

明晰了"白虹贯日"的意蕴后，下一步则需要解读"太子"到底指谁，是光源氏还是冷泉太子？接下来将结合燕太子丹、荆轲及秦始皇在平安时代的形象，对这个问题进行综合讨论。

四 燕太子丹、荆轲及秦始皇在平安时代的人物形象

荆轲刺秦王的故事随着《史记》《燕丹子》等典籍传入日本后，关于燕太子丹、荆轲及秦始皇三人的形象多见于时人之记载，与中国传统典籍的记述基本一致。

（一）荆轲作为侠士广为人知

《和汉朗咏集》下卷"述怀"部的首句便是以荆轲等义士典故为背景的诗文。

> 专诸荆卿之感激，侯生豫子之投身，心为恩使，命依义轻。①

此句意为专诸、荆轲、侯嬴、豫让都为了感激主公恩情而舍弃性命，为了报恩劳费心力，为了道义可以舍弃生命。原句出自《后汉书·朱穆传》中范晔的论赞：

> 若夫文会辅仁，直谅多闻之友，时济其益，纻衣倾盖，弹冠结绶之夫，遂隆其好，斯固交者之方焉。至乃田、窦、卫、霍之游客，廉颇、翟公之门宾，进由执合，退因衰异。又专诸、荆卿之感激，侯生、豫子之投身，情为恩使，命缘义轻。皆以利害移心，怀德成节，非夫交照之本，未可语失得之原也。穆徒以友分少全，因绝同志之求；党侠生敞，而忘得朋之义。②

专诸、侯嬴、豫让三人均是与荆轲齐名的义士。范晔所"论"，以"得

---

① 藤原定家『和漢朗詠集』、三木雅博訳注、角川学芸出版、2013、380 頁。
② 《后汉书》卷四十三《朱乐何列传》，中华书局，1973，第 1474 页。

朋之义"为准，虽然肯定了荆轲等人乃"情为恩使，命缘义轻"之侠士，但"皆以利害移心，怀德成节"，其所作所为都为了恩义利害，与主公之间并非真正的友朋之义。然而，《后汉书·朱穆传》之"情为恩使，命缘义轻"一句能够入选《和汉朗咏集》而为"心为恩使，命依义轻"，说明其已从原文语境中被剥离出来，作为纯粹歌颂道义精神的独立诗句，失去了反证"得朋之义"的作用。这是藤原公任的误用还是故意为之，已经无从考究。① 但可以确定的是，藤原公任专引此句，乃极为赞赏荆轲等侠义之士。日本平安朝末期以降，随着武士崛起，"心为恩使，命依义轻"一句频繁为军记物语所化用，专用于讴歌为主公舍生取义的武士精神②，亦体现了《和汉朗咏集》的文化过滤作用以及中国侠义精神在日本军记物语中的接受与变异。

（二）秦始皇的暴虐形象深入人心

吉川忠夫指出，汉代为了美化推翻秦朝的行为，刻意放大秦始皇的负面形象，尤其是汉武帝时代儒学成为正学之后，"焚书坑儒"事件受到史学家的严厉批判，秦始皇也被塑造成残忍专制的暴君。③ 这个形象也得到了平安时代日本贵族的广泛接受。比如，《宇津保物语》的"藏开"卷中，藤英与仲忠等人对谈时聊到要将书藏于墙壁之中，其中行政说："明君的时代是不可能有这种事情的。"（明王の御代に出で来まじきことどもなり。）其中就暗含对秦始皇"焚书坑儒"的讽刺。又如，《本朝丽藻》中大江以言的诗序（《七言，夏日于左监门宗次将文亭，听讲令诗一首并序》）有云："秦皇帝之惨虐，繁文酷秋荼之霜；汉高祖之宽仁，三章垂春竹之露。"明确将"秦皇帝之惨虐"与"汉高祖之宽仁"做对比。而大江

---

① 吴雨平指出："编者（藤原公任）不按照中国的文学思想，而是以本民族的标准选取中国诗人的作品入经典集，并让同一诗题下的汉诗、和歌具有类比性，体现了任何文化在接纳外来文化时都会发生的'文化过滤'现象，而'文化过滤'的动因正是民族主体意识的觉醒。"参见吴雨平《〈和汉朗咏集〉文学主体意识论析》，《苏州大学学报》（哲学社会科学版）2019年第2期。

② 例如，《陆奥话记》的"战士感激，皆言意为恩使，命依义轻"（戰士感激、皆言意爲恩使、命依義輕），《平治物语》的"因为心为恩使，命依义轻，所以士兵们不畏生死"（心は恩のために仕へ、命は義によって軽かりければ、兵、身を殺さんことをいたまず），《太平记》的"因此，重义舍命之人不计其数"（されば義を重んじ命を乗つる者数を知らず）等。

③ 〔日〕吉川忠夫：《秦始皇》，纪太平等译，三秦出版社，1989，第156~159页。

匡衡因为不受重用，在《返纳贞观政要十卷》中，愤怒地将一条天皇比作秦始皇：

> 但除书以后，心若死灰。今度之政，以文章宿学之咎，不给可给之官。仍自公宴释奠，及一所诗宴以外，永绝风月之交，又绝杂笔同前。被沉才儒，何异于坑，被废书林，何异于焚。①

此书状收录于《本朝文粹》，作于长保二年（1000）二月六日。当时他48岁，虽然善作文章、精通汉学，但还仅任式部权大辅与天皇侍读。从书状后文可知，他渴望任职国守，然而正月除目的结果令他大失所望，故而在书状中有愤世嫉俗之言。其实，一条天皇是位仁君，与历史上的秦始皇形象完全不同。尽管大江匡衡言辞冒犯，但也没有因此获罪，反而在第二年出任尾张守。由此可知，当时文人贵族惯于将本朝天皇与中国的皇帝相比较，对中国典故的接受和运用十分自如。

（三）燕太子丹典故的化用更为复杂

《和汉朗咏集》下卷"白"部中，摘录了与燕太子丹、秦始皇相关的汉诗文：

> 秦皇惊叹，燕丹之去日乌头；汉帝伤嗟，苏武之来时鹤发。②

此句意为秦始皇在燕太子丹离去的那天，看到乌鸦白头，大吃一惊；汉昭帝在苏武回来的时候，看到他鹤发披散，十分感伤。两句皆出自唐代谢观（793～865年）的《白赋》，③前句用秦王与燕丹故事，后句用汉帝与苏武故事。"燕丹之去日乌头"，《史记·刺客列传》"太史公曰"："世言荆轲，其称太子丹之命，'天雨粟，马生角'也，太过。"因太过玄虚，

---

① 藤原明衡『本朝文粹』、大曽根章介・金原理・后藤昭雄校注、岩波書店、1992、244 頁。
② 藤原定家『和漢朗詠集』、404 頁。
③ 此赋已经散佚，仅可见同收录于《和汉朗咏集》上卷"雪"部的"晓入梁王之苑，雪满群山。夜登庾公之楼，月明千里"，意在吟咏与白色相关的事物。参见高兵兵《雪・月・花——由古典诗歌看中日审美之异》，三秦出版社，2006，第 7 页。

所以《史记》没有载及。不过，此后东汉王充将其记录在《论衡·感虚》中：

> 《传书》言："燕太子丹朝于秦，不得去，从秦王求归。秦王执留之，与之誓曰：'使日再中，天雨粟，令乌白头，马生角，厨门木象生肉足，乃得归。'当此之时，天地佑之，日为再中，天雨粟，乌白头，马生角，厨门木象生肉足。秦王以为圣，乃归之。"

"日为再中，天雨粟，乌白头，马生角，厨门木象生肉足"，本是不可能之事，但天地护佑燕太子丹，乌鸦为之白头，马为之生角，秦王以为圣人，于是放归。王充继而评论曰"此言虚也"，足见此乃间巷间流传之神化太子丹的故事。不过，正因《史记》、《论衡》乃至《博物志》、《燕丹子》等的记述，逐渐固化为"马角乌头"的典故，流传不绝，并广为日本平安时代贵族熟知。

"马角乌头"的典故还与一条天皇时期最大的政治动荡"长德之变"有所联系。关白藤原道隆死后，其子藤原伊周、藤原隆家与其弟藤原道长之间展开了一系列权力斗争。长德二年（996）四月，藤原伊周、藤原隆家两兄弟因以箭射花山法皇涉嫌谋反，被藤原道长抓住机会贬为太宰权帅及出云权守，流放出京。高阶成忠为了让外孙藤原隆家回京，于同年十月七日代藤原隆家撰写奏状《为出权守藤原朝臣请归京》递呈一条天皇，其中云：

> 天性虽愚，悉惩龙颜逆鳞之诚；地望虽失，泣仰乌头变毛之恩而已。①

高阶成忠以此奏文恳求一条天皇准藤原隆家回京。上引两句都与秦王、燕太子丹故事相关联，后句即"乌白头"之事。前句"逆鳞"则出自《战国策》之《燕三·燕太子丹质于秦》的记载：

---

① 藤原明衡『本朝文粹』、232 页。

燕太子丹质于秦，亡归。见秦且灭六国，兵以临易水，恐其祸至。太子丹患之，谓其太傅鞫武曰："燕、秦不两立，愿太傅幸而图之。"武对曰："秦地遍天下，威胁韩、魏、赵氏，则易水以北，未有所定也。奈何以见陵之怨，欲排其逆鳞哉？"① 太子曰："然则何由？"太傅曰："请入，图之。"②

此事为司马迁收入《史记·刺客列传》。从上引可见高阶成忠对燕太子丹与秦王故事相当熟悉。然而，此句奏文看似诚恳，但如果代入人物关系加以对应的话，无疑是把一条天皇比作秦始皇，把藤原隆家视为燕太子丹。这或许是高阶成忠的典故误用，但不能排除他是因心怀不满而故意为之，实则暗讽一条天皇流放外孙过于残暴。

"长德之变"也是《源氏物语》中光源氏被迫退居须磨的历史原型之一。在头弁与光源氏发生冲突后不久，冷泉太子之母藤壶皇后出家、左大臣致仕，政界呈现万马齐喑的局面。而后，光源氏与胧月夜的私通暴露，弘徽殿女御开始琢磨如何让光源氏彻底失势，危机一步步向光源氏靠近。可以说头弁的朗咏不仅标志着右大臣家族对光源氏的政治倾轧进一步升级，还为光源氏被迫退居须磨埋下了伏笔，也让人联想到日本平安时代的藤原氏族。他们是右大臣家族的人物原型，为了独占权力，发动了一系列排挤其他势力的政变，比如"昌泰之变""安和之变"等，通过污蔑对方谋反，将菅原道真、源高明等重臣流放，进而巩固自己的权力基础。右大臣家族的所作所为无疑与历史上藤原氏族的政治胜利者形象相重叠。"长德之变"虽然是藤原北家内部的权力斗争，但是距离《源氏物语》成立时最近，肯定也给作者紫式部留下了深刻印象。

《花鸟余情》提出头弁以荆轲喻光源氏，以燕太子丹喻冷泉东宫。首先，荆轲的义士形象与光源氏不符，而且他虽然重要，但实际上只是刺杀秦王的一枚棋子，燕太子丹才是行刺的主谋。其矛盾的重点在于秦始皇与燕太子丹的关系，即秦欲灭燕国。况且头弁的矛头直指光源氏，东宫太子年仅六岁，所以以"太子"为光源氏更为合理。做此理解的话，光源氏与藤原隆

---

① "排其逆鳞"又作"批其逆鳞"，《史记》作"批"。
② 《战国策》，齐鲁书社，2005，第356页。

家分别在文学作品与历史现实中被比作燕太子丹，从而形成物语与现实之间的互文，使物语内涵更具深意。

结　语

综上所述，《河海抄》的注释最切中要害。头弁所言"白虹贯日，太子畏之"的意思是："你（光源氏）作为臣子意欲对朱雀天皇行不轨之事，但如同燕太子丹恐惧刺秦失败那样，你也不会成功的。"然而，头弁的朗咏虽然达到了他想要刺激光源氏的效果，却是不恰当的，只是因为这句话语义所指向的燕太子丹与秦王的故事为当时日本贵族所熟知而已。

秦王的暴虐、荆轲的忠义、燕太子丹的忧愤与不安乃是中日文献共同呈现的，也是平安朝日本贵族所接受的文化教育内容。头弁无视已有的历史叙事传统，将歌颂反抗暴政的典故理解成"以下犯上"，正如玉上琢弥、日向福所言，其汉学问可谓极其浅薄。头弁兼任藏人头及弁官，常侍天皇左右，负责天皇与太政官之间的联络、处理各省文书等重要事务，本来应是有才之人。而他作为右大臣家族的后起之秀，器量、学问竟如此粗浅，与受文人所仰慕爱戴的光源氏形成了鲜明对比。紫式部仅仅用一句汉文朗咏便成功塑造了头弁这一人物，也是见微知著，足以想见以右大臣一族为主导的朱雀朝的乱世景象。

除此之外，前人尚有一点还未论及，即此处误读是紫式部故意而为，还是无心之失？本文遵循研究学史的通行观点，认为乃是紫式部为塑造头弁这一人物形象以及为整体故事做背景铺垫而有意预设了一种误读。不过，根据抽丝剥茧的层层分析可见，紫式部本人犯错误用也是极有可能的。第一，《源氏物语·贤木》中的"白虹贯日，太子畏之"这一汉文朗咏，在《史记集解》《史记索隐》《文选注》中极为常见，"畏惧"之说早于南朝即已流传（裴骃引《烈士传》），至唐代则更盛行（如司马贞、李善），紫式部完全有可能采信此说；第二，平安时代的日本贵族在接受中国典籍时，望文生义、断章取义的情况时有发生，其所引汉文与原意或有出入，如《和汉朗咏集》引《后汉书》荆轲等"心为恩使，命依义轻"，与范晔所论"得朋之义"即用意相反，紫式部也有可能犯此错误。当然，这也仅是一种可能，现今并无实证。

《源氏物语·贤木》中的"白虹贯日，太子畏之"在日本已有上千年研究历史，本文基于中日历代古籍注释及今人研究，详细分辨其本义与歧义，进而探究物语中朗咏者之意，并蠡测作者意图，乃至提出相反解读之可能，希冀为《源氏物语》的汉文接受研究提供些许萤火之力。

（审校：吴　限）

• 专题研究　东亚文化交流与日本国家建构 •

飞鸟时代的日本墓葬制度
——基于古代东亚国际关系的视角

〔日〕菱田哲郎/著　李俊卿/译*

内容提要：日本列岛的墓葬制度以 7 世纪为时间节点，发生了重大变革。7 世纪初，被后世称为"横口式石椁"的新型墓室开始出现，并逐步替代具有彰显地区范围内家族地位功能即遵循氏姓制度的横穴式石室。"横口式石椁"被认为在一定程度上遵循了薄葬令规定的建筑范例，意味着当时日本社会正在发生氏姓制度向冠位制逐步过渡的现象。日本墓葬制度及其反映出的冠位制可能是以百济的制度为蓝本，而百济的墓葬很大程度上受到中国南朝墓制的影响。通过研究墓葬制度可以推论，基于冠位制的社会秩序自中国起源之后在整个东亚地区得到传播。

关 键 词：飞鸟时代　墓葬制度　氏姓制度　冠位制度　古代东亚国际关系

学界认为，日本列岛的墓葬制度以 7 世纪为时间节点发生了重大变革。普遍的观点是，古坟时代盛行的巨型古坟走向终结，逐渐过渡为以佛教寺院为代表的以新式纪念碑为主的模式。但是，直至 7 世纪，古坟的建造依然在继续，这些坟墓有着不同于之前的古坟也不同于后期的古坟的特征，有学者将其命名为"终末期古坟"①。在 7 世纪的飞鸟时期，日本以飞鸟地区的王宫为中心实现文明转化，开始走上律令制国家的道路。因此，有学者也将该

---

* 菱田哲郎，日本京都府立大学文学部教授，主要研究方向为考古学、先史学。李俊卿，国际关系学院日语系硕士研究生。
① 森浩一「あとがきにかえて」、森浩一编『論集　終末期古墳』、塙書房、1973。

时期的坟墓归类为"飞鸟时代古坟",标志着新时代日本墓葬制度的形成。①此外,有观点认为 7 世纪日本的古坟受到风水思想的影响,成为律令墓葬制度快速发展的拐点。② 在这个问题上,大化时期的薄葬令虽然备受瞩目,但本文并不打算局限于薄葬令的合理性这样的小命题,而是拟从更具宏观意义的墓葬制度史角度探讨古坟的历史定位,进而研究其在东亚框架下的存在意义。

迄今为止,笔者一直围绕 6~7 世纪日本古坟与地域社会之间的关系,选取一些区域通过事例研究法进行分析③,着重研究作为开发基点的屯仓的形成及其与建有横穴式石室的古坟的关联等问题④。此外,笔者也以古坟的终结为研究课题,主张 7 世纪的古坟是古坟时代墓葬制度的终结和新律令墓葬制度开端的标志。⑤ 本文基于相关研究成果,将东亚范围的古代国际关系纳入视野,进而审视日本墓葬制度的变化。

一 横穴式石室与横口式石椁

5 世纪从朝鲜半岛传入的横穴式石室于 6 世纪在日本列岛各地得到普及,特别是王室周边的畿内地区,横穴式石室的规模巨大,并有向周边各地辐射的趋势。⑥ 横穴式石室被称为"家族墓",由墓室和甬道构成,最大的特点是可以追葬。墓室规模各异,大型墓室长 5 米以上,宽超过 2 米,也有很多长不到 3 米、宽约 1 米的小型墓葬。这种规模上的差异体现了地区的阶级差别,高级的横穴式石室内有装饰大刀和马具等丰富的随葬品,低级的横

---

① 猪熊兼胜「飛鳥時代墓室の系譜」、奈良国立文化財研究所『研究論集』第 V 卷、1976。
② 河上邦彦「終末期古墳の立地と風水思想」、堅田直先生古希記念論文集刊行会編集『堅田直先生古稀記念論文集』、真陽社、1997。
③ 菱田哲郎「7 世紀における地域社会の変容—古墳研究と集落研究の接続をめざして—」、国立歴史民俗博物館『国立歴史民俗博物館研究報告』第 179 卷、2013。
④ 菱田哲郎「地域の開発と後期古墳」、島根県古代文化センター編『国家形成期の首長権と地域社会構造—プレ律令国家期の地域社会の形成—』、島根県古代文化センター、2019。
⑤ 菱田哲郎「古墳の消滅とその背景」、『古墳時代の考古学 9 21 世紀の古墳時代像』、同成社、2014。
⑥ 和田晴吾「古墳文化論」、歴史学研究会・日本史研究会編『日本史講座 1 東アジアにおける国家の形成』、東京大学出版会、2004。

穴式石室则大多只有陶器随葬。① 由此可见，横穴式石室具有彰显地区范围内家族地位的功能，同时在一定程度上可以反映 6~7 世纪文献中记载的氏姓制度。大型横穴式石室的风潮于 7 世纪前期达到顶峰，后期也在建造，但逐渐减少，到 7 世纪末期已基本不再建造。

另外，7 世纪初，被后世称为"横口式石椁"的新型墓室开始出现。早期的横穴式石室内部仿造石椁或石棺的形状建造而成，成为只葬一人的单人专用墓。此类墓葬以大阪府富田林市的御龟石古坟为代表，大量分布于河内国南部。这类墓室与上述横穴式石室共存了一段时间，随后逐渐增多并逐步取代后者。从分布上看，此类墓葬以畿内为中心，但在其他地区也发现了仿照畿内墓葬建造布局的墓葬，例如大分县古宫古坟，有学者认为这是就仕于王室、被赐予高级冠位的大分惠尺之墓。② 由此可以推测，在王权的影响下，新型墓葬开始在日本各地普及。

二　横口式石椁与薄葬令

横口式石椁流行于 7 世纪中叶，大量分布于畿内，有学者便关注其与大化二年（646）薄葬令之间的关联。③ 从目前已确认的横口式石椁的尺寸来看，除天武持统合葬陵、平野冢穴山古坟、束明神古坟这些可能是天皇或皇族墓葬的特例之外，其他墓葬几乎都符合令制规定。然而，同时代的横穴式石室相较于薄葬令的规定则大幅超标，显然没有受到令制的限制。

否定大化改新的观点曾一度占据学术主流，学界也普遍质疑薄葬令的有效性。于是，有学者提出以律令的丧葬令为前提，将视角放在天武朝。④ 但是，也有学者从文献学的角度要求重新评价孝德朝⑤，进而有学者提出重新

---

① 新納泉「装飾付大刀と古墳時代後期の兵制」、『考古学研究』第 30 巻第 3 号、1983；尼子奈美枝「後期古墳の階層性」、『関西大学考古学研究室開設四拾周年記念考古学論叢』、関西大学、1993。
② 越智淳平「豊後地域における終末期古墳の様相」、九州前方後円墳研究会実行委員会編集『終末期古墳の再検討』、九州前方後円墳研究会、2009。
③ 塚口義信「大化の新政府と横口式石槨墳」、『古代学研究』第 132 巻、1995。
④ 山尾幸久「律令体制建設期の国家的喪葬統制—『大化薄葬令』の実年代—」、白石太一郎編『古代を考える　終末期古墳と古代国家』、吉川弘文館、2005。
⑤ 吉川真司『飛鳥の都』、岩波新書、2011。

评估大化时期薄葬令的效果，持该观点的代表学者是高桥照彦。高桥照彦认为大阪府阿武山古坟的建造时间应是在孝德朝，基于墓室的规模和有无封土，判断其建造规格严格遵循了薄葬令的相关规定。因此，高桥照彦提出，自7世纪中叶开始，横口式石椁迅速普及推广，与此同时孝德朝颁布了薄葬令。① 关于阿武山古坟的年代，从远离墓室的墓道出土的陶器判断略存争议，从砖的年代看应该是660年以后建造的，但从没有封土等方面来看，薄葬令规制下的古坟是真实存在的，这点非常重要。大化二年薄葬诏书的前半段提倡不封土，但与规制有关的后半段规定了墓葬外部的宽、高，并没有禁止建造坟丘。因此，带有坟丘的横口式石椁古坟对于薄葬令的存在而言是意义重大的实证。

此外，上溯至6世纪末或7世纪初的"シショツカ"（Shisyotsuka）古坟内发现了横口式石椁，由此推翻了横口式石椁是因大化薄葬令而产生的结论。② 但是，包括该古坟在内的平石谷各古坟，不论是独立的布局，还是位于丘陵南麓且朝南等特点，都可以看作之后墓制的起点，进而推断其作为当时薄葬令建筑范例的可能性很大。关于横口式石椁，除了上述古坟之外，还有从出土瓦判断可能建于630~660年的大阪府御龟石古坟，以及可能是"シショツカ"古坟之后一个时代建造的"アカハゲ"（Akahage）古坟等；7世纪前期的例子则可见于南河内，如钵伏山西峰古坟因出土了飞鸟Ⅱ号陶器而被推定建于7世纪中叶。根据上述例子，定型的横口式石椁被证实在7世纪后期呈现爆发式增长的趋势。因此，从南河内的古坟以及集中分布于河内飞鸟的诸多横口式石椁来看，在新式墓室的定型过程中，南河内和矶长谷的墓葬形制起了重要作用。

三 冠位制与律令期的墓制

大化的薄葬令对于王以上、上臣、下臣、大仁和小仁、大礼至小智等各阶层的古坟规模、使用役夫人数、陪葬品都有明确规定，其特点就是以推古

---

① 高橋照彦「律令期葬制の成立過程—『大化薄葬令』の再検討を中心に—」、『日本史研究』第559巻、2009。
② 上林史郎「河内（特集　終末期古墳とその時代）」、『季刊　考古学』第82号、2003。

十一年（603）制定的冠位十二阶制度为基础。冠位制在薄葬令时期快速完善，在大化三年（647）改为冠位十三阶，大化五年（649）改为冠位十九阶，由此可见孝德朝是冠位制发展的关键时期。① 冠位制最终在8世纪初演变为位阶制，成为确定官僚地位的基础。遵循了薄葬令相关规定的横口式石椁以单人葬为基本原则，且古坟本身很多是单独建造的。平尾山千冢以及河内飞鸟以外的群集坟虽然存在横口式石椁，但河内飞鸟的"オーコ"（Ouko）冢8号坟是例外，明显独立于群集坟。② 诸如此类，表明了单人葬特点鲜明的横口式石椁与将官僚个人地位同氏族分割的冠位制之间具有良好的兼容性。

其后，有关坟墓的丧葬令规定，仅允许三位（品级）以上的官员、氏族始祖、氏族长建造坟墓，与规定四位至七位级别可以建墓的薄葬令相比更加严格。适逢此时横口式石椁的修建也快速减少，只有飞鸟的高松冢古坟、平城京北郊的"石のカラト"（Ishi no karato）古坟等少数高级古坟留存下来，这个现象与大化薄葬令到《大宝令》阶段的丧葬令的变化相吻合。由此可见，冠位制的实施和在此基础上全面贯彻的坟墓规格限制导致了古坟建造的急速减少。当然也应考虑佛教思想的普及因素，但古坟的消失在很大程度上归因于以冠位制为代表的新身份制度下新社会结构的确立。

大化之前，横口式石椁非常罕见，社会上的主流墓葬是横穴式石室。前文也提到横穴式石室可以追葬，具有浓厚的家族墓葬特点。同时，墓葬的规模也鲜明地反映了阶层结构。以国造或"君"姓、"直"姓等地方豪族为顶端的地区社会阶层结构形成之时，横穴式石室坟墓的规模就带有体现墓主家族阶层的功能。由此可见，横穴式石室是彰显氏姓地位的墓葬制度，相比个人，家族或者以"户"为单位的地位更受重视。横穴式石室盛行于7世纪前期，后期也在建造，这正是在实施冠位制的同时，氏姓制度在当时的社会依然占据基础地位的体现。横穴式石室不符合薄葬令的规定，是薄葬令基于冠位、以个人为对象的特性使然，绝不是为了对抗使用横穴式石室墓葬的革新政府而故意为之。换言之，横穴式石室彰显氏姓等级的功能与基于个人的冠位制存在不兼容的冲突。但是，7世纪后期横穴式石室规模缩小，数量也

---

① 若月義小『冠位制の成立と官人組織—東アジア史の視点から—』、吉川弘文館、1998。
② 安村俊史「群集墳と横口式石槨」、『古代学研究』第132卷、1995。

逐步减少，特别是以岩屋山式切石法建造的大型坟墓在横口式石椁出现之前就消失了。这个消亡过程可能是因为冠位制的确立与发展造成依存于氏姓制度的石室逐渐退出历史舞台。

综上所述，继承了古坟时代墓葬制度的横穴式石室随着氏姓制度的名存实亡而式微，相反，依存于冠位制的横口式石椁登场并取代了横穴式石室，这样的现象与当时的社会背景密切相关。横口式石椁墓葬也符合丧葬令的规定，作为律令时期的墓葬制度得到继承。但是，随着佛教的影响深入，火葬和薄葬的全面贯彻注定横口式石椁也不会永远流传下去。不过，从家族墓到单人墓或夫妇合葬墓的变革的确发生于7世纪，这无疑是日本列岛墓葬制度变迁史中非常重要的转折点。

四　墓葬制度的变化和国际关系

作为日本列岛横口式石椁的原型，百济的石室时常被提及。朝鲜半岛自三国时代开始普及横穴式石室，其发展具有鲜明的地区多样性。百济熊津时期（475~538年），王都周边的横穴式石室均为宋山里型；而后，泗沘时期（538~660年）流行陵山里型，即断面是六角形的石室。[①] 陵山里型石室建有底石，这与日本列岛横口式石椁的构造相同。更重要的是，以单人葬或夫妇合葬为前提的墓室设置与横口式石椁的特征是一致的。由此可以推测，百济的墓制对横口式石椁传入日本列岛产生了影响。

正如上文所述，早期的横口式石椁见于南河内的平石谷古坟群和富田林御龟石古坟，在此需要探讨一下它们的建造背景。御龟石古坟附近的新堂废寺建于7世纪前期，古坟墓室使用了建造废寺的瓦，新堂废寺的瓦窑紧邻御龟石古坟，这两点证明两者之间关系密切。这个瓦窑因所在地而得名"ヲガンジ（Oganji）池瓦窑"，很早以前就有人注意到其与百济的同名寺院——乌含寺之间存在关联。新堂废寺的伽蓝布局为中门、塔、金堂、讲堂并呈一条直线排列，金堂的东西两侧设有别堂，这样的设计与百济的定陵寺是相同的。[②] 虽

---

① 吉井秀夫「百済地域における横穴式石室分類の再検討—錦江下流域を中心として—」、『考古学雑誌』第79巻第2号、1993。
② 李炳鎬「百済式寺院の成立と展開」、李炳鎬『百済寺院の展開と古代日本』、塙書房、2015。

然很难确定新堂废寺的建造者，但在河内国石川郡地区发现了"锦部连"等《新撰姓氏录》中记载的来自百济的氏族。此外，平石谷古坟群并不只是周边地区的氏族墓区，正如矶长谷是王陵一样，这里也有可能埋葬着大伴氏或者苏我氏这样的中央豪族成员。① 从古坟的规模看，这个可能性非常大。而大伴氏中出现过不少像大伴狭手彦这样从事对百济外交工作的人物，他们或许就参与过6世纪末期从百济引入墓葬制度的工作。但是，确定墓主人身份是个难题，本文只能假设平石谷古坟群葬有日本对百济外交领域的重要人物。

以单人葬为主的百济墓葬制度虽然不是第一时间就传入日本，但据熟悉百济制度的学者推测，百济的墓制可能在7世纪前期就已经传入日本。到7世纪后期，基于冠位制的新墓制首先由供职于王室的人使用，之后慢慢普及。

在百济，陵山里型石室在尺寸等方面有严格的规定，这一特点作为其阶级性的体现而得到关注。山本孝文的研究证实了两点：其一，当时存在和王族墓一样用切石法建造的大型石室，作为体现阶级秩序的最高级形式；其二，从出土的银花冠饰等与冠帽有关的随葬品可以判断，当时存在和百济十六级官位相对应的丧葬制度。②《三国史记》记载，第六级官位"奈率"以上的官员头冠上有"银花饰冠"，王族则以"金花为饰"，由此可见冠饰是用于区分阶级身份的。百济这些高级石室从规模上看，长2.5米、宽1.25米，日本列岛的石室则长9尺、宽近5尺，可以认为日本的墓葬建设直接借鉴了百济的规格。

山本孝文的研究表明，基于冠位的身份秩序制度是从百济传入日本的，而百济的规格化石室为该论点提供了有力的佐证。不仅百济的石室影响了日本的横口式石椁，而且整个以冠位决定单人葬规格的制度都是从百济传来的，从这点来看意义更加重大。为了让百济的官位制度在日本落地生根，学者推测当时的日本政府一开始可能采取了以衣着等要素体现身份等级的规

---

① 参见高橋照彦「律令期葬制の成立過程―『大化薄葬令』の再検討を中心に―」、『日本史研究』第559巻、2009；丹羽野裕「『出雲型石棺式石室』の検討―単葬の導入とその背景―」、島根県古代文化センター編『国家形成期の首長権と地域社会構造―プレ律令国家期の地域社会の形成―』、島根県古代文化センター、2019。
② 山本孝文『古代朝鮮の国家体制と考古学』、吉川弘文館、2017。

定。与此同时，在墓葬制度方面，单人葬也从传统的家族墓葬中独立出来，然后引入了明确的身份等级规定。上文提到冠位十二阶制度制定于推古朝，真正贯彻执行是在 7 世纪中叶，而与之同出一辙的墓制改革进度就是评估冠位政策实施的线索。笔者认为，按照薄葬令建造的墓葬除了横口式石椁，还包括小型的以切石法建造的横穴式石室。如此，薄葬令就不仅在畿内地区，近畿周边乃至关东地区，包括山上碑附近的山上古坟等，都在实施范围之内。研究证实，地方豪族曾就仕于王权，也加入过百济救援军，由此可以推测，因军功获封冠位的地方豪族建造了基于冠位制的墓葬。

在百济，与官位相对应的墓葬制度可能建立于泗沘时期。当时推行的陵山里型石室可能参考了中国南朝时期的砖室墓。[①] 此外，还有相对更早的武宁王陵这样夫妇合葬的墓葬。早就有学者指出百济的墓葬在很大程度上受到中国南朝墓制影响，因此百济墓制起源于中国墓制的结论应该没有争议。墓志表明隋唐时期的墓以单人墓或夫妇合葬墓为主，而且众所周知，日本丧葬令也有关于建造单人墓的规定。上文所述基于个人身份等级的日本墓葬规定，可以说起源于中国，后经百济传入日本。关于丧葬令，日本在继承律令之前，就已经开始通过薄葬令等形式对墓制实施管制。但是，考虑到当时横口式石椁与横穴式石室并存的情况，可以推断，7 世纪后期，日本存在基于姓氏的家世地位和基于个人的身份地位两种地位制度共存的现象，这可谓日本的特色。

结　语

关于 7 世纪日本列岛的墓制变化，从家族墓和单人墓的共存、交替现象可以推断出，当时存在氏姓制度向冠位制逐步过渡的社会现象。以 7 世纪后期的横口式石椁与百济的陵山里型石室的规格相一致这点可以推测出，日本的冠位制和墓制的关系可能是以百济的制度为蓝本。由此，在研究文献记录不够清晰完整的百济丧葬制度时，通过日本的薄葬令进行逆推也是具有充分可行性的。

---

① 吉井秀夫「百済地域における横穴式石室分類の再検討―錦江下流域を中心として―」、『考古学雑誌』第 79 巻第 2 号、1993。

综上所述，通过研究墓葬制度，可以明确基于冠位制的社会秩序以中国为起点在整个东亚地区的传播情况。笔者认为，当前对考古资料的比较研究往往止步于传播和影响关系的类推，有必要将思想和社会秩序背景也纳入研究视野。虽然日本列岛在地理上位于东亚的尽头一隅，但文献史料丰富，保存完好，有利于解读考古学发现的现象背景。充分利用这个优势，整合东亚或东北亚，努力构建一个大的学术研究框架是非常有必要的。

（审校：赵　刚）

• 专题研究　东亚文化交流与日本国家建构 •

伊波普猷的琉球民族和政治问题研究

徐　勇*

内容提要：伊波普猷的史学建树是琉球/冲绳研究中富有学术价值的课题。自古琉球以降，经灭国之后的近代琉球，再至战后新琉球发展进程，伊波在史学领域发挥转圜与推进作用。伊波还以其跨多领域研究引领学术前沿，被公认为近代琉球与东亚学术的代表人物之一。伊波学术植根于琉球的文化生命力，也是近现代多方向政治文化角力的产物。本文重点探讨伊波的琉球民族论、王国政治史，在战后初期的研究等问题。

关　键　词：伊波普猷　琉球研究　琉球民族　琉球史

具有大陆移民血统的伊波普猷（1876~1947年），以其跨越考古学、语言学、文学、社会学以及琉中日关系史诸多领域的学术著述，被推崇为"冲绳（琉球）学之父"。岩波书店出版的文库本《古琉球》封面也采用了这一评语。[①] 在琉球灭国后，伊波在日本殖民同化政策之下，推进琉球/冲绳学术研究[②]并取得卓越成就，为琉球学免于灭绝并得以传承发展发挥独特的转圜实效。二战后，日本本土与冲绳地区学界对伊波学说的研究极为关注，相关论著丰富，但意见分歧较大；而中国学界虽然十分关注，但有关琉

---

* 徐勇，历史学博士，北京大学历史系教授，博士生导师，主要研究方向为近代中日关系史。
① 伊波普猷『古琉球』、岩波书店、2012。
② 依据古琉球王国与近代统属于日本冲绳县的政治历史，合用"琉球"与"冲绳"两大概念以作通史叙事是当地学术著作及教科书的常见用法。参见新城俊昭『琉球·冲縄史』、编集工房東洋企画、2018；豊見山和行編『琉球·冲縄史の世界』、吉川弘文館、2003。

球学说的研究仍属新鲜的研究课题。① 本文在学习既有研究成果的基础上，拟对伊波普猷在琉球民族、琉球王国政治外交以及战后研究等方面做一些探讨，期望得到各位方家与读者指正。

一 古琉球及灭国后的学术传承危机

琉球群岛由36个主岛（含冲绳岛）构成，线状分布于亚洲东端、太平洋西部海域，南北绵延上千公里。关于岛上居民源流，目前尚无定论，但可考的古人类如"港川人"历史长达22000年以上。② 琉球群岛的地缘物产诞生了独具特色的琉球文明。史家指出，"琉球冲绳的诸多自然条件，不单提供了文化与历史形成的场所、舞台，还是规定其文化与历史存在方式的基本条件"。③ 古琉球人历经各时期进化发展，逐步建立了古代村落与中世纪的城寨（日文为"グスク"）型国家，至15世纪前后由尚氏王朝实现统一，开启了琉球国历史上"自为一国"的数百年发展时期。

关于琉球文明与琉球国家的存在史实，自《隋书》伊始的中国古籍，包括明清两代册封使的《使琉球录》，均有详尽记载，亦为古琉球的历史研究提供了十分丰富的素材。在琉球史籍方面，传留至今的有被视为琉球国正史的《中山世鉴》（1650年）、《中山世谱》（1701年）、《琉球国由来记》（1701年）、《球阳》（18世纪中期）以及《历代宝案》（1424～1867年）等大批典籍，形成以琉球文明与琉球王国存在实况为核心，包含琉中、琉日关系等多层面内容的琉球史学。其间，1458年尚氏王朝铸造的"万国津梁钟"铭文描述了琉球的"万国津梁"国家地位，以及其与中国、日本、朝鲜等东亚国家之间的关系："琉球国者，南海胜地也。钟三韩之秀，以大明为辅车，以日域为唇齿，在此二中间涌出之蓬莱岛也。"④ "万国津梁钟"铸

---

① 日文方面有关伊波普猷传记和琉球历史研究的著述数量极多，请参考文中注释。中文论著可参见米庆余《琉球历史研究》，天津人民出版社，1998；张崇根《万国津梁：大历史中的琉球》，世界知识出版社，2015；徐勇、汤重南《琉球史论》，中华书局，2016；中国战略与管理研究会编《战略与管理3：琉球问题》，中国计划出版社，2016；袁家冬、刘绍峰《关于琉球群岛人类起源的研究综述》，《地理科学》2014年第8期。
② 新城俊昭『琉球・沖縄史』，9頁。
③ 高良倉吉『琉球王国史の課題』、ひるぎ社、1989、10頁。
④ 铭文由笔者摘录标点，"万国津梁钟"原件已经在今冲绳县博物馆、美术馆公开展示。

造精美，作为国家礼器悬挂于首里城正殿，成为琉球国统一之后的政治文化与琉球人身份认同的艺术表象。

琉球历史的根本性突变发生在19世纪后期。日本在1868年明治维新后不久就走上对外扩张之路，于1872年着手吞并琉球改设琉球藩，1875年明治政府派遣内务大丞松田道之担任"处分官"，率军警闯入琉球。作为一个非武装的岛国，琉球只能向东京请愿以保存旧制，也曾派出使节向清朝政府求助，试图维持王国地位。传统琉球史观在王国的政治外交中发挥了重要叙事作用。1878年抵达东京的琉球国三司官毛凤来和马兼才，向各国驻日公使递交请愿书："窃琉球小国自明洪武五年（1372）入贡中国，永乐二年（1404）我前王武宁受册封为中山王，相承至今，向列外藩。遵用中国年号、历朔、文字，惟国内政令，许其自治……自列中国外藩以来，至今五百余年不改。"该请愿书呼吁各国斡旋："今事处危急，唯有仰仗大国劝谕日本，使琉球国一切照旧。阖国臣民，戴德无极。除别备文禀求大清国钦差大臣及大法兰西国全权公使外，相应具禀，求请恩准施行。"①

该请愿书是琉球国王室在1872～1879年王国危机中所提出的最具代表意义的外交文书。请愿书在描述琉球国历史演变脉络的基础上，表达了琉球人"敝国虽小，自为一国"②的政治理念。但是琉球王国的和平请愿诸多努力，未能实现其"一切照旧"的救亡图存目标。1879年日本强制废弃琉球国，设置冲绳县，将国王迁往东京，这个具有上千年文明史的琉球岛国变成了近代日本海外扩张的第一块东亚殖民地。

在此过程中，日本天皇发布诏书："朕膺上天景命，绍万世一系之帝祚，奄有四海，君临八荒。今琉球近在南服，气类相同，言文无殊，世世为萨摩之附庸。"③该诏书在历代日本侵略琉球特别是17世纪萨摩侵略琉球的思想基础上，提出更加明确而系统的吞并琉球的宣传基调，即强调琉球为日本之领土、琉球人为日本（大和）人之分支，日琉具有"同国、同种、同文"诸多的"相同"关系，吞并是"合法"的。为达到占领琉球之后的同化目标，日本以"冲绳"之名取代"琉球"，全面推进社会文化领域的"皇

---

① 原件汉文，笔者标点，文中永乐二年可能有误，照录原件。参见西里喜行编『琉球救国請願書集成』，39-40页。
② 西里喜行编『琉球救国請願書集成』，40页。
③ 波平恒男『近代東アジア史のなかの琉球併合』，岩波書店、2015、141页。

民化"政策。在历史学术领域,则将冲绳(琉球)历史规定为日本历史的组成部分,是日本全国史之下的地方史。

日本政府为最大限度掌控琉球史料整理与研究话语权,派出军警将琉球王国内府的文书资料掠往东京,包括《历代宝案》以及19世纪50年代琉球与美国、法国、荷兰等国缔结的条约文本等重要资料。快速出版"皇纪"范本,大槻文彦编著的《琉球新志》(1873年)描写大日本皇国的版图包括琉球群岛;小林居敬编、青江秀删减的《琉球藩史》(1874年)甚至直接将琉球王室舜天王纂写成源为朝的儿子;担任外务省六等出仕的伊地知贞馨编纂《冲绳志》(1877年初版),担任"处分官"直接吞并琉球群岛的松田道之编纂以日本政府资料为主体的《琉球处分》(三卷,1879年)等。

该时期日本官史的叙事重心放在琉球的政治地位与王国名号等问题上。其中《琉球新志》在序言中"举十证以辩之",证明琉球属于大日本皇国版图:"呜呼!今日开明之隆,自千岛桦太,以至冲绳诸岛,南北万里,环拥皇国,悉入版图中,而风化之所被,无有穷极,骎骎乎有雄视宇内之势矣。"① 俨然是在预言50年之后的"大东亚共荣圈"。如此诸多举措,力图在历史文化领域证明"琉球处分"的合法性,控制琉球历史编纂,为将琉球人同化为日本人的灭琉政策服务。

二 "孤岛苦"与琉球民族论

在所谓"琉球处分"之后,琉球王国士族曾发动"琉球复旧运动"②、"琉球救国运动"③,均无果而终。诸多形式的救国运动,表达了琉球国人的身份认识与国家认同,是为"琉球史像"的顽强表现。④ 日本本土良心派知识分子,特别是一批宪政派、民权派人士曾经给予琉球人同情与援助。柳田国男访问琉球,除发表诸多演讲,还写有《海南小记》等著作,将灭国后

---

① 该书自序部分为汉文,参见大槻文彦『琉球新誌』、烟雨楼、1873、自序、2-4頁。
② 有多家叙述,参见赤嶺守「琉球復旧運動の一考察」、地方史研究協議會編『琉球·沖縄—その歴史と日本史像—』、雄山閣、1987;比屋根照夫『自由民権思想と沖縄』、研文出版、1982。
③ 後田多敦『琉球救国運動—抗日の思想と行動—』、出版舎Mugen、2010。
④ 高良倉吉『琉球王国史の課題』、序章、1頁。

的琉球人生活状况描写为"地狱""破灭""饿死"。自由民权运动思想家小野梓等人提出"非处分"论，反对吞并琉球。社会主义者河上肇等人一再表示反对帝国主义在琉球的殖民主义政治。1925年《中央公论》发表广津和郎的文章，指出世界各国没有放弃对殖民地朝鲜悲惨遭遇的关注，但是"谁也没有关注"琉球人的悲苦。①

琉球人的"忧国哀史"与日本社会各界同情等因素，合力促成了一批琉球历史文化论著出版。"以北起庵美诸岛南至八重山诸岛连绵的琉球列岛为对象，对其岛屿的人、历史、文化等进行整体探究的冲绳研究（琉球学、冲绳学）的真正建立可以追溯到20世纪初期。"② 其后的琉球历史研究发展高潮，与第一次世界大战后的世界范围民族解放运动以及日本国内大正民主运动具有密切关系。其时琉球历史研究的声势与规模，有描述称为"琉球论的喷涌"。③ 相关代表作除伊波普猷论著之外，还有真境名安兴和岛仓龙治合著的《冲绳一千年史》（1923年）、东恩纳宽惇著的《尚泰侯实录》（1924年）以及东恩纳宽惇整理并手抄的《历代宝案》等。这一批著作多以历史与社会文化问题为主题，突破了灭国环境中的诸多禁锢，表达了琉球人对自身历史的认识，在文明起源、各时段政治文化研究诸领域均有所开拓，为殖民时期的琉球历史文脉的传承与发展做出了重要贡献。

伊波普猷的研究是其中最具代表性的。伊波于1876年出生于冲绳岛那霸市，青年时代曾就读于东京帝国大学专修语言学，1910年出任冲绳县立图书馆馆长，翌年结识来访的社会主义者河上肇。图书馆工作对于他收集多方向史料并与各方学者交流大有裨益。伊波史学建立在包括其成名作、早期专题研究文集《古琉球》（1911年），以及此后陆续发表的《古琉球的政治》（1922年）、《孤岛苦的琉球史》（1926年）等学术专著之上。在伊波去世29年之后，东京的平凡社于1976年完成11卷《伊波普猷全集》的出版。

伊波的早年论著之中，即有探讨琉球岛民的多方向移民混血历史，指出过琉球人具有多方向移民路径。在1916年发表的《追远记》中，伊波介绍自己是具有移民血统的"中国人子孙"，幼时汉名鱼培元，祖先原居中国甘

---

① 比屋根照夫『自由民権思想と沖縄』、245頁。
② 豊見山和行編『琉球・沖縄史の世界』、8頁。
③ 比屋根照夫『自由民権思想と沖縄』、4頁。

肃，有祖先曾任明代御医，受命赴北九州收集药材后滞留日本，有一支转入琉球定居。对于自己在琉球生活的祖先是否"执刃"为王国抵抗萨摩军队，伊波不太清楚，但是祖先鱼登龙确实曾从军参加过平定八重山之役。伊波家谱清晰记录了族人的繁衍脉络，所以伊波写道，一般认为久米村人36姓是中国人子孙，"我也是中国人的子孙，是位于内蒙古与西藏之间甘肃省、渭水边一个叫天水地方的鱼氏子孙"。伊波还介绍了母亲族系的华人姓氏资料，强调："无论如何，作为漂泊者子孙的我，血管中淌流着种种血液。"①

伊波的祖父曾经长年赴中国大陆开展贸易，以其收益维持家族在地方上的政治实力派地位。但日本吞并琉球改变了伊波家族命运，祖父"因为废藩置县而丧失了全部的前途与希望，遂患中风而不起"。在祖父去世前，伊波时时到病榻前看望，伊波体会到祖父的无上也是终际的关爱。"在这令人恐惧的人世间，最爱之孙前程将会如何"，祖父的担忧让伊波终生铭记。伊波的幼年汉名"鱼培元"是祖父所取，伊波写道："我之有今天完全是托祖父之福荫。"②

1916年正值伊波40岁不惑之年，其时冲绳各界承受着日本军国主义"皇民化"的严厉控制，而中国遭受日本"二十一条"的压逼。在这样的年代公开介绍自己的中国血统，在日本人社会中并无脸面可言。所以伊波公开发表这一文章，既需要学术的真知，也需要格外的勇气。家族以及更多琉球人的身家与环境遭遇，促使伊波治学坚持批判精神、坚守历史真知。再加上面对史所未见的变乱世局，具有移民血统的伊波格外关注民族文化问题研究，并持续考察琉球群岛、日本本岛以及东亚各地人种源流混血问题。

伊波对于自身家世命运的细致描述，可谓岛上琉球人命运变迁的一段缩影。据考，日本自由民权派、民俗学家柳田国男于1921年访问琉球期间，发表了题为"世界苦与孤岛苦"的演讲，深受感动的青年伊波在5年后发表《孤岛苦的琉球》，是为伊波表达琉球历史思想的专论之一，初刊近70页被收入《琉球古今记》③。同年又出版了"记录琉球一千年孤岛苦"的通

---

① 伊波普猷「追遠記」、伊波普猷『古琉球』、岩波書店、2012、437頁、442頁。
② 伊波普猷「追遠記」、伊波普猷『古琉球』、442頁。
③ 伊波普猷『琉球古今記』、刀江書院、1926。

史《孤岛苦的琉球史》①。有研究认为,"孤岛苦"是贯通伊波"琉球史主线"的关键词,"南岛的自然与人为的=政治暴力压榨之下的'琉球史'的多重苦难,都在伊波的'孤岛苦'这一词语中得到集中表现"。② 概言之,伊波由个人身家连接琉球族人以及东亚各国关系,进而在"苦"之认识基础上,研究琉球民族起源、文化特征、国家政治历史变革,以及对外关系特别是琉中、琉日关系诸问题,内容扎实而广博。

伊波治学立论之依据不限于日、汉典籍,而是广泛发掘本地民俗、语言、民谣等分散性田野证据,做出最为完整而深入的整理和运用,使其学问具有直观、生动的特征。其中,伊波对古代民谣的整理、研究确认的22卷《思草子》展现了琉球民族文化的独特性,常将其与中国的《诗经》及日本的《万叶集》相并论。伊波补充完善了"琉球民族"等概念体系及其思想方法,并重点考察琉球群岛的世居民族与移民问题。依据当时的考古成就,他认为北方"天孙族"(大和人)可能是琉球群岛人源流之一,琉日双方是"同祖"关系,或者说琉球人是"日本民族的一个分支"。③ 他也质疑过移民到来之前"其时琉球群岛是不是无人之境,这是需要考究的问题"。④ 基于日本人类学家鸟居龙藏以及德国学者特德尔赖因的考古学成就,伊波曾确认在琉球群岛多处发现石器时代世居民族的"遗物",世居民族或与石器时代的阿伊努人、大和人文化相似,可以证明琉球群岛上的世居民族活动历史悠久;根据神话传说、民歌童谣以及文物考古诸方面研究,伊波指出琉球群岛世居民族文化极为丰富,具有"古物博物馆"的鲜明特色⑤。这些都是伊波具有新意的研究贡献。但也有研究认为,受到当时考古学的局限,伊波并未真正解决冲绳人究竟从何而来的问题,也未掌握战后才挖掘出来的"港川人"考古成果,所以在战后及当今需要对伊波民族问题论述进行"修订与发展"。⑥

---

① 《孤岛苦的琉球史》由东京春阳堂于1926年10月23日出版,战后收入《伊波普猷全集》第2卷。参见『伊波普猷全集』第二卷「解题」、平凡社、1974、560-562頁。
② 金城正篤・高良倉吉『「沖縄学」の父伊波普猷』(新訂版)、清水書院、2017、140-141頁。
③ 伊波普猷「古琉球の政治」、『伊波普猷全集』(第一卷)、平凡社、1974、421頁。
④ 伊波普猷「琉球人の祖先に就いて」、伊波普猷『古琉球』、59頁。
⑤ 伊波普猷「琉球人の祖先に就いて」、伊波普猷『古琉球』、47頁。
⑥ 金城正篤・高良倉吉『「沖縄学」の父伊波普猷』(新訂版)、74頁。

伊波重视中世纪之后的群岛居民流动与社会问题研究。他肯定了多方向种族移动现象的存在，确认琉球群岛和北方的九州诸岛，还有南方的东亚、东南亚周边地域，自古以来就存在全方位交往。他强调移民及文化交流对琉球民族形成的意义："如此，琉球民族的统一成为可能。以后至尚真王（400年前）时代，他很好地消化了日本及中国的文明，使本民族独特文化得到发展。即在对内推行中央集权，编纂《思草子》，刻写本国语言的金石文；对外与中国、日本、暹罗、朝鲜、爪哇、满剌加诸国通商贸易。"① 需要注意伊波使用了"琉球民族"一词，描绘王国鼎盛时代国内繁荣与对外交际的发达景象。

伊波在论著中明确强调，琉球人在创造自己灿烂的文明画卷过程中，与大和（日本）人、中国人等相比，无论是人种还是文化特色，都具有独自存在以及大致对等的而不是垂直依从的交往关系。他指出，日本自身也如欧洲英国，有大陆移民渡来杂居，形成民族混合体，所以"日本人是混杂人种"。对于这样的移民社会，伊波指出，"既然已经是混杂人种了，就一定不是征服者与被征服者的关系"。② 故伊波之论，与其"日琉同祖论"平行而出的还有人类学的古代与中世纪移民混血历史考察，如此综合而成的琉日民族关系论、要求琉球族与大和族平等的观点，迫切需要现今研究者给予足够关注。

伊波的琉球民族论以琉球为中心概念，兼顾琉球与冲绳两大概念的逻辑关系，完成了对琉球人、琉球民族、琉球文明的体系化建构，其标志性著作是《古琉球》。该著第一篇题为"琉球人的祖先"，第二篇为"琉球史的趋势"，其后标题有"琉球"的还有"琉球神话""琉球国剧""琉球语言"等13篇，占全书（42篇）约1/3。而标题带"冲绳"二字的仅有3篇，都是批评性地解析"琉球处分"前后，冲绳主岛的社会、政治、文化、风貌。其中尤值得关注的是《冲绳人的最大缺点》，剖析历代政治变动下形成的"冲绳人"社会心理，批评"冲绳人的最大缺点"是"忘恩"，"予我食者即我主也"。后来还批评冲绳人的"奴隶根性"。伊波指出，冲绳人的这一缺点和人种、语言、风俗习惯都没有关系，而是由"自古以来主权者频繁

---

① 伊波普猷「琉球人の祖先に就いて」、伊波普猷『古琉球』、66頁、67頁。
② 伊波普猷「古琉球の政治」、『伊波普猷全集』（第一卷）、486頁。

更迭"造成的,并具体指出,这是琉球人"长期夹在日、中两帝国之间生存"的结果。① 这里包含伊波作为冲绳岛出身者的自我反省,也有对外来侵略者的强烈批评。

伊波在日本军国主义统治时代,突破了日本政府的同化政策及其以冲绳概念为中心的"地方史""大和族分支"等殖民主义理论束缚,为传承古琉球文化,推进新的学术研究做出了重要贡献。伊波提出的"古琉球"概念及其话语体系建构,对于揭示琉球民族存在及其文明形态,区分琉日双方的多面关系,意义尤为巨大。伊波提出,"琉球人是纯然自主之民",② 这是在学术上对琉球民族地位的有力确认。伊波的琉球民族论,是伊波学问成功一章,也是伊波学术的核心内容之一。

三 王国政治论与琉球对外关系

伊波普猷重视琉球和日本的双边关系,强调大陆文明对琉球社会、政治发展的推动作用,同时关注中日两国关系对琉球的影响,完整而平衡地建构琉、中、日三边关系研究。伊波曾引征琉球国王一份请愿书的说法,琉球国人一直以中日"两国为父母之国"③,同时坚守琉球人与中日两国民族并列的立场。伊波对于日本殖民榨取政策多有批判,对来自中国的文化恩惠则多有肯定,并在相当程度上批判了日本对中国的侵略。在伊波笔下,中日"父母"大国与琉球"小王国"之间,虽然并非完全对等,但仍然是具有政治并列意义的三边国家关系。

1907年,伊波发表《琉球史的趋势》,描述琉球人和"北方同胞"的诸多关系聚合为"万物进化不灭"的一种"加速度",推动了"琉球民族的进步"。④ 伊波特别指出,在17~18世纪,"第8代将军幕府中兴之时,也值清圣祖平定兵乱奖励文化。就在江户与北京文运灿烂开放之时,琉球同时到达了古今未曾有的黄金时代,这也是两国的文明在海南小王国相调和的结果。冲绳在这一时期前所未见地涌现了大批人物,如在冲绳可称为独步古今

---

① 伊波普猷「沖縄人の最大欠点」、伊波普猷『古琉球』、88-90頁。
② 伊波普猷「琉球人の解放」、『伊波普猷全集』(第一卷)、491頁。
③ 伊波普猷「孤島苦の琉球史」、『伊波普猷全集』(第二卷)、260頁。
④ 伊波普猷「琉球史の趨勢」、伊波普猷『古琉球』、86頁。

的政治家具直头亲方蔡温,在冲绳发扬儒学的名护亲方程顺则……"①

在大正民主运动时期,伊波考察琉球与一战后的世界和中国、日本关系,确认了古琉球和中国、日本文化交流的积极成果。成文于1922年的一篇文章指出:"这样一来,一方面由于儒学的宣传,国内的和平思想高涨;另一方面依靠海外贸易,生活变得丰富起来,岛民逐渐厌恶战争。"如此琉球打下社会文化全面发展的重要根基,促成了"英主"尚真王统一之后的"冲绳的百年活剧"。② 1926年发表的《孤岛苦的琉球》强调,第二尚氏王朝的建立,促进了琉球与中国及周边国家的交往,"这个时代的琉球人,很好地消化了日中两国的文化,发展自家的独特文化"。③

伊波注重考订,立论客观,但其爱恨情仇在研究中的表达也是界限分明且终生不渝的。伊波深有荣誉感的是古琉球的灿烂文化以及琉球王国统一的"百年活剧",十分肯定"琉球人是纯然自主之民"。而他的耻辱感与反思批判,则是面对1609年萨摩侵略之后的琉球命运。他对于来自北方的侵略深感沉痛:"秀吉平定日本60余州后不久,开始征伐朝鲜。其战争余波终于冲击到冲绳海岸,岛民的太平之梦破灭了。"岛津氏入侵琉球,"没有军备的冲绳迅速失败,尚宁王以下百官成为囚徒之身,被押往鹿儿岛"。伊波尖锐地指出,此役之后琉球国遭受租税、劳役盘剥,朝贡清廷所获赏赐物均被萨摩收缴,诸多恶政使"冲绳人完全成了岛津氏的奴隶"。④ 伊波对琉球遭受北方侵略之苦显然刻骨铭心。

伊波的这一部政治批判史,出自各时期具体的认识与研究,其中比较关键的发展阶段是第一次世界大战之后世界民族独立运动兴起的20世纪20年代,这与日本社会各界发生的反对日本帝国主义、军国主义的民主运动密切相关。对此,比屋根照夫的分析具有代表性,"在自明治末期到大正末期弥漫的社会启蒙文化运动中",伊波和吉野作造、大山郁夫、河上肇等人交往密切,他们的社会主义与民主主义思想促成伊波的思想

---

① 伊波普猷「琉球史の趨勢」、伊波普猷『古琉球』、78頁。
② 伊波普猷「わが沖縄の歴史」(『通俗琉球史』の序に代ふ、大正11年5月)、『伊波普猷全集』(第十卷)、平凡社、1976、294頁。
③ 伊波普猷「孤島苦の琉球」、伊波普猷『琉球古今記』、19頁。
④ 伊波普猷「わが沖縄の歴史」(『通俗琉球史』の序に代ふ、大正11年5月)、『伊波普猷全集』(第十卷)、295頁、296頁。

"自觉",并成为伊波"在冲绳研究、歌谣研究中依据自主并保持自我清醒的思想基盘"。①

伊波对日本殖民政策的批判甚早,并逐渐加大了批判力度。他指出,古代日本曾经接受大陆汉文化与印度思想,但在中世纪之后实行锁国政策,"渐渐变得消极、排他、自负起来,形成岛国根性"。②接着在1926年指出:"要而言之,冲绳县的穷困原因,远在中央的榨取及其政策,近在冲绳自身的统治阶层过多消费。"③1930年,伊波再著文将日本政府与萨摩暴政并列,描述琉球是长满苏铁植物的人间地狱:"我想说的是南岛今日的穷困状况,世人谓之苏铁地狱,其原因,可以说古有岛津氏所为,近是中央的榨取政策。总之,从岛津氏统治的奴隶状态下解放出来的南岛人,现今犹在濒死状态下疲劳竞争。"④日本战败投降后,伊波新著《冲绳历史物语》,加重批判日本中央"榨取"政策使冲绳人处于"濒死"状态,冲绳成了"苏铁地狱",处于"半殖民地化"状态。⑤

伊波笔下琉日两民族是"同胞"关系,但他对两国政治界限的描写也十分清楚。他的《孤岛苦的琉球》分析尚真王统一之后琉球的繁盛与衰落,指出:"这样的幸福时代不到一个世纪。在国内是太平无事,而问题从国外传来","对琉球垂涎已久的岛津氏,在征韩之役被迫中止的德川天下,旋即获得幕府的许可,于庆长十四年三月终于侵入琉球。这不是有组织的倭寇又是什么呢。"⑥这是十分重要的史料。不少研究者只注意到伊波对萨摩岛津侵略的批判,而未注意到伊波将北方民族视为"国外",并将萨摩与日本中央幕府政权并列进行批判,还使用了最为严厉的描述——"有组织的倭寇"。战后伊波的最后一部著作《冲绳历史物语》中,也重复使用"倭寇"一词批判日本幕府以及萨摩的侵略。⑦

伊波基于国与国关系的认识,批判萨摩侵略并对北方日本侵略势力做了整体批判。这本来是十分明确的,但是学界多引征伊波对于"琉球处分"

---

① 比屋根照夫『自由民権思想と沖縄』、234頁。
② 伊波普猷「古琉球の政治」、『伊波普猷全集』(第一卷)、490頁。
③ 伊波普猷「孤島苦の琉球史」、『伊波普猷全集』(第二卷)、263頁。
④ 伊波普猷「南島史考・序に代へて」、『伊波普猷全集』(第二卷)、11頁。
⑤ 伊波普猷「沖縄歴史物語」、『伊波普猷全集』(第二卷)、451-452頁、454頁。
⑥ 伊波普猷「孤島苦の琉球」、伊波普猷『琉球古今記』、19-21頁。
⑦ 伊波普猷「沖縄歴史物語」、『伊波普猷全集』(第二卷)、413頁。

的"解放"说法，而较少关注与之相连的国家政治意义的批判话语。伊波不仅对"琉球处分"这一所谓的"解放"表示失望，也对琉球处于"苏铁地狱"与"半殖民地化"状态表达了自己的焦虑和抗议。伊波的批判话语不仅出现在日本军国主义崩塌之后，也有相当成果发表于战时军国主义高压之下，这是我们研究伊波政治史观务必注意的因素。

作为一代学问大家，伊波学说既包含对外来侵略的批判性思想，也有对琉球未来"自主""自治""解放"的真切希望。他写道："冲绳的历史绝不是名誉的历史，而是屈辱的历史。然而，过去的已经不可追回，今后能做的就是扎实地自我革新，书写冲绳史新的第一页。"这新的一页是什么，伊波描述为："由明治天皇之护佑，返还过去300年间被剥夺之个人的自由与权利，生命与财产安全能够得到保证。"此语多为各方研究者所引用并有不同解读，所以，我们更加需要注意如下一段话：

> 有如法兰西生物学家拉马克所说"不用则废"，因为300年间没有使用过，冲绳人的自治之心已经减少以至于消亡。所以在这四十年间，冲绳县人经由官方之手，牵引前行。可是他们也会逐渐生长起来的，自己的事情自己去解决，于是就可以撤废特殊制度，真正的自治制就能够实施。①

请注意这里的"自治之心"（日语为"自治心"）与"真正的自治制"（日语为"真の自治制"）两大概念的政治内涵。其时，距琉球亡国与日本设立冲绳县制已经40余年，但是伊波并不愿意被同化为"大和人"，不过也没有像一些王国士族那样强烈主张"复国"或"复旧"。伊波的"自治"理想或希望显然具有节制性，是一种现实主义的"琉球自治论"。伊波在提出这一"琉球自治论"20多年之后，又在战后著作《冲绳历史物语》中展望琉球未来，其后琉球人争取民族自决权力的"自治""自立"运动蔚为大观。② 两者间的联系值得研究者进一步加以考察。

---

① 伊波普猷「わが沖縄の歴史」（『通俗琉球史』の序に代ふ、大正11年5月）、『伊波普猷全集』第十卷、296－297頁。
② 有关战后琉球人争取"自立""自治"运动的研究，参见琉球新報社・新垣毅編『沖縄の自己決定権』、高文研出版、2015。

概而言之，伊波笔下使用含义明确的"民族"与"种族"等不同概念，完整地描述了日琉两个民族之间的自然与政治关系。其内容特征是，一方面以终生坚持的人类学视角，认同日琉之间具有"同祖"生物性血缘关系，但这里的血缘并非来自单一方向；另一方面，从政治属性看来，强调日琉民族生物上的自然平等属性。于是，伊波的人类学"同祖"与政治视角"非征服论"相结合，表达了一种情感与希望，即在民族的政治权力对等之下，实现琉球人"自治"、"自主"与"解放"。值得强调的是，在"皇民化"政策支配下的殖民地时代，伊波如此明确表达追求琉日政治平等关系的论述，其意义非同凡响。

对于琉球与中国的关系，伊波的研究与表述也十分充足。他总结了第二尚氏王朝时期，即尚真王在位50年的十一条政策措施：第一，尊崇佛教的教化作用；第二，爱民轻税；第三，平定八重山叛乱巩固领土；第四，改良风俗，倡导非战和平主义；第五，制定职官位阶制度，维持社会秩序；第六，在王都（首里城）推进公园化建设，广植花木；第七，王宫内园和寺院山水公园化，建设游览佳境；第八，宫中绘画，设酒宴接待内外嘉宾；第九，加强与中国的交通（朝贡），改三年一次为一年一次；第十，引进中华文物化易本地风貌；第十一，按中华宫室制式建造宫室等。内容大多与中国文化关系密切，特别是后三条直接要求强化和中国交往。①

伊波评述了明清500多年琉球与中国的关系，特别肯定了中国对琉球文化发展的历史作用。伊波在《南岛史考》中引征内藤湖南《中国论》若干论述，指出"冲绳醉心于中国文明之说，并非无理"。② 中琉文化交流中重要的一环是琉球国留学生的培养。有研究指出，明清两代接收琉球官费留学生数目，"根据不同的史料，大致共有29次派遣，官生数目达百人"。③ 这些留学生中有伊波称道的"国民英雄"郑迥、"义士"林世功等。此外，还有大批私费"勤学生"，他们中有著名学者程顺则、大政治家蔡温等。北京国子监琉球学馆有一副对联："所见异所闻异，此心同此理同"，横额为"海藩受学"。按伊波分析，该对联表述了中国培养琉球学生的"教育方

---

① 伊波普猷「沖縄歴史物語」、『伊波普猷全集』（第二卷）、394頁。
② 伊波普猷「南島史考」、『伊波普猷全集』（第二卷）、54頁。
③ 田名真之「近世久米村の成立と展開」、琉球新報社編『新琉球史　近世編』（上）、琉球新報社、1999、219頁。

针"，即"尊重人格的教育"，结果是"历代官生醉心中国不足为怪"。

伊波在上述客观的比较研究之后，提出了对于琉、中、日三边关系的比较性结论："在萨摩方面是无穷尽的榨取，从中国来的总是恩惠，岛民的中国崇拜热逐渐高涨。"① 伊波还有不少描述，采用了"榨取"与"恩惠"式的直观对比方法。伊波指出，萨摩入侵琉球之后全面掠夺琉球财富，琉球人面临灭绝危机，幸亏前些年从中国引进甘薯并种植成功，甘薯产量大而不利萨摩运输保存，伊波强调中国甘薯免除了琉球人"饿死的恐惧"。②

日本战败投降之后，伊波对琉球民族"解放""自治"论，以及琉球与中国、日本的关系有了新的认识和行动。1946 年伊波曾约请比嘉春潮等文化人士，共组"冲绳人联盟"并任首届会长，以应对美军占领形势、保护当地民众利益。已届 70 岁高龄的伊波认真考虑琉球的政治前途，撰写了生命途中最后一部著作《冲绳历史物语》，其史实描述与观点认识均有所变化。尤为重要的是宣示琉球人的终极愿望："从'不幸时代'中解放出来，在'幸福时代'的充分快乐中发展个性，并能够为世界文化做出贡献。"③ 令人惋惜的是，完成此书仅月余伊波猝然辞世，未及实现自己的战后愿望。

伊波学术的政治倾向性，使他在冲绳县当地一直受到官方打压，长年漂泊东京。据伊波夫人冬子回忆，在东京的生活也十分拮据，经常需要依靠朋友接济，但是伊波对琉球文化历史的研究丝毫没有懈怠。据朋友和学生回忆，每每论及琉球人的命运，伊波总是悲愤慷慨，故获一诨号"慷慨家"。④ 伊波研究所富有的客观、批判的学术精神，与其情感人格相配合，使伊波学问具备特殊的说服力与感染力。

有新近研究者做出综合评价："伊波既不是革命家也不是社会主义者，而是一个自由主义的学者、启蒙思想家。他全身心致力于冲绳研究，热情持续燃烧，终生未变。如果没有对冲绳及居住在那里的同胞的无限爱恋与共感，那是不会持久流传下去的。这就是伊波的'冲绳学'至今仍具有生命力的理由。"⑤

---

① 伊波普猷「沖縄歴史物語」、『伊波普猷全集』（第二卷）、424 頁。
② 伊波普猷「孤島苦の琉球」、伊波普猷『琉球古今記』、22 頁。
③ 伊波普猷「沖縄歴史物語」、『伊波普猷全集』（第二卷）、457 頁。
④ 金城正篤・高良倉吉『「沖縄学の父」伊波普猷』（新訂版）、139 - 140 頁、197 - 198 頁。
⑤ 金城正篤・高良倉吉『「沖縄学の父」伊波普猷』（新訂版）、191 頁。

四 "日琉同祖论"再探讨

关于伊波普猷"日琉同祖论"的研究，实际上是上述民族史、政治史议题的延伸性专题讨论。研究界将伊波的琉球人与日本人同祖同宗，以及琉球语言文化与日本相似的论述，概述为"日琉同祖论"。虽然伊波在多领域研究都获得好评，但是其"日琉同祖论"及相关论述受到不少批判。近年来，也有海峡两岸的中国研究者加入"同祖"问题讨论，显示出研究界对此问题的关注程度还在升高。①

伊波曾指出，17世纪的琉球国摄政向象贤是"提出琉球人祖先由日本渡来之说的最初之人"。②1609年萨摩侵袭琉球之后，受到日本方面控制琉球王国、同化琉球人的外交压力③，向象贤不得已而推行对日妥协政策。向象贤主持编修的琉球官史《中山世鉴》及其著作《仕置》都贯穿了这样的观点。伊波总体上赞同这一论点，曾描述在大和族移民之前"琉球群岛是无人之境"④，呼应了"向象贤倡导的日琉人种同系论"⑤。至1879年"琉球处分"，日本吞并琉球，高调宣传日琉关系"同国、同种、同文"，强调琉球王统有源为朝血统，琉球人是日本人一个分支而不是独立的民族，琉球史是日本的地方史等，这些成为近代琉球研究界的思想禁锢。所以，琉球人社会的"日琉同祖"并非伊波首创，但日本的"同国、同种"等殖民宣传与王国时期向象贤等琉球政治家的"日琉人种同系论"，可以说是伊波"同祖论"的思想源流。

据考察，"在京都念高中到东京帝国大学的时代，伊波即从学问角度确信了'日琉同祖论（日琉文化同系论）'"。⑥青年伊波在报刊上陆续发表文章，比如1911年发表了集中表述其"日琉同祖"思想的《琉球人种论》，

---

① 主要有袁家冬、刘绍峰《关于琉球群岛人类起源的研究综述》，《地理科学》2014年第8期；刘丹《伊波普猷的"日琉同祖论"探析》，中国海洋大学第十七届中琉历史关系国际学术会议，2019年11月。
② 伊波普猷「琉球人の祖先に就いて」、伊波普猷『古琉球』、27頁。
③ 新城俊昭『琉球・沖縄史』、29-30頁。
④ 伊波普猷「琉球人の祖先に就いて」、伊波普猷『古琉球』、59頁。
⑤ 伊波普猷「琉球史の趨勢」、伊波普猷『古琉球』、76頁。
⑥ 金城正篤・高良倉吉『「沖縄学」の父伊波普猷』（新訂版）、64頁。

该文收录于同年出版的《古琉球》，并更名为《关于琉球人的祖先》。《古琉球》中还有多篇文章，确认琉球人与大和人为同胞兄弟，记述琉球人臀部青色胎记也与北方同胞相同；语言文学方面双方相近，琉球人的《思草子》可谓《万叶集》姊妹篇；等等。伊波在年轻求学与思想形成阶段，还主张琉球人应该"和日本同化"，故研究者新里惠二指出："20世纪头十年，即大正初期，伊波对于体制在思想上最为顺应。"① 这样的"顺应"对日本殖民体制不无妥协色彩。由《古琉球》而确定的"日琉同祖论"大体上为伊波所终生保持。

学界批判伊波著述的"日琉同祖"，焦点还有伊波对明治维新后日本政府的期望。伊波称愿意在日本治下"由明治天皇之护佑，返还过去300年间被剥夺之个人自由与权利，生命与财产安全能够得到保证"；又说"经过官方之手的牵引"，琉球人"可以逐渐撤废特殊制度，颁布真正的自治制度"。换言之，伊波认为可以在1879年之后的政治框架内，找回琉球民族的存在，实现和日本人"同胞"的和平共存。"我认为明治初年的国民统一的结果是，半死的琉球王国灭亡了，但是琉球民族得到了重生，邂逅两千多年来分手的同胞，可以在同一政治下一起过上幸福的生活。"② 总之，伊波确认琉球人与日本人为"同胞"，指出1879年"琉球处分"是"琉球人的解放"。③

一方面，虽然伊波一直受到日本官方的打压，但上述"日琉同祖论"观点得到日本官史方面在特定角度上的呼应。特别是在战后美军托管琉球期间，日本政府一边称颂伊波为"冲绳杰出的历史学家，又是爱国者"，一边引用其论述证明琉球属于日本领土，向美国讨索琉球行政权的"回归"，以实现"琉球和日本的民族统一"。④ 需要注意的是，这一"爱国者"称号，十分巧妙地改变了琉球学者对伊波的"爱乡者"尊号。⑤ "爱国者"与"爱乡者"仅仅一字之差，含义与作用却有天壤之别。

---

① 金城正篤・高良倉吉『「沖縄学」の父伊波普猷』（新訂版）、160頁。
② 伊波普猷「琉球人の祖先に就いて」、伊波普猷『古琉球』、67頁。
③ 伊波普猷「琉球人の解放」、『伊波普猷全集』（第一卷）、491頁。
④ 沖縄解放祖国復帰促進懇談会編『沖縄』、刀江書院、1963、22頁。
⑤ "爱乡者"是伊波的好友东恩纳宽惇为伊波墓地彰显碑的题字，参见新城俊昭『琉球・沖縄史』、203頁。

另一方面，伊波的"日琉同祖论"一直受到琉球民族"复国派"以及日本国内社会主义者的批评。据记载，早在1932年，《琉球新报》就发表了志贺进的文章，批判伊波欢迎明治政府"琉球处分"的错误立场，"好像能够从萨摩的苛酷榨取与严厉监视中逃逸出来，伊波高兴过度，没有深入观察其资本压迫制度，冲绳民族已被收入掌中，而伊波却对之大力讴歌……其结果是发挥了明显的反动作用"。[①]

战后学界对伊波学问的内容、性质及其社会作用的认识日趋全面，但批评声音也是一直存在的。其中激进的批判包括新川明等人，指出伊波"日琉同祖论"完全是站在日本人的同化政策立场。近些年比较缓和的二重性评价，采用了区分政治与文化属性的分析方法，指出伊波为了复兴琉球文明，"在唤醒冲绳人的自觉意识与自豪感方面贡献了相当的成果，但其成果也被天皇制国家之同化冲绳政策所利用"。[②]

上述批判要点，主要从政治属性视角展开，批评伊波的论述配合了日本同化政策的实施。那么，伊波的"日琉同祖论"与日本官方的日琉"同国、同种"论调有无区别，是主观服务于日本灭琉的政治工具，还是不自觉地被日本政府所利用，为其同化政策服务，伊波究竟是爱日本之"爱国者"还是爱琉球之"爱乡者"等，成为现今研究与评价伊波绕不开的问题要点。

窃以为首先需要考察伊波的主观政治意愿。全面分析多方面资料和伊波论著，可知伊波早年不乏亲近日本人的"同祖"甚至"国民同化"的成分，但是伊波坚守琉球人的政治存在及其文明特征的"爱乡者"立场始终如一。同时，他终生坚持批判萨摩侵略与东京政府榨取暴政，"冲绳人成了岛津氏的奴隶"，认为琉球民族处于"悲"、"惨"、"恶德"、"恐怖"、"贫弱"、"沉沦"和"耻辱"等状况，其中"奴隶"一词被伊波终生反复使用，表现出伊波对琉球人自身遭遇的伤心痛骨之感。

伊波在批判外来侵略的同时，也批评了琉球人自己的缺陷，那就是在暴政之下"满足于奴隶的境遇"，形成"奴隶根性"。外来的侵略与自我私欲相结合，导致"冲绳的历史绝不是名誉的历史，而是屈辱的历史。然而，

---

① 金城正篤・高良倉吉『「沖縄学」の父伊波普猷』（新訂版）、180頁。
② 新城俊昭『琉球・沖縄史』、202頁。

过去的已经不可追回，今后能做的就是扎实地自我革新，书写冲绳史新的第一页"。① 伊波期盼追求"自我革新"、书写新历史思想，实现"真正的自治制"。

关键是，伊波称"大和"为同胞，并非没有民族与政治的界限，他指出："（日本的）'琉球处分'实际上似乎是让迷途之子回到父母膝下。但是琉球民族这个迷途之子在两千多年间，并没有在中国东海上彷徨，不是阿伊努及生蛮那样的'人民'（people）存在，而是作为'民族'（nation）而共同生活着。他们以首里为中心经营政治生活，传世的《思草子》可与《万叶集》相比较。"② 依据这样的政治区分，伊波写作于1906年的《关于琉球人的祖先》以及1907年的《琉球史的趋势》等多篇文章，一再称呼北方的邻居为"北方同胞"。③ 伊波以英文词语 people 与 nation 区分琉球人与大和人的关系，确认两者为一种国家与国家或民族之间的关系，而不是国内居民部落或种族分支的关系。显然，伊波已经从思想与词语等方面划清了日琉两个民族国家之间的界限，故将伊波的论述简单归入为日本同化政策服务范畴有失妥当。

其次，在民族语言方面，伊波将语言文学与历史研究相结合，有机地组合方言及《思草子》等古代歌谣的研究，指出琉球语和日本语是在各自移民族群的"祖语"之上，发生了各自的进化，其路径分别是"古代日本语—近代日本语"和"古代琉球语—近代琉球语"。④ 按这样的轨迹，琉球语和日本语各有其"祖语"，至近代虽有合流同一，但其实质原本是两种语言而且各自进化的两条路径是并列的关系。

伊波在各个时段的论述无不强调琉球人的政治独立与琉球文明的客观存在。在《古琉球》出版之后，他写出《琉球人的解放》，开篇提出一个完整的判断："距今300年前（即庆长战役之前）的琉球人是纯然自主之民。"⑤ 这篇文章通篇都在批判萨摩侵略使琉球民族陷入奴隶状态，这也是伊波终生

---

① 伊波普猷「わが沖縄の歴史」（『通俗琉球史』の序に代ふ、大正11年5月）、『伊波普猷全集』（第十卷）、296-297頁。
② 伊波普猷「琉球史の趨勢」、伊波普猷『古琉球』、85-86頁。
③ 伊波普猷「琉球人の祖先に就いて」、伊波普猷『古琉球』、66頁。
④ 伊波普猷「琉球人の祖先に就いて」、伊波普猷『古琉球』、38頁。
⑤ 伊波普猷「琉球人の解放」、『伊波普猷全集』（第一卷）、491頁。

坚持的批判性论点。对于琉球的历史人物，伊波推崇15世纪的尚真王为琉球统一的"英明之主"，指出蔡温能够在岛津氏控制时代实际保持了琉球的政治独立与文化发展，是琉球的"伟人"、独步古今琉球的"伟大政治家"。①

与此相呼应，现今研究指出，蔡温是在萨摩岛津氏的侵略条件下，抱持"因萨摩的庇护而有现在的琉球存在，唯有遵从其指导才是琉球发展之途"。② 还有研究者提出"琉球的文艺复兴时期"概念，使用比较方法考察伊波的思想史观。"我们看到的是，集理想主义与现实主义矛盾于一身的伊波，最终是一位现实主义者。按伊波的构想，可以将欧洲史上的中世纪黑暗时代之说应用于冲绳历史研究。日耳曼人入侵罗马帝国，带来了持续数百年的中世纪黑暗时代，随后却有了文艺复兴，有了希腊罗马文明的再生。此乃伊波之史观。"③

笔者大体同意这样的"史观"分析。伊波以及当今研究界对蔡温等历史人物的分析方法适用于对伊波"日琉同祖论"的认识与分析。换言之，伊波有如蔡温，试图以政治妥协而保存琉球文化，期盼在萨摩奴役解除之后，琉球人与琉球文明或可在日本天皇制之下获得希腊、罗马文明那样的再生机遇。需要强调，不能忽略伊波在各时期的史学论著一再坚持并列批判萨摩与日本侵略，以及对于冲绳人"奴隶根性"等论述所包含的自我批判，要看到这种批判中体现的伊波自身性格的不屈精神。

伊波一再明确表达自己对日本人政治的失望，那就是在日本设置冲绳县之后的整个明治、大正时期，琉球人始终没有获得应有的"解放"。伊波在1914年的《琉球人的解放》中写道："琉球人的奴隶解放，理应在明治12年实行，不过那只是停留在形式上，以至于到了大正时代的今天，他们在精神上并没有解放。我们要像乔治·华盛顿那样，为了埋没了个性、唯仿效是从的同胞，必须毫不间断地倡导精神的奴隶解放。"④ 至20世纪20年代，伊波激情称赞："明国子监出身的谢明亲方郑迥这位大臣，以在无自由之地

---

① 伊波普猷「わが沖縄の歴史」（『通俗琉球史』の序に代ふ、大正11年5月）、『伊波普猷全集』（第十卷）、294－229頁。
② 新城俊昭『琉球・沖縄史』、114頁。
③ 金城正篤・高良倉吉『「沖縄学」の父伊波普猷』（新訂版）、117頁。
④ 伊波普猷「琉球人の解放」、『伊波普猷全集』（第一卷）、494－495頁。

生存为耻辱",拒绝萨摩所提出的签字要求,"被杀害于鹿儿岛"。① 伊波在战后的著作中更详细地描述了各类文献中记录的"爱国者""国民英雄"郑迥被萨摩士兵投入油锅的惨状。②

琉球人的实际命运使伊波越来越多地明确批判"北方同胞"。在1922年出版的《古琉球政治》(附录中收入《琉球人的解放》)中,指出日本在古代曾经接受汉民族文化与印度的思想,但在中世纪之后"渐渐变得消极、排他、自负起来,形成岛国根性"。③ 稍后1926年出版的《孤岛苦的琉球史》中指出:"要而言之,冲绳县的穷困原因,远在中央的榨取及其政策,近在冲绳自身的统治阶层过多消费。"④ 再于1930年著文将日本政府与萨摩暴政并列,描述琉球为长满苏铁植物的人间地狱,一再强调"从岛津氏统治的奴隶状态下解放出来的南岛人,现今犹在濒死状态下疲劳竞争"。⑤ 日本战败投降后,伊波在《冲绳历史物语》中,更是明确批判日本中央"榨取"政策使冲绳人处于"濒死"状态,冲绳成为"苏铁地狱"或"半殖民地"。⑥ 伊波在生命最后仍坚守反对压迫的琉球人立场,重申了对萨摩的殖民奴隶制度以及东京政府"榨取"政策的批判。

综上讨论,窃以为对于伊波"日琉同祖论"应该得出以下四点结论。

第一,伊波认为的"同祖"出自人类学意义的学术判断,与其相关的还有日本人"杂种民族说"以及要求"非征服"对等关系思想,这两者应该受到同等关注。

第二,伊波有效区分琉球人与日本人的人种或民族文化源流界限,故伊波的"同祖"是人种源流论,并非日本官史的"同一"或"同国"论。

第三,伊波不惧政治高压而进行学术探索,坚持在政治层面批判日本政府榨取政策与萨摩奴隶统治,指其为制造琉球"苏铁地狱"、陷琉球人于"半殖民地"的祸害根源。

第四,伊波"日琉同祖论"与琉日政治关系相关,具有时代性变化特

---

① 伊波普猷「孤島苦の琉球」、伊波普猷『琉球古今記』、23頁。
② 伊波普猷「沖縄歴史物語」、『伊波普猷全集』(第二卷)、414-415頁。
③ 伊波普猷「古琉球の政治」、『伊波普猷全集』(第一卷)、490頁。
④ 伊波普猷「孤島苦の琉球史」、『伊波普猷全集』(第二卷)、263頁。
⑤ 伊波普猷「南島史考・序に代へて」、『伊波普猷全集』(第二卷)、11頁。
⑥ 伊波普猷「沖縄歴史物語」、『伊波普猷全集』(第二卷)、451-452頁。

征。由于大正民主以及社会主义运动的影响，伊波逐渐扬弃年轻时期的认同而转向成熟岁月的批判，至战后更有了国家民族归属方向的新考虑。

总之，伊波学术与品行没有"媚日"成分。伊波的认识、治学动机与人品、性格诸方面表现，决定了伊波"日琉同祖论"与日本萨摩殖民同化政策具有学术与政治意义的根本区别。

五 战后伊波的历史研究与伊波学术评价

以美军为首的反法西斯盟军经过3个月惨烈的冲绳之战，于1945年6月完全占领冲绳本岛，控制了琉球诸岛，推行多方面的政治与社会改造政策，包括1950年建立琉球大学为管制琉球培养高层人才等举措。1952年美军托管琉球群岛，成立"琉球民政府"，直至1972年美军将琉球行政权归还日本，日本重新掌控琉球群岛设置冲绳县。

美军在战后日本全境实施民主改革，在琉球推进"去日本化"占领政策，从政治上洗刷战前日本官方炮制以同化琉球为最高目标的冲绳藩、冲绳志史观，有助于琉球学人在战火烧蚀的废墟中发掘史料，突破日本官史之殖民主义的思想文化禁锢，进行客观的学术研究。战后琉球历史研究的时代性任务，无疑要聚焦于琉球文明的存在历史与琉球人的身份认同问题。战后的琉球研究发展进程具有渐进但又迅猛、思想深刻而周全等诸多特征。1965年当地学界建立"冲绳历史研究会"是一个界标，反映出致力于研究的人才队伍渐次扩大，着手解决日琉关系的诸多学术条件开始齐备，战后的琉球/冲绳史研究的黄金时代姗姗到来。

伊波未能赶上战后的琉球研究发展黄金时期，但他的《冲绳历史物语》既是其个人的学术收官作品，也是战后琉球/冲绳历史研究的开局之作。该书采用通史性"缩图"式方法，全书按上世（含三山时代之前的古琉球史）、中世（含第一尚氏王朝及第二尚氏王朝前期）、近世（含萨摩入侵后的第二尚氏王朝后期直至日本战败投降）三大时段，共有八节正文，另有三篇附录。近世部分有不少新论述，划分为三节，包括丰臣秀吉入侵朝鲜、萨摩入侵琉球、蔡温的琉球施政，以及以"琉球处分"为开端直至二战后的各时段历史。

以该书比较伊波战前论著，他没有改变自己在人类学意义上的"日琉同祖论",不过对古琉球历史文化的研究更加深入。最重要的是全面发展战前在国家政治领域的批判思想,并在批判"琉球处分"后的日琉关系以及军国主义的同时,描述了琉球义士的抗日义举,如对于 17 世纪的"爱国者""国民英雄"郑迵的描写。伊波把受命赴清请求援助未果、于 1880 年 10 月 20 日自杀的林世功描写为"义士",摘录了他自杀前的辞世诗句:"古来忠孝几人生,忧国思家已五年。一死尤期存社稷,高堂端赖弟兄贤。"伊波又写到,林世功"享年 40 岁。清朝悲其志,赠银 200 两,以补棺衾之资。二十二日挽灵柩,葬于张家湾",字里行间充满同情与赞颂之意。书中同时记录了幸地亲方(向德宏)等士族的救亡活动。①

伊波在战前的"苏铁地狱"批判论基础上,进一步确认冲绳的"半殖民地化"状态,更加明确地批判日本政府与世界性"全体主义"合流,掀起"极端的国家主义、军国主义运动",最终"无视人民的生活而支持军备扩张,与军部的青年将校合作,采取了暗杀手段,压迫和平主义指导者,策划了对中国的侵略"。② 这样的描述比起战前论述,更加明确了对日本军国主义及其侵略性质的批判,并对中国遭受侵略表示同情。

他在全书结尾部分复述了接受美国新闻记者的访谈,意味深长的是引用占领军总司令麦克阿瑟的一段话:"冲绳诸岛是我们的天然国境。对于美国保有冲绳,我不认为会受到日本人反对。为什么呢,因为冲绳人不是日本人,日本人还放弃了战争。美国空军布置在冲绳,对于日本具有重大意义,是对于日本安全的明确保障。"

显然,伊波在战后历史的转折关头,明确提出有"冲绳之归属问题"的新思考。不过,伊波指出,冲绳人固然有表达希望的自由,但命运并不能完全由自己决定:"所有一切,只能听凭后来者之意志,别无选择。"③ 对于伊波的现实主义思维方法,其夫人冬子曾记录了伊波的同样说法:"冲绳凭

---

① 伊波普猷「沖縄歷史物語」、『伊波普猷全集』(第二卷)、441 - 442 頁。
② 伊波普猷「沖縄歷史物語」、『伊波普猷全集』(第二卷)、454 頁。
③ 伊波普猷「沖縄歷史物語」、『伊波普猷全集』(第二卷)、457 頁。

一己之力独立是不可能的。世界的弱小民族没有解放之际,冲绳也得不到解放。"①

在伊波的现实主义构想之中,对琉球人的自主、自由愿景无疑是明确的,其希望并不只限于日本国家体制范围,而且希望"在地球上的帝国主义宣告终结之时,冲绳人能够从'不幸时代'中解放出来,在'幸福时代'的充分快乐中发展其个性,并能够为世界文化做出贡献"。② 从这段话可以归纳出伊波对家乡琉球的三大关怀主题,即"解放"、"个性"以及"贡献"。如果有更多的时间,伊波还能做出更多的思想与学术贡献,但是天不假年,1947 年 8 月 13 日伊波因脑出血猝死。

在伊波毕生著作中,伊波一直在批判冲绳人自身的"奴隶根性",并深深期盼另样的解放前景。而伊波明确讨论冲绳的归属前途,这还是第一次。这是战后殖民地民族解放运动的推动表现。25 年之后,琉球的行政权由美国交还日本,伊波没有在生前看到这一幕,"听凭后来者之意志"的判断不幸被言中。

战后,日本学术以及社会各界的政治环境改善,讨论空间迅速扩大,"以伊波普猷为首的前人的业绩,现在给予重新考察,或者在给予批判的作业基础上被积极地推进"。③ 换言之,伊波的诸多学术研究,无论其不足之点还是成功之作,都从不同角度推动了战后琉球学术发展。

梳理 20 世纪 50 年代之后的琉球学界论述,金城朝永指出,前近代江户时期的"冲绳人既不是中国人,也不是日本人,而是不属于任何一方的、有着正式装扮的一个民族'琉球人'"。④ 稍后还有安良城盛昭对琉球古代辞书的研究、高良仓吉的大航海时代对外经济贸易关系研究等重要学术成果,并且有了"港川人"古人化石发现等考古学成果支持,有关日琉人种对等关系的新论点逐步获得公认。琉球学界大体形成共识,古琉球国的历史相对于日本历史而言就是一部外国史,相反如果将冲绳历史作为日本史之一环是难以成立的。换言之,古琉球国历史就是一部独立王国的历史,而琉球作为

---

① 金城正篤・高良倉吉『「沖縄学」の父伊波普猷』(新訂版)、付録 1「冬子夫人の見た伊波普猷」、197 – 198 頁。
② 伊波普猷「沖縄歴史物語」、『伊波普猷全集』(第二巻)、457 頁。
③ 金城正篤・高良倉吉『「沖縄学」の父伊波普猷』(新訂版)、179 頁。
④ 豊見山和行編『琉球・沖縄史の世界』、9 頁。

日本之冲绳县是"琉球处分"之后的事情。

其中的代表性著作，可推举 20 世纪 80 年代末、90 年代初在《琉球新报》连载文章基础上推出的、由 20 余位专家撰写的通史《新琉球史》。这套图书序言指出编撰宗旨："旧有的历史形象、历史观已经被大幅度地改写，必须编纂新的琉球史、冲绳史。"① 全书划分为古琉球、近世与近现代三大时段，共有 4 卷 48 篇专题文章，另有若干图像。其中，日本吞并琉球设置冲绳县之后的时段为第 4 卷，也突破了近代日本政府设置"冲绳县"的官称限制，终以"琉球"之名称为《新琉球史（近现代编）》。日本政府设置冲绳县、推行"去琉球化"政策，曾造成"琉球"与"冲绳"两大概念在政治语境中的严重对立。这套《新琉球史》廓清了两大概念各自的学术内涵，推动了学术与社会各界的合作融通。

这套图书提出的琉球历史全程线索是"先史时代—古琉球—近世琉球—近代冲绳—战后冲绳"的五段分期方法，写作采用大事专题的章节结构。② 其方法论与伊波的三世分期法相通。如此历史叙事框架突破了日本史学《古事记》和《日本书纪》的"记纪"体裁，也突破了明治初年《琉球藩史》及《冲绳志》等官史的"皇纪"模式。《新琉球史》成为当地教科书以及纪念馆、博物馆通用的历史框架，是通史体裁的琉球历史研究的巨大成就。

进入 21 世纪以来，琉球史各类专著更是井喷式涌现，并且完全突破了日本官史的政治框架，表现出全新的体系化思想内容以及方法论。先后有后田多敦的《琉球复国独立运动研究》、波平恒男的《近代东亚史中的琉球合并》、日本本土出生学者梅卓哲人的《新琉球国的历史》等，高良仓吉的多部著作也直接以"琉球"为题名，还有作为教科书普及本的新城俊昭的《琉球·冲绳史》等。还有一批著作直接否定"琉球处分"的现实合法性，要求争取琉球人的自主权，实现独立复国，例如松岛泰胜有关琉球独立之路的一系列论著③。这充分显示了战后至今当地学界的繁盛情况。

当然，战后迄今的史学发展弥补了伊波研究的不足，取得了辉煌的发

---

① 琉球新報社編『新琉球史　近世編』（上）、琉球新報社、1989、第 3 頁。
② 高良倉吉「近代現代への誘い」、琉球新報社編『新琉球史　近現代編』（上）、15 頁。
③ 松島泰勝『琉球独立への道—植民地主義に抗う琉球ナショナリズム—』、法律文化社、2012、129 頁。

展。比如，人种考古问题，琉球"港川人"（22000 年）的存在，年代远远久于日本本土代表"滨北人"（14000 年）。再如，关于明治维新的评价，战后研究完全更新了对"琉球处分"等重大事件的认识与评论，革新了伊波的"解放说"。在激进的"复国主义"言论之外，使用平稳学术用语的代表性论述是："明治政府自己命名为'琉球处分'的设置冲绳县事项，是一个使冲绳命运发生决定性变化的大事件。这是因为国王从首里城消失了，从大和前来赴任的'县令'（其后改称'知事'）就坐在冲绳的最高位置"，其性质"可以说是非正常的'世代更替'。"① 换言之，"琉球处分"是以武力为后盾的非正常异国政权更迭。《琉球新报》等媒体上也有文章正式宣传"'琉球处分'不具备国际法效力"，琉球"现今仍有恢复主权之可能"。②

战后对伊波的批判论始终存在，不过肯定论似乎更为响亮。著名政治家、学者大田昌秀指出，受制于当时的政治环境，伊波提出了"日琉同祖论"，确认琉球人与大和人的兄弟同胞关系，但也按照学者良心，坚持了琉球人身份认识，"正是在这一点上，集中表现了伊波先生的光荣与悲惨"。③ 对于伊波史学的学术类型，比屋根照夫将其纳入大正民主运动思想家的行列，指出伊波思想的核心是拒绝日本方面的"同化""一体化"，伊波一直致力于"发展极度被压抑的琉球历史文化，提倡'个性'论，借此描述自立、自治之道"。④ 对于伊波政治思想的分析，高良仓吉指出伊波需要在当时的国家界限之中，"必须在'日本国内的冲绳'之中，同时保持'日本之外的冲绳'"；同时，为保存琉球的文化与历史，"他将强烈的冲绳人意识潜藏心底，与时代共呼吸，迈出了自己作为学者的步履"。⑤

伊波学术的产生以及在战后迅猛发展的新琉球史，无不植根于独特的

---

① 高良倉吉「近代現代への誘い」、琉球新報社編『新琉球史近現代編』（上）、13 頁。
② 『琉球新報』2014 年 7 月 11 日。
③ 大田昌秀「伊波普猷の学問と思想」、伊波普猷生誕百年記念会編『沖縄学の黎明』、沖縄文化協会、1976、103 頁。
④ 〔日〕比屋根照夫：《近代琉球同化与自立》，转引自张启雄主编《琉球认同与归属论争》，"中研院"东北亚区域研究，2001，第 204～205 页。
⑤ 高良倉吉「近代現代への誘い」、琉球新報社編『新琉球史　近現代編』（上）、17 頁、18 頁。

琉球历史生命力。由于近现代迄今多方向政治文化的纠结，出现不同视角的研究与评述，亦属自然。综合而论，伊波在灭国条件下所确立的以"琉球"为中心词的学问体系，其成就与不足，包括他的思想与方法，都在战后获得了学界的深切关注，获得了接力式的检讨、分析与继承。有研究指出："对于'冲绳学'这一门学问，必须说伊波普猷学问奠定了战后的再发现与再认识之基盘。"① 换言之，自古琉球史以降，经由灭国条件下的传承研究，再至战后新琉球史的黄金发展，伊波的学术成就是其间的转圜与连接之环。

结　语

作为血管中淌流着中国大陆、日本列岛以及琉球人血液的东亚之子，伊波普猷的人生跨越明治、大正、昭和三个时期，历经日俄战争之后的日本军国主义高涨、第一次世界大战、两次世界大战间的国际和平与日本国内的民主运动、第二次世界大战，以及日本战败投降等重大历史事件。71年古稀岁月不算太长，但伊波的人生阅历、研究治学、著述影响力，世间少有其匹。

如何整理伊波学术遗产，原琉球大学资深学者金城正笃指出："对于伊波普猷的学问业绩，我绝不会给予否定或过小评价，但是也反对过大的评价。正确指出他的谬误与有疑问之点，并加以批判与检讨，要认识到这是作为'后来者'的我们的责任。"② 另一位重要的琉球学者、伊波的好友东恩纳宽惇为伊波陵园的彰显碑题词："知冲绳者无人及他，爱冲绳者无人及他，忧冲绳者无人及他。他因知而爱，因爱而忧。他是学者，是爱乡者，也是先知。"③

由身家连接琉球祖人以及东亚各国的交流历史，伊波学术扎实而广博。推进伊波学问研究就是增进东方文明研究。琉球历史与琉球学属于琉球群岛居民，但也属于东亚。富于热情而悠长气息的列岛文化孕育了伊波笔下"孤岛苦"历史，伊波学问自身就是一门"苦"学问。伊波在生命终结前夕

---

① 金城正篤・高良倉吉『「沖縄学」の父伊波普猷』（新訂版）、序文、11頁。
② 金城正篤「伊波普猷試論—その歴史認識の検討を中心に—」、金城正篤・高良倉吉『「沖縄学」の父伊波普猷』（新訂版）、付録2、217頁。
③ 新城俊昭『琉球・沖縄史』、編集工房東洋企画、2018、203頁。

留有记述,大陆对于琉球"总是恩惠",而有琉球人的"中国崇拜热"。①
"嘤其鸣矣,求其友声"。笔者相信中国学界正在努力。

(审校:中 鹄)

---

① 伊波普猷「沖縄歴史物語」、『伊波普猷全集』(第二卷)、424頁。

• 政治与外交史 •

平成时代的政治改革
——目标、过程及绩效评估

王哲春　高　洪[*]

内容提要：进入平成时代之后，国际、国内形势的剧变使日本原有政治体制难以为继，由此开启了贯穿整个平成时代的政治改革进程。1994 年政治改革、桥本行政改革以及此后的政治决策体制改革构成了一个逻辑一贯的整体，即希望通过系统性的全面改革重塑日本的政治体制，并实现修改宪法、彻底摆脱"战后体制"约束的"政治大国"梦想。经过近 30 年的改革，日本在打破官僚支配、确立政治主导、强化首相及内阁在决策中的领导地位等方面取得了一定的阶段性成果，但日本并未因此更加强大，尤其是经济和社会层面的结构性矛盾对日本的威胁有增无减。对于令和时代的日本政府而言，如何让经济重回良性增长轨道、实现社会的可持续发展是比修改宪法更关乎日本未来的根本性问题。

关　键　词：平成时代　政治改革　首相官邸　政治体制转型

平成时代，日本经历了国内外形势的剧烈变动。国际层面上，冷战结束，经济全球化加速，世界政治格局和国际秩序处于持续深入的调整；而在国内，泡沫经济崩溃，"1955 年体制"终结，日本社会和政坛整体进入解体和重构阶段。通过彻底的政治改革克服原有体制弊端，构建能够更好地应对国内外变化的新政治体制，成为日本社会各界的共识。

---

[*] 王哲春，中国社会科学院大学日本研究系博士研究生，主要研究方向为日本国家战略和中日关系；高洪，哲学博士，中国社会科学院日本研究所研究员、博士生导师，主要研究方向为日本政治和中日关系。

自1994年1月参众两院通过"政治改革关联四法案"开始，日本保守政治精英通过一系列改革措施推动日本政治体制转型的政治活动贯穿了整个平成时代。本文将平成时代的一系列改革措施作为一个连续的整体，考察其改革目标和过程，并对其绩效进行评估，以期对平成政治改革的整体脉络进行更加宏观和全局性的把握。

一 平成政治改革的概念界定及先行研究

政治改革即政治领域内的改造和革新，通常指政府和执政党在保留现存政治制度、政治体系的前提下，根据社会利益、矛盾状况及其对统治权的要求，有计划、有步骤地改进政治体系，调节政治关系，以巩固和完善政治统治的过程。因此，政治改革的范围非常广泛，涉及整个政治制度、政治体系和政治关系的各个方面。不同国家对政策改革则有不同的内涵和外延。

（一）平成政治改革的概念界定

在日语语境下，"政治改革"通常指20世纪90年代依据"政治改革关联四法案"实施的以众议院选举制度和政治资金制度为核心的改革。然而，从日本政治改革的意图和逻辑来看，众议院选举制度改革和政治资金制度改革只是推动日本政治体制转型的基础性制度建设，它们与后续的一系列改革措施构成一个完整的制度体系和逻辑链条，以对日本原有的政治体制与政治关系进行较为彻底的调整和完善。

因此，本文将"平成政治改革"界定为平成时期日本政府通过制度改革推动政治体制转型的全过程，不仅包括众议院选举制度改革和政治资金制度改革，还包括行政改革和政治决策机制改革，涉及行政体系、人事制度、党政关系和政官关系等多个领域。

（二）相关先行研究及不足

由于政治改革是贯穿平成时代的一大主题，不少学者从不同角度进行了研究，并取得了丰硕的成果。其中，大部分学者围绕日本政治改革中的某一项阶段性改革，如1994年政治改革、桥本行政改革等，或着眼选举制度、政治资金管理等某一特定领域的改革措施，研究相关背景、内容和影响等。① 此外，一些学者从"首相官邸主导"的政治现实回溯平成政治改革带来的制度效应，重点关注了政治改革对形成"强首相"以及"首相官邸主导"的影响。② 还有一些学者从比较日本与英国的议会内阁制或者议会内阁制和总统制的差异出发，运用比较政治学的视角揭示日本选举制度改革等措施的效用和局限。③

然而，关于平成政治改革的众多研究中，站在政治体制转型整体的高度，将平成时代的一系列政治改革措施作为一个整体和连续的过程进行考察，进而对其内在的逻辑脉络和发展轨迹进行全面梳理的研究尚显不足。尤其是在日本平成时代结束，日本政局经过长期、剧烈、复杂的解构重组之后重新趋向稳定的今天，有必要站在更加宏观的角度对平成政治改革进行整体性研究，对照改革设计时的目标对改革效用和局限进行综合性评估，以便更好地把握日本政治的现状和未来走向。

二 平成政治改革的动因及目标

（一）平成政治改革的动因

1. 原有体制弊端积重难返是日本社会形成改革共识的根本原因

"1955 年体制"确立了"保革对立"格局下自民党长期执政的局面，这一特殊的政治生态造成了一系列结构性问题，至平成初年已成积重难返之势。

---

① 代表性的成果有周杰《日本选举制度改革探究》，社会科学文献出版社，2012；朱光明《日本：面向21世纪的选择——桥本内阁行政改革评析》，中国社会出版社，2003；〔日〕增岛俊之《日本行政改革的理论与实践》，熊达云等译，天津社会科学院出版社，2005；张伯玉《制度改革与体制转型——20世纪90年代日本政治行政改革分析》，《日本学刊》2014年第2期。

② 代表性的成果有王新生《首相官邸主导型决策过程的形成及挫折》，《日本学刊》2008年第3期；张伯玉《论日本自民党的中央集权化》，《日本问题研究》2018年第3期；徐万胜《安倍内阁的"强首相"决策过程分析》，《日本学刊》2014年第5期。

③ 代表性的成果有高安健将『首相の権力―日英比較から見る政権党とのダイナミズム―』、創文社、2009；何晓松《日本"首相官邸主导型政治"的比较政治制度论分析》，《东北亚学刊》2019年第3期。

首先，民主政治形同虚设，自民党内派阀政治横行。一方面，自民党长期执政使通过选举实现政权轮替的功能失效，难以形成真正意义上的竞争性政党政治。日本国会无法成为"通过不断参与行政部门的工作而实施监督的国会"①，民主政治的制度设计无法有效运作。另一方面，国政选举实质上变成了自民党内的竞争，内阁职位的分配也长期在自民党内部进行，由此形成了以派阀为中心筹集和分配政治资金、提名候选人、分配职位的"派阀政治"体系。因此，自民党派阀的凝聚力强，而作为整体的自民党对本党议员的控制力相对较弱。同时，党首的权威受到派阀领袖的制约，其在党内的地位和话语权在很大程度上取决于能否平衡好各派阀的利益并争取其他派阀领袖的支持。

其次，行政决策体系中的官僚主导和弱势首相。在战后日本，通过各省分立体制、事务次官会议制度、政府委员制度和各省厅相对独立的人事任免权等一系列制度性安排，官僚得以利用其在专业知识技能、行政资源和信息上的优势主导政策的形成过程。加上内阁和执政党的二元决策体制以及随之而来的自民党事前审查制度、"国会政治"和"族议员"政治等，内阁在行政决策体系中的职能遭到弱化。此外，《内阁法》关于"阁议"和"分担管理"的规定强调了内阁的"合议制"性质，限制了作为"首长"的首相的地位，再加上人事任免需遵循"派阀均衡"原则，首相在行政决策体系中处于相对弱势的地位。因此，小泽一郎曾一针见血地指出："处于最高地位的首相应该掌握近乎万能的权力。但是，实际上首相不要说万能，连'半能'的权力都没有。"② 这种官僚主导和弱势首相格局尽管在一定程度上抵消了民主政治无法有效运行可能引发的道德风险，但也造成了各部门间的条块化分割，政府政治统合力差，决策效率低下，为争夺部门利益相互掣肘、各自为政，利益交换和利益输送严重等弊端。

最后，形成特殊的利益分配格局，结构性腐败横行。自民党一党长期执政的过程中逐步形成一套特殊的利益分配格局，即自民党政治家与官僚合作，通过设立各种补贴、实施财政投融资项目和制定相关行业政策等方式进

---

① 〔美〕查默斯·约翰逊：《通产省与日本奇迹》，金毅等译，吉林出版集团有限责任公司，2010，第53页。
② 小沢一郎『日本改造計画』、講談社、1993、18頁。

行利益诱导,争取来自地方的选票和财界资金支持;官僚配合政治家制定相关政策,乱设补贴项目,争夺预算及补助金发放权,扩大自身权力;财界和地方通过提供政治资金和选票支持稳固自民党的执政地位,以换取相应的政策红利。这种利益分配格局构成日本结构性腐败的体制性基础。所谓结构性腐败,"不是指特定公职人员的贪污腐败行为,而是政治、行政权力与经济、产业相结合的社会结构所引起的腐败"。①

2. 国内外形势的剧变是日本推行政治改革的重要因素

国际上,一方面,冷战结束和苏联解体标志着以意识形态对立的两极格局终结,国际政治秩序进入深度调整和重构阶段。这给日本的国家战略选择、国际身份定位和各项内政外交政策都带来巨大冲击。日本无法继续在美国的保护下专注于自身经济发展,需要更加能动、迅速地应对外部环境的变化与挑战。另一方面,经济全球化促进了全球贸易自由化的快速发展,给"出口导向型"的日本经济带来新的机遇和挑战。因此,1990 年设立的第三次行政改革审议会,将"重视国民生活、适应国际化"作为政府工作重点,以应对经济和政治的国际化。② 在此背景下,建立在冷战两极格局下的政治体制越来越显现出不适应性。

在国内,20 世纪 80 年代末至 90 年代初,日本政坛先后曝出利库路特事件、佐川快递事件等一系列大型腐败丑闻,引起社会舆论哗然。原本在"保革对立"格局下,由于担心革新政党上台改变国体、政体,日本国民对于自民党长期执政的弊端一直保持容忍态度。冷战结束和苏联解体直接动摇了革新政党社会党的存在根基,"保革对立"的瓦解已成定局。在此背景下,日本国民再也无法忍受自民党的政治专断和独裁,纷纷要求革新政治,形成了持续的政治改革压力。而泡沫经济崩溃后,日本政府通过扩大公共投资刺激经济的传统手段失效,让社会各界更加看清了原有政治经济体制已无法适应新形势的变化。因此,通过全面的政治经济体制改革,消除原有体制弊端,推动经济重回良性增长轨道,成为日本历届内阁孜孜以求的目标,也是推动平成时代一切改革的原动力。

---

① 张伯玉:《制度改革与体制转型——20 世纪 90 年代日本政治行政改革分析》,《日本学刊》2014 年第 2 期。

② 张伯玉:《制度改革与体制转型——20 世纪 90 年代日本政治行政改革分析》,《日本学刊》2014 年第 2 期。

3. "大国化"战略转型志向是日本保守政治精英推动政治改革的内在动因

战后初期的日本政府在"和平宪法"的制约下,依据国内外局势,确立了"重经济、轻军备"的"吉田路线",其实质是"经济中心"导向型的国家战略。① 随着日本经济实力提高,日本开始酝酿国家战略转型。20 世纪 80 年代初,日本首相中曾根康弘提出"战后政治总决算"的口号,第一次明确提出日本"要增强作为政治大国的力量"。为此,中曾根内阁在内阁官房内部设立"内政、外交、安全、公告、情报五大审议室"制度,加大了内阁对行政部门预算、人事和组织层面的管理力度。此后,日本内阁又提出"国际国家"等概念,其实质是谋求与日本经济大国相称的国际政治地位。虽然冷战的两极格局限制了日本的战略转圜空间,自民党政权对原有政治体制仅进行了局部和有限的调整,但部分保守政治精英已着手政治改革的制度设计和规划。

冷战结束为日本参与国际新秩序的构建提供了机会,再加上彼时日本泡沫经济尚处于高峰期,日本对参与并主导国际新秩序抱有很高期待。1990 年 5 月,日本外务省事务次官栗山尚一撰文《剧烈变动的 90 年代与日本外交的新展开》,提出日、美、欧构建"三极体制"、共同领导世界的主张。② 这对日本决策体制的整体性、战略性、及时性和灵活性提出了更高要求。此时,日本原有政治体制中统筹决策功能欠缺、首相及内阁在决策过程中难以发挥领导作用、决策效率低下等缺陷进一步凸显。比如,在第一次海湾战争中,面对美国要求日本参与行动,日本议会迟迟议而不决,最终日本为战争提供了 130 亿美元的资金,但依然遭到西方盟国的普遍指责。这极大地刺激了日本右翼保守政治家,使其进一步清醒地认识到政治改革对于日本实现"大国化"志向的必要性和紧迫性。小泽一郎在其著作《日本改造计划》中指出:"要想适应世界形势的变化,发挥日本的大国作用,就必须打破原有的政治结构。"③

---

① 杨伯江:《战后 70 年日本国家战略的发展演变》,《日本学刊》2015 年第 5 期。
② 杨伯江:《战后 70 年日本国家战略的发展演变》,《日本学刊》2015 年第 5 期。
③ 小沢一郎『日本改造計画』、65 – 70 頁。

（二）平成政治改革的整体目标

如前所述，平成初年，通过政治改革重构整个政治体制逐渐成为日本社会的共识和期待。这期间，具有较为明确、系统的制度设计和规划并成为推动政治改革主力的是以羽田孜、小泽一郎、武村正义为代表的自民党改革派保守政治家集团。正是他们不满于自民党在政治改革问题上行动迟缓而在1993年的大选中另立山头，才导致自民党下台和"1955年体制"的终结。

其中小泽一郎的改革思想较为完整和清晰，系统阐述其政治改革构想的《日本改造计划》畅销一时。小泽一郎在自民党下台和细川联合内阁成立的整个过程中发挥了核心作用，"即使说这一时期的日本政治是通过小泽一人展开的也不为过"[1]，可见小泽一郎的改革思想对当时日本社会和政界产生了深远影响。此后，虽然自民党经过短暂的下野之后重掌政权，接过改革大旗成为继续推动政治改革的主力，但同为保守政治势力的自民党政治家，其改革思路和目标指向与小泽等人并无实质差别。

因此，以小泽一郎的改革思想为基础，可以将日本保守政治精英的总体改革目标概括如下：一是改革选举制度，实现政策本位与政党本位的国政选举和两大保守政党轮流执政；二是加强政治资金管理，打破"政、官、财"三位一体的利益分配格局，治理腐败，实现政治清廉；三是消除党内的派阀分权结构，打破"官僚主导"，加强党的中央集权和首相官邸职能，确立"政治主导"的决策体制。

三　平成政治改革的过程和具体措施

自1994年出台"政治改革关联四法案"，日本政府开启了持续的政治改革进程。1994年政治改革以众议院选举制度改革和政治资金制度改革为中心，被定位为全面改造日本政治结构的核心制度基础。紧随其后的桥本行政改革彻底重组了中央行政体系，与1994年政治改革共同构成日本政治体制转型的制度框架。之后，日本历届政府继续深化改革，尽管这些改革措施相对零散，未再出现1994年政治改革、桥本行政改革那样集中的系统性改

---

[1] 大嶽秀夫『政界再編の研究』、有斐閣、1997、25頁。

革，但其核心逻辑都是调整政党关系和政官关系，推动政治决策体制从"官僚主导"向"政治主导""首相官邸主导"转变。因此本文主要以1994年政治改革、桥本行政改革和政治决策体制改革为中心，梳理平成时代日本政治改革的主要过程和措施。

（一）1994年政治改革

由于社会各界普遍认为自民党一党长期执政、自民党内派阀政治横行、政治资金需求庞大导致腐败等问题的根源在于国会选举的中选区制，改革中选区制的选举制度便成为日本整体政治体制转型的基础和前提。1994年1月，参众两院通过了"政治改革关联四法案"，实施以众议院选举制度改革和政治资金制度改革为核心的政治改革。

1. 改革众议院选举制度

本次政治改革的核心是众议院选举制度改革，即将众议院选举由中选区制改为小选区比例代表并立制，自1996年的众议院大选开始正式实施。第一，将全国划分为300个小选区和11个比例代表区，众议员定员为500名，其中300名来自小选区、200名来自比例代表区。第二，投票方式由自书式单计票制改为记号式双计票制，即选民需要同时投两张选票，一张投给小选区的特定候选人，另一张投给其支持的比例代表区的政党。第三，在小选区，由符合条件的政党或政治团体提名候选人，未获提名者可以个人名义参选；在比例代表区，由符合条件的政党或政治团体提出候选人名簿，在小选区获得提名的候选人可在相应的比例代表区被重复推荐。第四，在小选区获得有效选票总数1/6以上的最多得票者当选，在比例代表区以选区为单位计算选票，然后以顿特式计算方法确定各党的议席数，并按候选人名簿确定当选者，被重复推荐的候选人若同时当选，则以小选区为先。

此后，对议席数又做了多次调整。2000年，议席数由500席减至480席（小选区300席，比例代表区180席）；2014年，议席数进一步减少至475席（小选区295席，比例代表区180席）；2016年，再次减少10席至465席（小选区289席，比例代表区176席）。

2. 加强政治资金管理

1994年通过的《政治资金规正法修正案》进一步加强了对政治资金的

规范管理,主要内容包括限制公司、工会等团体的政治献金额度,提高政治捐款的公开标准,加强对违法违规行为的制裁等。1999年12月,日本国会进一步修订《政治资金规正法》,全面禁止企业、行业团体向政治家个人的资金管理团队提供政治捐款。2005年10月,日本国会再次修订《政治资金规正法》,进一步限定政治团体(政党及政治资金团体除外)之间的年度捐款额度上限为5000万日元,并且要求政党所属政治资金团体介入的政治捐款原则上要由银行结算。2007年,禁止政治资金团体获得不动产,并进一步强化政治资金团体进行收支报告的义务。2008年,要求国会议员相关政治团体公开所有收据以及接受第三方监督。

3. 建立政党补助金制度

为了让政党摆脱对政治献金的依赖,铲除产生"金权政治"的土壤和温床,日本政府依据《政党助成法》建立了政党补助金制度。政府依据人口总数,按每位国民250日元计算一年的政党补助金总额,再依据各政党的议员数和得票率进行分配。

1994年政治改革使政党内派阀丧失了在选举中的提名功能,候选人公认权向党中央执行部集中。同时,加强政治资金的规范管理大幅削弱了派阀和政治家个人的资金筹集能力,增强了自民党议员对政党补助金的依赖,掌握政党补助金分配权的中央执行部获得了更大话语权,从而全面加强了以党首为核心的党中央执行部的权力。

(二)桥本行政改革

桥本行政改革的内容十分广泛,最重要的改革措施有改组中央省厅、强化内阁职能、推进地方分权改革、放松政府管制和整顿特殊法人等。其中,成果显著且对日本政治体制转型影响深远的是改组中央省厅和强化内阁职能,因此这里主要讨论这两项内容。

1. 改组中央省厅

1999年,日本国会通过了《中央省厅等改革相关法案》,将原来的"1府21省厅"改组为"1府12省厅"。除法务省、外务省、农林水产省、国家公安委员会和防卫厅未改组外,大藏省改名为财务省,通产省改名为经济产业省,文部省与科学技术厅合并为文部科学省,厚生省的一部分与劳动省组成厚生劳动省、另一部分与环境厅组建环境省,总务厅、自治省、邮政省组成总务省，总理府与经济企划厅、冲绳开发厅合并为内阁府，运输省与建设省、国土厅以及北海道开发厅组成国土交通省。与此同时，日本政府还实施了精简机构和人员编制的措施，各省厅官房和局减少25%，各省厅科室削减20%，10年间计划削减编制10%，各省厅削减1局，整顿特殊法人10%等。

此次中央省厅机构改革是战后民主化改革后日本最大的一次政府机构改革，是对中央官僚主导的战后行政体制的一次"创造性破坏"。①

2. 强化内阁职能

在改组中央省厅的同时，日本政府还推行了一系列强化内阁职能的措施。一是设立内阁府，由首相领导，协助内阁官房就国家大政方针等重要政策问题制定方案、起草计划，负责综合协调各省厅关系，协助首相处理行政事务。二是在内阁府新设5名分别负责金融、行政改革、经济财政、科技政策和危机管理等特定事务的大臣，并设立"经济财政咨询会议"、"综合科学技术会议"、"中央防灾会议"和"男女共同参与会议"四个首相咨询会议机构。三是明确首相拥有"与内阁重要政策有关的基本方针"的提案权。在内阁官房中新设内阁官房副长官助理、内阁报道官、内阁情报官等职，其人选由首相以政治任命方式产生；增加首相助理等辅助人员，增强首相对内阁官房的控制。四是废除政务次官制度，建立副大臣和大臣政务官制度，加强政治主导作用，削弱高级官僚的影响。五是废除政府委员制度，以副大臣代替政府委员辅助大臣答辩，以减少政治家对官僚的依赖，提高政治家的决策能力。②

桥本行政改革的目的是实现行政机构的合理化和精干化，提高决策和行政效率。通过改革，日本政府从机构、体制和人事三方面加强了对行政各部的控制，"首相和内阁的制度性权力明显增强"③，为下一步推动政治决策体制改革奠定了制度基础。

---

① 张伯玉：《制度改革与体制转型——20世纪90年代日本政治行政改革分析》，《日本学刊》2014年第2期。
② 张伯玉：《制度改革与体制转型——20世纪90年代日本政治行政改革分析》，《日本学刊》2014年第2期。
③ 松村岐夫・久米郁男『日本政治変動の30年』、東洋経済新聞社、2006、65頁。

（三）政治决策体制改革

进入 21 世纪，在经历了"失去的十年"的政治混乱和经济低迷之后，日本各界深刻认识到必须进一步深化改革，化解日本政治经济体制中的深层结构性矛盾。然而，改革触及既得利益格局，常常遭到来自执政党内和官僚系统中利益相关方的抵抗，因此调整"政"（首相及内阁）与"党"（执政党）、"政"与"官"的关系，确立和强化首相及内阁在决策中的领导地位，成为进入 21 世纪后日本政治改革的核心目标。在这一过程中，小泉纯一郎内阁和第二次安倍晋三内阁均努力构建"首相官邸主导"体制，民主党政权时期更是将改革政治决策体制作为主要政策目标，尽管其改革实践以失败告终，但在彻底打破原有决策体制的意义上发挥了重要作用。因此，本文将平成时代的政治决策体制改革分为三个阶段，即小泉内阁时期、民主党政权时期和第二次安倍内阁时期。

1. 小泉内阁时期

小泉上台后，开启了声势浩大的"结构改革"。这场"没有禁区的改革"因冲击既得利益格局而遭到自民党内以及官僚的强烈抵抗。为此，小泉摆出与党内抵抗势力对决的姿态，所谓"砸烂自民党"，其实质就是要打破长期以来形成的决策体制惯例，强势贯彻自己的改革意图。

从制度建设的角度而言，小泉最重要的举措是将"经济财政咨询会议"作为改革"司令塔"，赋予其决策中枢地位。"经济财政咨询会议"由桥本行政改革创设，原本只有"调查审议"功能，并无决策权限。小泉执政后将其改造为改革决策的核心机构，成功摆脱了原有政治决策体制的束缚。这一时期的"经济财政咨询会议"拥有设定政策议题、编制预算和替代阁议三大功能。[①] 设定政策议题指"经济财政咨询会议"的成员"民间有识之士"每年 6 月围绕重要议题提出下一年度的改革基本方针，供首相参考；编制预算功能指"经济财政咨询会议"每年在财务省之前出台"预算基本方针"和"预算概况"，再由财务省进行具体预算编制，改变了以往"自下而上"的预算决策流程；替代阁议功能指首相及相关阁僚在"经济财政咨询会议"上就相关议题进行实质性的讨论和协调，发挥原本应由阁议承担

---

① 佐佐木毅等『平成デモクラシー—政治改革 25 年の歴史—』、筑摩書房、2013、27 頁。

的作用。

除此之外,小泉还尝试打破自民党内的体制惯例,确立首相的决策领导地位。比如,在阁僚人事安排上,无视"派阀均衡"和"年功序列"原则,完全按自身意愿决定相关人选;在推动邮政民营化改革的过程中,不仅试图绕开自民党事前审查,在总务会审议中排除全体一致的决策惯例而采取多数决原则,而且在邮政民营化法案遭参议院否决后,直接解散议会,问政于民。因此,这一时期的政治决策体制被称为"首相官邸主导"体制。但是,小泉式"首相官邸主导"体制的制度基础较为薄弱,在很大程度上依靠小泉纯一郎强烈的个人特质和民众的改革热情,具有不可复制的一面。正因为如此,小泉之后的自民党政权未能延续"首相官邸主导"体制,这说明日本政府的决策体制转型还有待进一步的制度建设和保障。

2. 民主党政权时期

在 2009 年的众议院选举中,民主党击败自民党,实现了真正意义上两大政党间的政权轮替。民主党认为内阁与执政党的二元分离以及派阀和"族议员"主导决策过程是自民党政权的顽疾,因此鸠山由纪夫内阁成立后,便先后推出了一系列构建"政治主导"和一元化决策体制的改革措施。

首先,确立内阁在决策体制中的领导地位。民主党执政后,在内阁中新设国家战略室和行政刷新会议。国家战略室负责规划和制定经济、外交等重要政策领域的宏观战略方针,促使大政方针的决策权力向内阁集中;行政刷新会议负责规划各级行政机构的制度改革、监督预算有效执行等。民主党政权还废止了内阁会议前进行政策审议协调的事务次官会议,禁止事务次官举行记者招待会,规定首相和阁僚交换意见时官僚不能在场等,尽量排除官僚参与和影响政治决策。

其次,废除执政党事前审查机制,构建内阁一元化决策机制。民主党废止了政策调查会及其下属部会,由各省厅内设置的政策会议替代。政策会议由各省厅副大臣主管,未能入阁的其他民主党议员可以在此陈述意见,但该会议不具备执政党事前审查的权限。

最后,构建"政治主导"的中央省厅决策机制。民主党政权设立了政务三役会议作为中央省厅的最高决策机构。政务三役会议由各省厅的大臣、副大臣和大臣政务官组成,基本将官僚排除在核心决策圈之外,从而大大强化了中央省厅决策层面的"政治主导"地位。

应该说，民主党对日本政治决策体制缺陷的批评是切中要害的，其改革目标和方向也具有合理性。但是，改革措施将"政治主导"过于绝对化，遭到官僚的抵抗和反击，加之民主党政治家缺乏实务经验和实务能力，导致在政策制定和执行上陷入混乱。尽管民主党政权的政治决策体制改革以失败告终，但它所带来的冲击力极大地削弱了执政党议员和官僚的抵抗势力，其改革理念和措施也为后续改革提供了有益的参考和借鉴。

3. 第二次安倍内阁时期

2012年，安倍晋三率领自民党夺回政权，并创造了日本宪政史上执政时间最长的纪录。在此期间，安倍延续民主党力主的"政治主导"路线，继续采取各项改革措施强化首相和内阁权力，提高首相及内阁在决策上的话语权，成功构建了安倍式"首相官邸主导"体制。

首先，通过人事制度改革实现了对高级官僚人事权的掌控。2014年4月，日本通过《国家公务员制度改革关联法》，并依法设置内阁人事局，负责管理各省厅副局级以上级别约600名干部的人事信息，进行资格审查、制作干部候选人名簿并确定最终人选等，辅助首相及内阁官房长官的人事工作。[1] 据此，首相官邸可以越过各省厅的大臣、副大臣和大臣政务官，直接干预官僚的任免。[2] 这成为政治决策体制改革中调整政官关系最重要也是影响最为深远的改革措施。

其次，通过增设机构和扩充人员，大幅强化了首相官邸的决策主导机能。其中最重要的是2013年设立的国家安全保障会议，由此首相官邸在内政、外交、安全等关键领域的决策主导权得到极大增强。此外，安倍还恢复了"经济财政咨询会议"，设置日本经济再生本部等首相辅佐机构，增加特命担当大臣等。隶属"内阁官房副长官补"管辖的负责推进和协调特定政策事务的事务局（室）从2010年2月的14个增加至2013年10月的30个，内阁府的特别机构由成立时的6个增加到2013年的16个，审议会也由12个增加至21个。[3]

最后，通过设立直属总裁的特别政策机构，弱化了自民党的事前审查功

---

[1] 李薇主编《日本研究报告（2014）》，社会科学文献出版社，2014，第71页。
[2] 牧原出『安倍一強の謎』、朝日新聞出版社、2016、78頁。
[3] 五十嵐吉郎「内閣官房、内閣府の現在—中央省庁等改革から13年目を迎えて—」、『立法と調査』第347号、2013。

能。安倍第二次执政后，利用自民党党章第 79 条，在自民党政调会等政策审议机构之外设置了日本经济再生本部、女性活跃推进本部等一系列直属总裁的特别政策机构。这些机构在首相官邸主导下针对特定问题提出咨询报告和政策议案，经内阁和首相审定后，以党总裁的名义提交给自民党政策审议机构。在党总裁的制度性权力因选举制度改革和政治资金制度改革得到强化之后，这样的党内决策流程大大弱化了自民党的事前审查功能，使首相及内阁在决策过程中相对于执政党的领导地位到达了一个新高度。

四 平成政治改革的绩效评估

平成时代是一个持续开展政治改革的时代，其整体逻辑是一以贯之的。平成时代落下帷幕后，有必要对整个平成时代的一系列政治改革做整体性的绩效评估。

（一）改革实现了部分预期目标

第一，分权型组织结构弱化，党内权力趋于集中。选举制度改革使派阀丧失了选举提名功能，政治资金管理的加强严重削弱了派阀和政治家个人的资金筹措能力，政治家的政治资金来源对"政党补助金"的依赖逐渐加深。在此基础上，自小泉内阁以来的干部人事安排也逐渐打破原先的"派阀均衡"和"年功序列"惯例，党首的自主决定权加大。2019 年 9 月改组内阁时，创纪录地有 6 位无派阀议员入阁，而石破派和石原派则无一人入阁。在重大政策方面，自民党总裁和总务会的决定权得到加强，自民党政调会下属部会和"族议员"影响力则受到限制。分权型组织结构弱化的标志是无派阀议员大幅增加。1990 年 2 月当选的 286 名自民党众议员中，无派阀的议员仅为 16 人。[①] 随着改革后派阀功能的弱化，无派阀议员逐渐增多，2011 年达到 48 人，一度超过了党内所有派阀，目前仍是仅次于细田派的第二大群体。

第二，首相权威得到强化，政治主导型决策体制基本确立。桥本行政改革明确了首相拥有"与内阁重要政策有关的基本方针"的提案权，设立了

---

① 郑东丽、王庆西：《日本选举制度改革前后的派阀功能比较》，《日本学刊》2002 年第 2 期。

辅助首相行政事务的专门机构内阁府，收回原大藏省手中的预算编制权，充实了辅助内阁及首相的机构和工作人员，精简中央机构设置。在精简机构和人员的同时，增设了副大臣、大臣政务官等政治任用职位，强化了大臣对省厅的政治控制。这些措施奠定了由"官僚主导"向"政治主导"转变的制度性基础。安倍第二次执政后，通过公务员制度改革，进一步扩大首相的法律权限和辅佐体制，首相、内阁官房和内阁府直接负责的政策领域进一步扩大。此外，安倍还在内阁府设立百余个名为会议的咨询机构，这些机构直接对首相负责，首相官邸通过这些机构主导政策决策过程。

第三，政治献金大幅减少，政党补助金在政治资金中所占比例逐渐上升。1994年政治改革后，政治献金大幅减少，政治资金管理的透明度不断提高，政党补助金在政治资金中所占比例则逐渐上升。根据原自治省发布的报告，在新制度实施第一年即1995年，来自企业、行业团体的政治捐款比上一年度减少了38%。① 至2002年度，政治献金已从1991年度高峰时期的957.57亿日元缩减至其1/4，特别是来自企业、行业团体的政治捐款从1990年度高峰时期的446.53亿日元缩减至36.620亿日元。② 安倍晋三2019年度的政治资金收入为1.4亿多日元，在其任期内政治资金收入最多的一年也不过2.2亿日元，这与政治改革之前已不可同日而语。与此相对，政党补助金在政治资金收入结构中的比例呈现递增态势。2002年度，政党补助金总额首次高于政治献金。据总务省发布的公告，该年度各政党的政治资金总额中，政治献金仅占18.0%，政党补助金所占比例升至23.5%，政党本部的资金收入中政党补助金所占比例更是高达35.5%。③

（二）部分深层次问题仍未解决

尽管日本的一系列政治改革取得了一些成效，在一定程度上实现了改革的初衷，但依然存在一些深层次的问题未解决。

一是实现具有政权轮替功能的两党制依然前途渺茫。1994年政治改革后，日本政坛曾先后形成了自民党与新进党、自民党与民主党的两大政党对

---

① 「企業・団体献金38％減」、『月刊　新聞ダイジェスト』第11号、1996、24頁。
② 「献金、交付金下回る」、『毎日新聞』2003年9月12日。
③ 「献金、交付金下回る」、『毎日新聞』2003年9月12日。

峙局面，并于2009年和2012年实现了两党间的政权轮替，让日本民众看到了两党轮流执政的希望。然而，随着民主党分裂，在野党中至今未再出现能与自民党抗衡的第二大势力，从而形成了新的自民党一党独大的局面。舆论调查结果显示，在政党支持率方面，自民党一党甚至可以超过其他政党的总和，经过20多年的改革，一切似乎又回到起点，两党轮流执政的希望仍然渺茫。

二是政治献金隐蔽通道未被堵死，政治资金监管尚存盲区。由于地方上的政党支部并没有设立数目和捐款额度的限制，因而政治家通过政党支部接收政治献金成为规避监管的合法渠道。仅2000~2001年，自民党便新设地方支部1412个，其所属议员人均拥有4个支部。① 而且，由于政党支部的政治资金收支状况由地方选举管理委员会管理，其统计资料中仅记载政党支部名称，政治资金的实际流向反而更不透明。此外，由于对政治资金使用的监管力度不够，政治家个人违反政治资金用途相关规定的不法行为时常发生。比如，2002年3月28日，社民党政策审议会会长辻元清美因非法领取秘书薪金而辞职；2002年3月18日，自民党前干事长加藤纮一的事务所财务会计佐藤三郎因涉嫌逃税而被捕，3月27日，媒体进一步披露加藤挪用政治资金支付家庭住宅的房租。

（三）改革产生的新问题

一是得票率与议席率失衡。由于小选区制实际上是"赢者通吃"的制度，候选人有可能以较低的得票率获胜，从而造成得票率和议席率严重失衡。2000年的大选中，自民党在小选区以41.0%的得票率获得了59.0%的议席，而共产党虽然获得了12.1%的选票，却无一人当选。2009年民主党在小选区以47.43%的得票率获得了73.7%的议席，而2012年自民党又以43.01%的得票率获得小选区79.0%的议席。此后的多次大选中，得票率和议席率失衡的问题非但没有得到解决，反而愈演愈烈。得票率与议席率的失衡使民选政府作为民意代表的有效性和广泛性受到质疑，如果两党轮流执政无法实现，极有可能引发执政党的道德风险，从而使政府的行为无法受到民主政治的有效制约。

---

① 「献金、一層不透明に」、『日本経済新聞』2002年9月13日。

二是首相权力过度膨胀存在隐忧。政治和行政改革极大地增强了首相的制度性权力，行政决策体系呈现出中央集权化特征。尤其是安倍晋三第二次执政后，巧妙利用这种制度性权力树立起罕见的首相权威，无论是在野党还是执政党内部都难以对其进行有效制约。这在2014年通过修改宪法解释允许行使集体自卫权和2015年国会两院审议通过"安保法案"的过程中体现得淋漓尽致。尽管安倍晋三的主张遭到国民批判，甚至国会议事堂前还发生大规模的反对运动，在自民党内部却很难听到不同声音，更没有出现明显的党内对立。2018年9月举行的自民党总裁选举中，安倍晋三的竞争对手石破茂曾批评首相官邸主导型决策过程不透明，削弱了党的行政监督和政策立案能力。此外，"森友学园事件"和"加计学园事件"以及相关省厅删改文件记录等问题也反映出行政机构"忖度"首相意向的痕迹。以上种种均显示出首相权力过度膨胀的隐忧，如何实现首相权力与制度制约之间的平衡将成为新的课题。

结　语

平成时代的政治改革是在"1955年体制"的弊端积累到相当程度，并在国际国内形势发生根本性变化的诱发下进行的。因此，改革一方面要克服原有体制弊端，挽回国民对政治的信任；另一方面又要推动政治体制转型，使之适应国际形势的变化，并在国际新秩序的构建中发挥日本的大国影响力。前者要求改变自民党一党优势地位，加强政治资金监管，打破"政、官、财"三位一体的利益分配格局；后者则要求改革政治决策体制，确立首相及内阁在决策中的领导地位。

从实际的改革进程看，日本政府对后者投入的精力更多，尤其是进入20世纪90年代后期，随着革新势力衰退，日本政坛主要由保守政党展开竞争，这种倾向更加明显。1997年12月，行政改革会议发布的《最终报告》中提出"要重塑'这个国家的形态'"，而其英文提要将"这个国家的形态"译为"这个国家的宪法"。[①] 由此可见，日本保守势力希望借由政治改革，渐进地实现修改宪法、摆脱"战后体制"约束的目标。这也解释了所

---

① 朱光明：《试论桥本内阁行政改革的特征与意义》，《日本学刊》2001年第3期。

谓的"改革异位"现象,即最能坚持改革的反而是保守政党自民党,而日本共产党的理念和主张几十年不变,成了最"保守"的政党。

尽管经过平成时代近30年的政治改革,日本的政治体制转型取得了一定的成效,但日本并未因此更加强大。相反,经济和社会层面的结构性问题让令和时代的日本政府面临更为严峻的考验。从长远来看,修宪并不能确保日本的"政治大国"地位,如何让经济重回良性增长轨道、实现社会的可持续发展,才是事关日本未来的根本性问题。

(审校:叶　琳)

• 政治与外交史 •

疫情期间日本以欧盟国家为主的欧洲外交

周永生*

内容提要：新冠肺炎疫情在世界范围内大流行，日本安倍政府以欧盟国家为主的欧洲外交带有明显的疫情外交特色，通过互通疫情信息、交流防治政策与措施、开展药物临床试验、呼吁各国团结抗疫等各种外交手段，彰显日本的抗疫外交特色、发挥日本的世界影响力。日本对欧洲国家外交具有多重战略目标和多重战略考虑，其中战略合作、安全与军事合作是重要目标。同时，日本十分看重同欧洲国家的经济合作。日本对欧洲外交以自由、民主、人权、法治等价值观为旗帜，从全球视野和战略高度，同欧洲许多国家结成战略伙伴，平等开展互利合作，谋求发展双边关系，促进地区和全球稳定、繁荣。新冠肺炎疫情期间，日本对欧洲外交虽然没有产生突出的、轰动性的效果，但是日常的外交具有积累效果，为日本拓展世界外交局面、进一步扩大和加深同欧洲国家的关系、提高日本的国际地位奠定了良好基础。

关 键 词：日本外交　日欧关系　经济合作　防务合作　战略合作

新冠肺炎疫情给国际关系格局带来了巨大的冲击和影响，对日本外交也造成了冲击。在疫情之下，日本政府不得不调整外交政策与外交行为。其中，日本安倍政府以欧盟国家为主开展的欧洲外交，不仅具有疫情下的特色和地域特色，而且体现了日本外交一贯围绕本国利益推进务实合作的特点与风格。在对欧外交当中，日本并不追求一次性获得重大外交成就，而是不断通过量的积累，积小胜为中胜，积中胜为大胜，不断获得对欧洲国家外交的

---

* 周永生，法学博士，外交学院国际关系研究所教授、博士生导师，主要研究方向为日本外交、经济外交、亚太国际关系。

主动权、主导权，体现了安倍晋三政府"俯瞰地球仪外交"的战略考量，也蕴含着"积极和平主义"的内容。在低调的外交风格当中，安倍政府通过量的不断积累，最终集成巨大的外交收获。

从国际关系理论视角而言，日本把欧洲国家当作相互依存的战略伙伴，凭借相同的价值观、经济上的互利互惠以及安全上的相互倚重与支撑，共同获得收益。由于欧盟是一个国家集团，在日欧双边关系的相互依存当中，日本受益更多。

一　疫情下的合作外交

新冠肺炎疫情在世界范围内大流行，日本以欧盟国家为主的欧洲外交带有明显的疫情外交特色，通过互通疫情信息、交流防治政策与措施、开展药物临床试验、呼吁各国团结抗疫等各种外交手段，彰显日本的抗疫外交特色、发挥日本的世界影响力。

2020年3月13日，安倍首相与法国总统马克龙举行首脑电话会议。两国首脑就新冠肺炎疫情及本国对策交流了看法，同意将继续与国际社会分享信息，以共同应对新冠肺炎疫情，并确认两国将为2020年东京奥运会成功举办开展密切合作。5月12日，日本外相茂木敏充与法国外长勒德里昂举行电话会议，相互分享了防治新冠病毒的对策和信息，并表示包括日本和法国在内的国际社会要加强合作，遏制疫情全球蔓延态势。

2020年3月15日，安倍首相与英国首相约翰逊举行电话会议。为防止新冠肺炎疫情扩散，双方就开展合作达成一致。安倍首相就英国籍游轮"钻石公主"号上发生的集体感染新冠肺炎问题表示日本"从人道的角度提供了支援"，约翰逊首相表达了谢意。安倍首相强调，从抑制全球经济下滑的角度看，七国集团必须表现出坚定的回应。对于东京奥运会和残奥会，约翰逊首相表示期待，安倍首相称希望举行一场和平的比赛，将其作为战胜新冠病毒的象征。① 双方商定为东京奥运会和残奥会的举办开展合作。

2020年3月18日，日本外相茂木敏充和意大利外长迪马约举行电话会

---

① 「日英首脑電話会談」、外務省ホームページ、2020年3月15日、https：//www.mofa.go.jp/mofaj/erp/we/gb/page6_000380.htm。

议。茂木外相对意大利新冠病毒感染者表示慰问，并向意大利人民表示声援。迪马约外长对日本的友好表示感谢，并感谢日本对"钻石公主"号上包括船长在内的意大利乘客和船员的支持。两位外长各自介绍了本国为防治新冠病毒所采取的对策，并达成四点合作倡议：一是随着新型冠状病毒的传播扩散，各国应分享应对传染病的经验和教训；二是为了防止疫情扩散，可以在一定时期内考虑采取适当的水域隔离措施，重要的是相关国家之间开展合作和共享信息；三是开发治疗药物和疫苗极为重要，各国公共和私营部门应加大努力，并寻求共同开发新模式；四是日意保持合作，确保两国公民的安全。两国外长提出，他们将在接下来的七国集团外长会议上讨论新冠肺炎疫情对策，并开展合作。①

2020年4月16日，安倍首相出席关于新冠肺炎疫情的七国集团峰会视频会议。七国集团峰会对于日本来说，尽管不是专门针对欧洲的外交，但毕竟包括德、法、英、意4个欧洲大国，因此可以将其视为日本对欧洲外交的参考素材。会议上，安倍首相介绍了日本采取紧急状态应对新冠肺炎疫情的措施，同时介绍了日本的经济应对政策。一是在短期内，重要的是开发和传播治疗药物，特别是扩大新型流感治疗药物法匹拉韦的国际临床研究；二是支持医疗体系和卫生体系薄弱的国家；三是以透明、及时和公开的方式在国际上分享应对新冠肺炎疫情的措施；四是加强全世界的传染病预防体系，建设抗危机经济。②

2020年5月26日，安倍首相与欧洲理事会主席米歇尔、欧盟委员会主席冯德莱恩举行视频会议。这次会议是2019年12月欧盟新领导人上任以来的首次三方对话，围绕经济复苏、新冠肺炎疫情防控措施交换了意见，并发表了联合声明。一是日本和欧盟将作为拥有"共同价值观"的战略伙伴密切合作，并将在应对新冠病毒感染的全球挑战中发挥更大的作用和责任。二是关于新冠病毒全球应对峰会，欧盟方面感谢安倍首相的参与和日本的贡献。作为回应，安倍首相欢迎欧盟倡议召开本次峰会，并阐述了支持卫生系统脆弱的发展中国家、维持包括医疗用品在内的基本商品分配以及促进贸易

---

① 「日伊外相電話会談」、外務省ホームページ、2020年3月18日、https://www.mofa.go.jp/mofaj/press/release/press6_000633.html。
② 「G7首脳テレビ会議」、首相官邸ホームページ、2020年4月16日、https://www.kantei.go.jp/jp/98_abe/actions/202004/16tv_kaigi.html。

的必要性。三是关于经济重建的措施，欧盟方面表示，为了实现欧洲经济稳健复苏，将按经济重建路线图努力；安倍首相认为从在全球危机中维持经济和社会活动的角度出发，发展与扩大高度可靠的信息和通信基础设施建设变得越来越重要，有必要从安全角度采取适当措施建立强大的供应链和进行对外直接投资。同时，安倍首相希望在5G引领的经济数字化转型领域做出努力。四是在国际卫生领域，三方均认为，从预防未来传染病大流行的角度出发，应增强应对传染病的能力，实现包括世界卫生组织在内的相关国际组织的改革并提高效率是一项紧迫的任务，尤其强调了基于透明、及时和开放等原则，继续推进国际合作的重要性。五是三方讨论了新冠病毒传播的地缘政治影响，并强调支持基于规则的国际秩序；确认获取基于事实的信息非常重要，根据表达自由和法治等基本原则处理虚假信息。① 联合声明中指出，欧盟和日本致力于在多边场合推动全球协作，并为受到疫情严重冲击的地区提供帮助。联合声明肯定了世界卫生组织在抗疫中的协调作用，重申加强全球合作，继续为研发有效药物、诊断工具、疗法和疫苗提供资金，并呼吁疫苗研发完成后将其作为全球公共产品。欧盟和日本将携手为医疗物资、农产品、原材料和其他商品服务的跨境流动提供帮助，确保抗疫措施的有效性和透明度。②

2020年6月18日，安倍首相与西班牙首相桑切斯举行电话会谈。安倍首相对西班牙新冠病毒感染者表示同情，并对西班牙政府为改善感染状况所做的努力表示敬意。桑切斯首相对安倍表示感谢，并说明了西班牙与欧盟为缓和管制所做的努力。安倍首相还介绍了日本防治新冠肺炎的对策。桑切斯首相对日本为防止疫情扩散所做的努力表示赞赏。两国领导人承诺，将继续就防控新冠肺炎疫情采取合作措施，并在重新开始交流之后，进一步加强两国的经济关系。双方同意进一步深化两国的战略伙伴关系，包括为实现"印太构想"进一步加强合作和扩大人员交流。③

---

① 「日EU首脳テレビ会議の開催」、外務省ホームページ、2020年5月26日、https://www.mofa.go.jp/mofaj/erp/ep/page4_005157.html。
② 《欧盟和日本领导人强调国际合作抗疫》，中国新闻网，2020年5月27日，http://www.chinanews.com/gj/2020/05-27/9195764.shtml。
③ 「日・スペイン首脳電話会談」、外務省ホームページ、2020年6月18日、https://www.mofa.go.jp/mofaj/erp/we/es/page6_000398.html。

2020年7月16日，安倍首相和德国总理默克尔举行视频会议，安倍首相表示，日本希望通过"COVID-19工具（ACT）加速计划"为疫苗开发和分销做出贡献。安倍和默克尔表示，两国将开展合作支持包括非洲撒哈拉地区在内的发展中国家，并强调世界卫生组织核查和改革进程的重要性。双方还讨论了新冠病毒蔓延对全球经济的影响，介绍了各自的经济措施，阐述了建立安全可靠的信息和通信基础设施与扩大创新投资的重要性。①2020年10月1日，日本外相茂木敏充与德国外长马斯举行视频会议，双方指出，他们将共同努力，促进构建应对新型冠状病毒传染病的国际框架。②

2021年2月1日，日欧联合委员会第二次会议以视频会议形式举行，欧盟和日本就新冠肺炎疫情和新冠疫苗问题交换了意见。茂木敏充外相希望欧盟疫苗出口透明度机制不干扰欧盟内部对日本的疫苗供应，日本将根据与欧洲公司的合同，尽一切努力确保相关公司向日本顺利出口疫苗。③双方同意就此继续密切沟通。

此外，自2020年3月开始，安倍政府就大力宣传日本国产药物法匹拉韦治疗新冠肺炎的疗效，并表示愿意与世界其他国家开展临床试验合作。合作形式是相关国家向日本提出申请，日本免费提供药物，然后开展临床试验合作。截至2020年6月，全球有80多个国家向日本申请法匹拉韦。德国方面就向日本提出申请，获得了日本的免费援助。接收免费药物的国家要向日本政府提供治疗效果报告，以便日本获得该药物在海外临床试验的数据。

从上述情况来看，日本对欧洲国家的疫情外交并不太成功，多数流于形式。究其原因，第一，日本在疫情防控方面并不特别优秀和突出。日本的防疫情况尽管好于欧美国家，但在亚洲国家和地区中，日本对新冠肺炎的蔓延控制并不太好。第二，日本无法提供治疗新冠肺炎的特效药品。2020年上半年，日本竭力向全世界推出日本企业研发的法匹拉韦，但其治疗新冠肺炎

---

① 「日独首脳テレビ会談」、外務省ホームページ、2020年7月16日、https://www.mofa.go.jp/mofaj/erp/c_see/de/page6_000406.html。
② 「日独外相テレビ会談」、外務省ホームページ、2020年10月1日、https://www.mofa.go.jp/mofaj/press/release/press1_000455.html。
③ 「日EU・EPA合同委員会第2回会合の開催（結果）」、外務省ホームページ、2021年2月1日、https://www.mofa.go.jp/mofaj/press/release/press3_000415.html。

的效果并不理想。因此，该药物没有成为日本疫情外交的助力。第三，日本在新冠疫苗研发方面明显落后。日本只有一家中小公司研制的新冠灭活疫苗在2021年3月进入第1期临床试验，完全落后于欧美和中国的研发进展。尽管中国的新冠疫苗研发走在世界前列，但欧美发达国家与日本以中国实验数据和信息披露不够完整为借口，不批准也不购买中国的疫苗，日本只能片面地依赖美欧国家。而美欧国家又将满足本国的疫苗供给作为优先政策，致使日本国内疫苗供应明显不足，无法满足日本国民的需要。这种情况使日本的疫情外交较为被动。日本的疫情外交局限于通报疫情、分享经验和设法进口疫苗方面，缺乏更多的主动性、积极性与有效性。

二 促进与欧洲国家的战略和安全合作

欧洲国家中不仅有很多军事大国、强国，经济实力和经济基础也非常雄厚，在世界安全格局中发挥着举足轻重的作用。加强同这些欧洲国家的交往，不仅能够提升日本在国际安全战略中的地位，也有利于日本拉近同北约的关系，为日本同北约进一步加强合作奠定基础。所以，日本对欧洲国家的外交具有多重战略目标和多重战略考虑，其中战略合作、安全与军事合作是日本对欧洲国家外交的重要目标。

（一）重视"价值观外交"，强化同欧洲在"印太构想"和东亚事务上的合作

在对欧洲外交中，日本重视"价值观外交"，重视在印太地区和东亚地区与欧洲合作，重视同欧洲大国的外交关系。重视"价值观外交"，体现了日本外交中渗透的价值观理念，也体现了日本通过"价值观外交"拉近与欧洲国家关系的战略考量。日本重视在印太和东亚地区与欧洲的合作，目的在于拉住欧洲国家，让它们在"印太构想"、东亚地区事务上支持日本的立场，以增强日本"印太构想"和印太外交的效果，以及日本在东亚事务上的外交主动权与主导权。

近年来日本特别重视对法国和英国的外交。不仅因为法英两国是欧洲地区大国、军事大国和军事强国，而且因为两国都是北约战略军事组织的主要成员国、联合国安理会常任理事国。日本意图与法英等欧洲大国拉近关系，

进而带动日本与北约的合作以及日本同欧洲地区的合作。同时，日本重视同欧洲国家在安全防务层面的交流与合作。

1. 价值观上的合作

2020年1月21日，安倍首相与因商务活动访问日本的波兰总理莫拉维茨基举行会谈。会谈中，安倍强调日本与波兰有共同价值理念，并希望两国作为基于法治、国际秩序的战略合作伙伴开展合作。①

2020年12月1~2日，北大西洋公约组织举行外长视频会议。日本作为伙伴国应邀参加会议，日本常驻代表团大使下川真树太出席了会议。尽管美国在北约中占有主导地位，但欧洲国家占了绝大多数，因此日本同北约的外交也可以看作其和欧洲国家交往的一部分。该会议讨论了世界力量平衡变化、亚洲局势等问题。下川真树太宣读了日本外相茂木敏充的声明，并指出在以"规则"为基础的国际秩序面临的"挑战"增加的情况下，北约应致力于深化"法治而非权力"，北约是让日本放心的伙伴。② 迄今为止，尽管日本与北约成员有双边合作，但日本与北约的合作还主要停留在外交沟通的层面。

2021年3月28日，澳大利亚、加拿大、德国、希腊、意大利、日本、丹麦、荷兰、新西兰、韩国、英国、美国的武装部队参谋长针对缅甸政变发表联合声明："我们谴责与缅甸武装部队有联系的安全机构对未武装的平民使用军事力量。专业部队应遵守国际行为标准，并有责任保护其人民而不是伤害其人民。我们敦促缅甸武装部队结束暴力行动，并努力恢复因为此次行动而失去的缅甸人民的尊重和信任。"③ 参与发表声明的国家多数是欧洲国家，因此也可以将其看作日本同欧洲国家安全、军事与价值观合作的重要方面。实际上，这是相关国家武装力量对缅甸军人政府镇压民众的一种谴责，是一种相关国家武装部队"保护人权"价值观的体现。

2. 印太地区与东亚事务上的合作

2020年1月21日，安倍首相与访问日本的波兰总理莫拉维茨基举行会

---

① 「日・ポーランド首脳会談」、外務省ホームページ、2020年1月21日、https://www.mofa.go.jp/mofaj/erp/c_see/pl/page1_000994.html。

② 「北大西洋条約機構（NATO）外相会合への日本の出席（結果）」、外務省ホームページ、2020年12月3日、https://www.mofa.go.jp/mofaj/press/release/press6_000707.html。

③ 「各国参謀長等による共同声明について」、統合幕僚監部ホームページ、2021年3月28日、https://www.mod.go.jp/js/Press/press2021/press_pdf/p20210328_01.pdf。

谈，两国领导人就东亚和欧洲局势交换意见。安倍首相寻求在朝核问题以及人质绑架问题上得到波兰的支持。双方表示，关于朝鲜局势，日波将继续密切合作，以实现朝鲜完全无核化，包括全面执行联合国安理会决议。安倍首相认为，尽快解决绑架问题是有关朝鲜半岛最重要的问题，希望得到波方谅解并在此问题上开展合作，这得到了莫拉维茨基总理的支持。①

2020年2月15日，日本外相茂木敏充访问德国慕尼黑，出席第56届慕尼黑安全会议，参加了"印度太平洋开放与自由"小组讨论。茂木外相提出改善印太地区三个连接的构想，包括物理性连接、人员连接和制度性连接，并强调其重要性。② 这是一个很新颖的观点，在国际会议场合，日本官员很少提出这样具有创新性和建设性的观点。这说明日本对于"印太构想"下了很大功夫。所谓"物理性连接"应该是一种硬件方面的连接，包括道路交通、航运通信设施等。所谓"制度性连接"应该就是日本通常所说的自由、民主、法治等。所谓"人员连接"，应该是人员多方面的交流。

2020年10月1日，日本外相茂木敏充与德国外长马斯举行视频会议。茂木外相高度评价德国政府的"印太战略指南"，两位外长就两国加强合作达成一致，以实现"印太构想"。③

（二）军事安全方面的合作

2020年2月15日，在德国慕尼黑安全会议期间，日本防相河野太郎与北约秘书长斯图尔滕贝格举行会谈。河野太郎表示，北约是日本"可靠和必不可少的伙伴"，并期待根据《个别伙伴合作计划》（IPCP）在安全领域与日本的合作取得进展。斯图尔滕贝格称，将继续促进日本与北约之间的合作，特别是在网络和海上安全领域，致力于为《个别伙伴合作计划》的下一次修订而努力。河野太郎指出，自2019年以来，日本已派出3名自卫队

---

① 「日・ポーランド首脳会談」、外務省ホームページ、2020年1月21日、https://www.mofa.go.jp/mofaj/erp/c_see/pl/page1_000994.html。
② 「茂木外務大臣の第56回ミュンヘン安全保障会議出席（結果）」、外務省ホームページ、2020年2月15日、https://www.mofa.go.jp/mofaj/fp/nsp/page1_001026.html。
③ 「日独外相テレビ会談」、外務省ホームページ、2020年10月1日、https://www.mofa.go.jp/mofaj/press/release/press1_000455.html。

女军官，作为"妇女、和平与安全"领域人文交流的一部分，今后将在这一领域继续加强合作。双方还就印太地区安全局势交换了意见。① 这些年来日本大力推进同北约的防务合作，甚至试图把北约力量引入东亚和东北亚地区，让北约和中国、朝鲜、俄罗斯等国家形成直接对抗态势，从而增强日美在亚太地区的力量。

在参加慕尼黑安全会议期间，河野太郎还同一些欧洲国家的防长举行双边会晤和交流。2020年2月15日，河野太郎与乌克兰防长佐罗德纽克举行会谈。这是两国之间第一次国防部长级会议，河野太郎表示日本一贯尊重乌克兰主权和领土完整，反对以武力改变现状，日本永远不会接受这种尝试。佐罗德纽克表示，将进一步促进两国的国防合作与交流。双方确认了两国防卫合作的重要性，并同意根据2018年签署的《防卫合作与交流备忘录》开展各种类型的防务合作。河野太郎表示，将通过各种对话加深双方在国防与安全领域的合作。② 日本的这种表态不仅是为了扩大和增强同乌克兰的合作、支持乌克兰的领土诉求，也是为了在国际上对俄罗斯进行牵制，这样有利于日本同俄罗斯解决两国领土争端，使"北方四岛"（俄罗斯称"南千岛群岛"）保持被日本收回的可能性。

2020年2月15日，河野太郎与法国防长帕里会晤。河野太郎对2019年11月在麦纳麦对话期间举行的日法防长会议后的再次重逢表示欢迎。帕里也对此表示欢迎，并表示希望在2020年继续为法日防务合作做出贡献。两位防长对两国防务合作取得的进展表示欢迎，并提出将密切配合，共同出席在东京举行的两国外长防长"2+2"会议。双方还表示继续作为伙伴开展合作，以实现"印太构想"。③

2020年2月15日，河野太郎与德国防长卡伦鲍尔举行会谈。双方希望进一步促进日德防务合作，在促进安全与国防领域合作的同时，为实现"印太构想"开展合作。河野太郎对德国联邦陆军参谋团乐队作为嘉

---

① 「河野大臣によるNATO事務総長との会談（概要）」、防務省ホームページ、2020年2月15日、https://www.mod.go.jp/j/approach/exchange/area/euro/nato/docs/20200215_j-nat_gaiyo.pdf。
② 「日ウクライナ防衛相会談（概要）」、防務省ホームページ、2020年2月15日、https://www.mod.go.jp/j/approach/exchange/area/euro/ukraine/docs/20200215_j-ukra-gaiyo.pdf。
③ 「日仏防衛相会談（概要）」、防務省ホームページ、2020年2月15日、https://www.mod.go.jp/j/approach/exchange/area/euro/france/docs/20200215_j-fra_gaiyo.pdf。

宾参加2019年11月底举行的SDF音乐节表示赞赏,并表示希望抓住机会继续促进双方在音乐领域的进一步交流。两位防长还就印太地区安全局势交换了意见。①

2020年5月12日,日本外相茂木敏充与法国外长勒德里昂举行电话会议。法国外长表示,希望通过举行法日外长防长"2+2"会议加强两国在印太地区等广泛领域的合作。

2020年6月12日,日本自卫队统合幕僚长山崎幸二与欧盟军事委员会主席克劳迪奥·格拉齐亚诺举行电话会议。双方交流了参与防控新冠病毒扩散的有关情况,并就国际安全环境交换了意见,指出日欧防务合作与交流的重要性。双方承诺,在共同安全问题上将加强合作,维护国际社会及地区的和平与稳定。②

2020年7月2日,日本自卫队统合幕僚长山崎幸二与法国军队总参谋长弗朗索瓦·勒库安特举行视频会议。双方就国际安全环境交换了意见,日方明确了与法国开展国防合作及交流的重要性,双方同意在共同面对的问题上加强合作以维护国际和地区稳定。双方还围绕防控新冠病毒扩散相关情况交换了意见。③

2020年7月6日,日本自卫队统合幕僚长山崎幸二与英国国防参谋长尼克·卡特爵士举行视频会议。双方就安全环境交换了意见,在明确日英国防合作与交流重要性的同时,表示为了维护国际和地区稳定,在需要两国共同面对的问题上加强合作。④

(三)军队、军工研发层面的合作与演练

2020年6月12日,日本海上自卫队舰船与欧盟海军(西班牙海军舰船)在亚丁湾以西的三处海域举行联合反海盗演习,旨在提高日本海上自

---

① 「日独防衛相会談(概要)」、防務省ホームページ、2020年2月15日、https://www.mod.go.jp/j/approach/exchange/area/euro/germany/docs/20200215_j-ger_gaiyo.pdf。
② 海上幕僚監部「EU軍事委員長との電話会談について」、防衛省ホームページ、2020年6月12日、https://www.mod.go.jp/js/Press/press2020/press_pdf/p20200612_04.pdf。
③ 海上幕僚監部「フランス軍統合参謀総長とのテレビ会談について」、防衛省ホームページ、2020年7月2日、https://www.mod.go.jp/js/Press/press2020/press_pdf/p20200702_07.pdf。
④ 「イギリス国防参謀長とのテレビ会談について」、防衛省ホームページ、2020年7月6日、https://www.mod.go.jp/js/Press/press2020/press_pdf/p20200706_01.pdf。

卫队的反海盗能力，并加强在打击海盗方面的国际合作。双方共出动了 4 艘舰艇，演练科目包括战术机动、摄影、远距离训练、枪械射击、跨甲板互操作等。①

2020 年 7 月 16～17 日，日本海上自卫队与西班牙海军和韩国海军在亚丁湾地区举行联合反海盗训练。三国各派一艘舰船参加演练，日本海上自卫队派出驱逐舰"热海"号，西班牙海军派出护卫舰"圣玛丽亚"号，韩国海军派出驱逐舰"大祚荣"号，主要训练科目包括近距离运动、摄影、防水射击、小船近距离训练等项目。②

除了这些演练以外，在日本防卫省防卫装备厅指导下，日本一些大型军工企业和英法两国保持军工技术研发领域的合作。例如，日本防卫省 2020 年上半年立项的第 5 代隐形战机的研发和生产主要依赖于与英国军工企业的合作。2020 年 4 月 1 日，日本防卫省防卫装备厅正式设立专门管理下一代战斗机设计和合作事务的团队，开启了由日本主导的 F-2 战斗机后继机型的开发工作。该团队由一名军衔为空将补（相当于少将）的"装备开发官"牵头，由航空自卫官和技术官员约 30 人组成。日本还计划在 2020 年底之前确定下一代战斗机与美英合作方式的最终框架。③

2020 年 7 月，日本富士通等公司决定同英国合作联合开发 5G 技术和产品。日本电气公司（NEC）与日本电信电话公司（NTT）正瞄准美国和英国的市场，NEC 定下的市场目标是到 2030 年将其在全球基站市场的份额从目前的 0.7% 提高到 20%。④ 5G 属于军民通用的技术和产品，日本同英国的 5G 合作也包括军事领域。

2021 年 2 月 19 日，日本海上自卫队与西班牙海军举行联合反海盗培训，日本派遣反海盗行动水面中队与护卫舰和西班牙海军一起实施反海盗行动，以加强海上自卫队的反海盗能力和反海盗相关合作。演习地点位于阿拉

---

① 「EU 海上部隊との海賊対処共同訓練の実施について」、防衛省ホームページ、2020 年 6 月 15 日，https：//www.mod.go.jp/js/Press/press2020/press_pdf/p20200615_01.pdf。
② 「EU 海上部隊及び韓国海軍との海賊対処共同訓練の実施について」、防衛省ホームページ、2020 年 7 月 20 日，https：//www.mod.go.jp/js/Press/press2020/press_pdf/p20200720_01.pdf。
③ 「次期戦闘機、開発本格着手　防衛装備庁に専属チーム」、時事通信社ホームページ、2020 年 3 月 31 日，https：//www.jiji.com/jc/article?k=2020033100910&g=soc。
④ 艾斯：《NEC：华为困境为日本厂商重返全球电信设备市场带来机会》，C114 通信网，2020 年 7 月 2 日，http：//www.c114.com.cn/news/116/a1130026.html。

伯海北部的西部水域，日本派遣3艘海上自卫队护卫舰，西班牙海军派遣登陆舰"CASTILLA"参加。① 2021年3月17~18日，日本海上自卫队与法国海军、比利时海军举行联合军事训练，目的是提高海上自卫队的战术技能，加强与法国海军和比利时海军的合作。训练区域为亚丁湾，海上自卫队派遣护卫舰"有明"号，法国海军出动了航空母舰"戴高乐"号、驱逐舰"普罗旺斯"号、补给船"Var"号，比利时海军派遣护卫舰"利奥波德一世"号参加，演练科目涉及各种战术。② 2021年3月19~20日，日本海上自卫队同美国海军、法国海军、比利时海军举行联合海上训练。地点是阿拉伯海，目的是提高日本海上自卫队的战术技能，加强与美国海军、法国海军和比利时海军的合作。参加演练的舰艇包括日本海上自卫队护卫舰"有明"号，美国海军的巡洋舰"皇家港口"号、两栖攻击舰"马金岛"号，法国海军的航母"戴高乐"号、驱逐舰"普罗旺斯"号和"骑士保罗"号，以及比利时海军护卫舰"利奥波德一世"号。训练项目覆盖多种战术，同时为防范新冠病毒采取了特别防护措施。③

综上，日本与欧洲国家的安全战略与外交，除了重视"共同价值观"以外，还重视与日本战略安全相关的印太战略地区。在某种程度上，这意味着日本意图联合欧洲国家，共同维护日本和发达国家在印太地区的共同安全、利益，在精神层面开展战略和外交上的衔接与合作。此外，日本频繁地与其他国家举行军事联合演练。这种演练既是安全战略和军事外交务实合作的一种安排，可以增进彼此武装部队的交往、联合与熟悉，也反映出日本已经越来越频繁地走向实战演练，其目的在于，一旦印太地区或者全球其他地区发生战争，日本就可以与欧洲国家海军及其他曾经举行过联合演练的武装部队进行联合作战。这是日本政府安全与军事战略具有深远意义的考虑和安排。尽管这种演练未明确指向任何一个国家，主要是反海盗、救灾、各种技战术训练，但从日本政府战略构想将中国视为潜在敌人与现实竞争对手来

---

① 「EU海上部隊との海賊対処共同訓練の実施について」、統合幕僚監部ホームページ、2021年2月22日、https://www.mod.go.jp/js/Press/press2021/press_pdf/p20210222_02.pdf。
② 「日仏ベルギー共同訓練及び日米仏ベルギー共同訓練について」、海上自衛隊ホームページ、2021年3月21日、https://www.mod.go.jp/msdf/release/202103/20210321-1.pdf。
③ 「日仏ベルギー共同訓練及び日米仏ベルギー共同訓練について」、海上自衛隊ホームページ、2021年3月21日、https://www.mod.go.jp/msdf/release/202103/20210321-1.pdf。

看，这种大战略针对中国的意图比较明显，从中也反映出日本安全和军事战略的针对性。

三 促进与欧洲国家的经济合作

经济合作有助于增强国家的经济利益，有助于加强国力的经济基础，没有经济的发展和经济实力的充实，任何国家的国际地位都难以长久巩固。因此，经济实力的消长是一个国家国际地位消长的重要基础和前提。日本十分看重同欧洲国家的经济合作，主要将同欧盟的合作作为同欧洲经济合作的主导框架。日本与欧盟在商业、科技、开发援助等领域构建了各种合作机制。1999年，日欧商务圆桌会议开启，由日本和欧盟每年轮流举办，召集双方企业界人士，就加强日欧经济关系提出建言，到2019年已举办21届。2009年，日本与欧盟签订科学技术合作协定，建立日欧科学技术合作联合委员会，每两年举行一次会议，近年来的重点是探讨信息通信技术、量子技术、人工智能、健康老龄化、太阳能电池、卫星情报等，并共同提供资金，促进研究人员的交流和研发合作。①

近年来，日本与欧盟的经济合作外交取得重大成效，尤其是2019年2月1日"日欧经济伙伴关系协定"（Japan - EU Economic Partnership Agreement，以下简称"日欧EPA"）生效。日欧EPA是迄今世界上规模最大的已经生效的双边自由贸易区架构，占全球约三成的经济总量和约四成的贸易额。该协定于2013年启动谈判，2017年7月达成框架协议，2018年7月日欧双方领导人正式签署协定。2018年12月8日和20日，日本参议院和欧盟部长理事会先后批准该协定。日欧EPA使双方货物贸易自由化率达到94%以上，欧盟最终对日本开放市场的99%，日本最终对欧盟开放市场的94%，这一规定明显对日本有利。因为欧盟国家主要向日本出口葡萄酒、奶酪、牛肉等农副产品，而日本对欧盟国家主要出口汽车、电器、电子零部件等工业产品。相比之下，日本企业能够获得的利润更高。这项协定极大地打开了日本同欧洲国家的市场，进一步拓展了日欧之间的经济合作关系。2020年，日本和欧洲国家的经济合作进一步拓展。

---

① 李清如：《日本强化与中东欧经贸关系的动因、布局及影响》，《日本学刊》2021年第1期。

2020年1月21日，安倍首相与波兰总理莫拉维茨基举行会谈。安倍表示，波兰在欧盟经济强劲增长中变得越来越重要，希望促进日美欧合作、"V4①+日本"合作，并将根据访问成果着手制订下一个行动计划。莫拉维茨基表示："日本与波兰的战略伙伴关系很重要，而且两国在各个领域的关系正在加深。我们是亲欧、亲美和亲日的国家，波兰希望与日本合作解决各种问题，加强政治关系。V4的重要性正在增强，我们希望加强V4与日本的合作。"关于经济领域合作的具体事务，安倍首相表示："在2019年4月的会议上，我们确认了扩大经济合作。我们欢迎扩大新投资和通过经济研讨会取得合作进展。我认为您已经意识到开展新业务的可能性，希望我们在清洁煤、氢、核能等能源领域推进合作。我们还欢迎就波兰新中央机场项目合作进行讨论。"莫拉维茨基回应称："这次，我能够与日本讨论能源合作，并与各方以及在波兰的日本公司讨论基础设施领域的合作，希望通过与日本的合作，减少我国对煤炭的依赖。在核电的利用上，也期待日本进行新的投资和扩大投资。"此外，两国就海事资格问题签署谅解备忘录，还就非正式磋商达成一致，以缔结社会保障协定，进一步促进双方经济和人文交流。②

2020年5月26日，安倍首相在与欧盟领导人的视频会议上表示，在新冠肺炎疫情突袭而至之后，必须更有效地利用日欧EPA以及"日欧战略伙伴关系协定"（日欧SPA），以推动双边经济复苏，加强双方在高水平基础设施建设和解决全球问题方面的合作。欧盟方面指出，在日欧EPA以及日欧SPA基础上，双边关系变得更为密切，希望双方进一步深化在绿色协议和数字化等广泛领域的合作。③双方强调既要恢复经济强劲增长，也要遵守《巴

---

① V4（Visegrád Group）指维谢格拉德集团（或称维谢格拉德集团四国），这是由中东欧四国组成的一个地区合作组织。匈牙利、波兰和捷克斯洛伐克三国为加强合作，于1991年2月15日在匈牙利的维谢格拉德城堡举行会议，三国总统和总理决定取消与华约和经互会组织方面的合作，在建立多党议会制和向市场经济过渡方面交流经验，在加入欧共体方面协调行动，就此成立区域合作组织。1992年12月捷克和斯洛伐克分别独立后，该集团成员国由三个变为四个。从1991年开始，日本就同该集团国家建立了合作关系。

② 「日・ポーランド首脳会談」、外務省ホームページ、2020年1月21日、https://www.mofa.go.jp/mofaj/erp/c_see/pl/page1_000994.html。

③ 「日EU首脳テレビ会議の開催」、外務省ホームページ、2020年5月26日、https://www.mofa.go.jp/mofaj/erp/ep/page4_005157.html。

黎协定》和《2030 年可持续发展议程》①，绿色转型、数字转型、循环经济等都应成为经济复苏战略的一部分。

2019 年 2 月 1 日，日欧 EPA 生效，欧盟和日本自由贸易区建立，这对双方而言都是显著的经济合作成就。但是，随着英国退出欧盟成为事实，英国已不在欧盟自由贸易区之内，日本必须重新与英国开展自由贸易谈判，达成两国间的经济伙伴关系协定。2020 年 6 月 10 日，日本与英国就 EPA 展开第一次谈判。6 月 24 日，日本和英国的 EPA 首席谈判代表以视频会议方式举行第二次谈判，就两国关系和国际形势进行了广泛的交流与讨论，并决定加快双边 EPA 建设。日本的基本考虑是尽快与英国达成经济伙伴关系协定，扩大日本同欧洲国家自由贸易的基础，拓展日本经济活动空间；否则作为欧盟重要大国的英国退出欧盟后，日本同欧盟达成的 EPA 不适用于英国，日本就会出现重大缺失。

2021 年 2 月 1 日，在日欧联合委员会第二次会议上，双方就日欧双边经济议题进行了讨论，以确保日欧 EPA 正常有效运行。其中，两位共同主席对附件 14 - A 和 14 - B 进行了修订，增加了 28 个受该协定保护的地理标志（GI）。附录 2 - C - 1 和 2 - C - 2 则主要考虑该协议生效后联合国关于汽车和零部件的规则的适用。此外，两位共同主席就欧盟和日本未来在国际社会面临的各种问题上的合作交换了意见，如有关绿色经济、数字领域和世贸组织改革的措施。此外，双方同意举行初步磋商，以重新评估有没有必要在日欧 EPA 中纳入有关数据自由流动的规定。日欧双方希望保持密切合作，进一步深化日欧经济关系，确保日本企业在欧洲经济活动的顺利持续，包括最大限度地减少英国"脱欧"的影响。②

日本历来重视与欧洲的经济合作。这是因为欧洲不仅拥有巨大的市场，而且是日本从骨子里向往的文化圣地和资本主义先进发达的象征，是经济实力、军事实力和高品位文化繁荣的典范。在明治维新时代，日本的政治制度基本上模仿英国而构建，军事制度则模仿德国构建，外交方面也模仿欧洲国家的礼仪规范。二战以后，对日本而言，欧盟大市场仅次于美国，日本不能

---

① 《欧盟和日本领导人强调国际合作抗疫》，中国新闻网，2020 年 5 月 27 日，http://www.chinanews.com/gj/2020/05 - 27/9195764.shtml。
② 「日 EU・EPA 合同委員会第 2 回会合の開催（結果）」、外務省ホームページ、2021 年 2 月 1 日、https://www.mofa.go.jp/mofaj/press/release/press3_000415.html。

忽视，这一认知的影响持续到当下。因此，趁特朗普政府同欧盟相互制裁，安倍政府同欧盟达成了经济伙伴关系协定。疫情期间，日本更侧重于进一步落实和完善这一协定，以充实日欧之间的经济交往基础和加强市场的相互开放，解决在相互开放市场过程中遇到的问题。总之，在与欧洲的交往中，日本既重视欧盟主流国家，即西欧的老欧盟国家，也重视新加入欧盟的东欧国家，尤其重视像波兰这样的东欧大国。另外，在英国退出欧盟之后，日本作为欧洲的域外国家，首先与英国达成经济伙伴关系协定。这些措施有助于日本在经济上保持同欧洲国家全方位、在全部领域和地区的密切交往。稳固了同欧洲的经济交往基础，就等于扩大了日本在全球经济中的地域范围，形成了经济交往的掎角之势，夯实了日本经济的海外基础。

四　日本对欧洲国家外交的性质、特点和影响

总结新冠肺炎疫情期间安倍政府对欧洲国家的外交，对于我们认识安倍政府的外交政策具有较大参考价值。

（一）性质

从明治维新开始，日本就十分重视欧洲，重视向欧洲学习先进文化和技术。第二次世界大战以后，尽管日本的学习目标主要转向美国，但仍然对欧洲高看一眼。正是这种谦逊、低调的风格，使日本与欧洲的外交关系一直保持较好状态。日本对欧洲外交，以自由、民主、人权、法治的价值观为旗帜，从全球视野和战略高度，同欧洲许多国家结成战略伙伴，平等开展互利合作，谋求双边关系发展，促进地区和全球稳定、繁荣。

日本对欧洲外交包括三个层次。第一，以双边关系带动同欧洲整个地区的关系发展。在同欧洲国家的双边关系中，日本尤其重视德国、法国、英国、意大利、西班牙等欧洲大国。因为大国不仅拥有和日本对等的强大实力，在欧盟和北约中也有巨大的影响力，能够带动日本同欧盟的经济、政治合作，带动日本同北约的军事合作，有以一带多、以点带面的辐射效果。第二，日本特别重视同欧盟发展关系，因为推进同欧盟关系并加深合作能够取得事半功倍的效果。一旦同欧盟达成合作，在英国没有退出欧盟以前，就意味着同28个国家达成了合作；在英国退出欧盟以后，也意味

着同欧盟27个国家达成了合作,因此合作效果十分明显。第三,日本对欧洲外交十分重视西欧大国,这有其合理之处,因为欧盟是以西欧大国为主导而起家的,同西欧大国加强关系,能够在欧盟内部产生强大的辐射作用,带动其他欧盟国家与日本关系的发展。同时,日本注重对欧洲国家外交的平衡。由此可见,日本对欧外交以增进本国利益为准绳,重视东西平衡、南北兼顾,既突出重点地区和国家,也重视相对弱势地区和国家。

(二)特点

安倍政府对以欧盟国家为主的欧洲国家外交有自身特点,其中既有纵向的继承部分、横向的借鉴部分,也有新冠肺炎疫情给大时代带来的共性。总的来说,安倍政府对欧洲外交体现了日本政府的外交特色,即集中于对欧洲国家这一具有特色的地域方向上。安倍政府对欧洲国家外交的特色,既包含疫情期间的外交特点,也包含地域国别特点,还包含大小国家差别,以及为了本国战略安全而提高本国军事力量等。

第一,在新冠肺炎疫情期间,安倍政府对欧洲国家外交侧重于推进防疫合作,主要表现为介绍本国防疫措施和治疗情况,阐述日本的基本防治政策,同时了解对方国家的新冠肺炎防治情况,重视吸取对方国家的长项,寻找双方的契合点,努力促进合作。同时,呼吁国际社会就防控新冠肺炎疫情开展全面合作,包括疫苗研发合作、新冠病毒防治药物研发合作和临床试验合作等。这些政策反映出在新冠肺炎疫情全球大暴发、大传播时期外交的一个显著特点,即将主要外交活动与防治新冠肺炎疫情联系到一起。日本防卫省和自卫队开展军事外交、安全外交时,也与对方国家的军事安全部门交流各自军队内部防疫情况。因此,防疫交流与合作是这个时期日本对欧洲国家外交的一个显著特点。

第二,日本对欧洲国家外交在绝大多数情况下强调价值观的契合,在价值观契合的基础之上建立战略伙伴关系。2018年7月17日,日欧双方签署了日欧EPA,其中规定按照国际和平、正义原则和国际法促进和平解决冲突,共同促进和谐与稳定,保障人权和基本自由、法治、民主等。[①] 这等于

---

① 『日本国と欧州連合及び欧州連合構成国との間の戦略的パートナーシップ協定』、外務省ホームページ、2018年7月17日、https://www.mofa.go.jp/mofaj/files/000381941.pdf。

日本和欧盟每一个成员国都属于战略伙伴关系，而且拥有"共同价值观"。2020年，在疫情期间，日本对欧洲国家外交强调"共同价值观"也是一个重要特点，日本希冀以此来拉近同欧洲国家之间的距离。

第三，疫情期间，日本对欧洲国家外交既重视政治安全外交，又重视经济外交，同时推动文化交流和民间交流以及在军事领域的务实交流与合作。在经济合作方面，日本特别重视同东欧国家开展经济合作，这样可以充分发挥日本的技术优势，促进日本环保节能技术向东欧国家市场拓展，也有利于调节和平衡日本与东西欧国家之间的关系。

第四，日欧军事安全外交和基层国防联合演习已经成为常态，应该是除美国与亚太地区国家以外，军事安全外交和军队基层演练最频密的地区和国家。日本意图通过和欧盟国家拉近安全保障关系进一步加强同北约的合作，特别重视同英、法、德等西欧大国开展国防合作，以便吸收和分享它们先进的军事技术，弥补日本国防技术和国防装备方面的短板。

第五，日本对欧洲国家外交尤其重视寻求欧洲国家在印度洋地区、亚太地区和东亚地区问题上对日本的支持，以便突出日本作为地区大国的世界地位。无论是朝鲜半岛问题，还是东海、南海问题，以及印度太平洋战略范围内的安全问题，日本都再三寻求欧洲国家对日本立场和政策的支持。绝大多数情况下，日本能够和欧洲国家在这些问题上基本达成立场一致。这说明"共同价值观"和地缘政治在发挥双重作用。很多地区问题与价值观、立场有着难解难分的关系。同时，在地缘政治方面，欧洲国家远离东亚、印太地区，与日本直接发生地缘政治和安全冲突的可能性不大，所以容易形成相互支持的格局。

日本方面公开支持乌克兰在领土问题上的立场，显然主要基于价值观的考虑，而非完全出于地缘政治的要求。支持乌克兰在克里米亚问题上的立场意味着直接得罪俄罗斯，日本本不会轻易与俄罗斯对立，再加上日俄两国之间存在领土纠纷，日本更多地采用软实力手段与俄罗斯周旋。日本公开支持乌克兰可能是因为日本同俄罗斯存在"北方领土"问题，日本出于对乌克兰处境的共鸣而采取这样的立场。

第六，疫情期间，安倍政府对欧洲外交明显侧重于欧洲大国，尤其侧重于英、法、德三国，因为这三个国家是欧洲政治的核心，不仅自身拥有强大实力，对欧洲政治和国际关系、安全也具有强大的辐射力。日本也重视波兰、意大利、荷兰、西班牙等国家，因为这些国家在欧洲地缘政治中也有重要影响，是欧洲范围内的大国。比如，波兰是东欧的大国，近些年波兰的经济增长在欧盟国家中已属翘楚，同时处于针对俄罗斯的前哨地带，对整个中东欧安全具有重要的平衡作用；意大利属于南欧大国，有悠久的历史和文化，并且在一些工业科技领域具有相当的实力；荷兰尽管面积不大、人口不多，但是贸易力量非常强大，在高科技力量方面尤其突出，芯片研发、制造力量居世界前列；西班牙属于欧洲的后起大国。除与大国加强合作外，日本还格外重视欧盟的统领角色，一直把欧盟作为同欧洲国家开展外交的核心，大力推进同欧盟的经济合作、战略合作、人文合作，并取得了巨大的成效。

第七，疫情期间，安倍政府外交依然保持二战后日本外交的传统，低调务实，重视踏实增进本国利益，并围绕本国利益实施战略政策，虽然并不急于求成，但每步推进都显得脚踏实地，以小的积累不断获得中等成就，以中等成就的积累不断获得较大的成功。这是安倍执政时期日本外交的一个重要特点，也是疫情期间日本外交的一个特点。继日欧 EPA 之后，日本正在推动欧盟国家批准日本同欧盟签署的战略伙伴关系协定，其中包括政治、经济、安全等 50 多个领域，一旦所有欧盟成员国批准，将大大推进日本同欧盟的战略合作。

（三）影响

2020 年，新冠肺炎疫情期间，安倍政府对欧洲外交虽然没有产生突出、轰动性的效果，但日常外交形成效果积累，为日本拓展世界外交局面、进一步扩大和加深同欧洲国家的关系、提高日本国际地位奠定了良好的基础。

第一，日本的温和防疫政策发挥了良好的效果，提高了日本外交影响力。疫情期间，日本对欧洲外交侧重于疫情防治，应该说发挥了日本的长项。因为在疫情防控方面，日本不仅明显好于美国，也普遍好于欧洲国家。这可以看作安倍政府在疫情防治上采取了比较适合本国的政策。所以，在日本开展防疫外交过程中，日本的防疫政策得到了普遍好评，提高了日本国家声望与国民形象。但是，由于 2020 年 6 月底紧急状态解除以后，日本又出现感染患者迅速增加的态势，之前长期保持的抗疫优良成绩被冲淡。2020 年 12 月，日本的疫情感染大规模增加。2021 年 1 月 7 日，菅义伟政府不得不宣布再次实施紧急状态令。3 月 21 日，日本政府宣布解除首都圈四都县紧急状态，大规模活动参加人数的上限从最多5000人放宽至最多1万人。实际上，日本国内一些民众并不认为安倍晋三及其继任者菅义伟首相在疫情防控问题上做得好，他们对两任首相的防疫政策多有不满。如果说日本的防疫工作还算有成效，更主要是因为日本国民素质比较高、自律性比较强，自觉戴口罩和自觉进行隔离，所以日本的传染规模和西方大国相比较小。

第二，新冠肺炎疫情促使日本改变对欧洲国家的外交手段，促进了日本外交手段的多样化。疫情并没有完全阻碍日本对欧洲国家外交，电话外交、视频外交等手段使日本同欧洲国家的外交往来得到加强，弥补了实际接触外交不足造成的政策缺失与短板。当然，在没有疫情的时候，电话外交、视频外交也曾经使用，但国家领导人更相信直接接触和亲身经历，所以这些外交手段并不常用。疫情下，日本领导人不得不利用新型通信手段，更多地开展电话外交和视频外交。视频外交有自身的特点，包括使用简单快捷、沟通迅速，较之电话外交具有很多优势。尽管领导人和领导人不是直接面对面接触，但能够观察到对方的一举一动，因此仍然具有身临其境、直接接触的感觉。在疫情过后，视频外交这种外交模式可能因日本领导人的习惯而成为重要的外交手段，发挥有效的沟通作用。

第三，疫情期间，日本对欧洲外交成为日欧关系量的积累的一部分，进一步巩固了日欧关系的基础。日本和欧洲国家对彼此的评价一直都比较高，2020年疫情期间的外交往来促进了日欧相互之间的进一步了解，政治和安全信任进一步加强，经济合作进一步拓展，军事合作更加紧密。所以，这是日欧关系量的积累的一个过程。

第四，疫情期间，日本对欧洲外交使日本赢得更多欧洲国家的支持，无形中进一步提高了日本的影响力。在朝鲜半岛问题、东海问题以及南海问题上，日本长期是呼声和调门比较高的国家。疫情期间，日本对欧洲外交也不例外，侧重于在这三个方向和相关问题上发力，争取欧洲国家的支持，以提升其作为地区大国和世界大国的影响力。

第五，尽管日本购买了大量美国第5代战机F-35A和F-35B，但也坚定了自身成为第5代战机研发大国的战略考虑。疫情期间，日本与英国达成共同研发第5代隐形战机的关键性协议，这对日本补足空中军事装备和军事技术短板将发挥重大的推动作用。同时，日本第5代隐形战机一旦开发成功，也将有助于其提高国防力量，支撑其作为地区大国和世界性大国的地位，还将对日本从整体上提高本国军工研发力量产生长远的影响，使日本有能力跻身世界军事强国之列，对世界军品市场格局产生长远影响。

第六，日本对欧洲国家低调的外交风格，非但没有损害日本在外交上的收益，反而由于其彬彬有礼、谦逊务实的外交风范，让对方国家更容易接受，进而对其外交战略目标产生深远务实的推动作用。这些年来，日本对欧洲外交所取得的成就都是通过潜移默化的外交运作日积月累实现的。

综上，日本借助对欧洲国家的外交，彰显了本国的价值观理念，在政治、经济、安全方面，以构筑平等的战略伙伴关系为目标，扩大了地区和世界影响力，提升了自身国家地位，在经济上拓展了欧洲市场，获得了重大经济利益，促进了民间文化交流，使双方形成了更加紧密、相互依存的伙伴关系。同时，为欧洲大国、欧盟和北约介入东亚乃至东北亚地区的事务，搭建了桥梁，提供了支撑，形成了日欧相互依存、双赢的伙伴关系。

（审校：陈梦莉）

• 经济与社会史 •

"亚洲共同体"何以可能：
中日青年对"亚洲"的
社会心理认知[*]

翟一达[**]

内容提要：当前，全球化和欧洲一体化受挫，为人们重新思考"亚洲共同体"提供了契机。作为一个"想象"的客体，"亚洲"概念长期是学界关注和讨论的重要问题，特别是人文学者对"亚洲"概念的发生学进行了深入反思。理解中国和日本的思想家在19～20世纪对"亚洲"的思考或对"亚洲主义"的阐释固然有意义，实践中民众对"亚洲"概念的理解和主体性认知同样值得关注。本文以社会学为研究视角，采用混合研究设计的方法，结合问卷调查数据和深入访谈的一手材料，分析当代中日两国青年对"亚洲"概念的社会心理认知，从"亚洲"的意象、"亚洲共同体"形成的基础以及"亚洲认同"等层次，比较中日青年"亚洲观"的异同，指出以"亚洲-西方"对立为基础的旧亚洲主义无法真正促成地区的和平与发展，并提出发展新亚洲主义的必要性。

关 键 词：实践社会学 亚洲主义 社会认知 亚洲认同

二战后亚洲国家普遍经历了快速发展时期，创造出"亚洲经济增长奇迹"，人民生活水平普遍提高，区域内合作的增强和区域性组织的成立使人

---

[*] 本文初稿曾由作者在中国社会学会中日社会学专业委员会年会上做过报告，感谢与会同仁的评论。《日本文论》编辑部和评审专家亦对本文提出了具体的修改意见，在此一并致谢。
[**] 翟一达，哲学博士，上海交通大学国际与公共事务学院副教授，主要研究方向为东亚比较政治与社会研究。

们对亚洲的发展抱有期待。亚洲不仅有日本主导的亚洲开发银行和新近由中国倡导成立的亚洲基础设施投资银行这样的金融发展组织，还存在东南亚国家联盟（ASEAN）以及"ASEAN+中国、日本、韩国"等区域合作机制。区域主义的发展为人们创造了超越民族国家疆域的超国家形态的想象空间，"亚洲"这一概念也"自然而然"地频繁出现在媒体、对话和社会活动中，如亚洲哲学、亚洲运动会、博鳌亚洲论坛等。甚至有乐观论者主张亚洲的崛起势不可当，已经成为与北美和欧盟并列的世界第三极，是21世纪全球经济的希望。[①] 对"亚洲"的想象和热情拥抱，不仅仅是当代的现象，事实上早在一个世纪以前，中国和日本的思想家就已经开始探索并各自论述了所谓的"亚洲主义"。[②] 在20世纪民族国家兴起的背景下，中日两国的先贤对"亚洲"的构想超越了他们当时所处的时代。当然，"亚洲主义"也不全是"田园诗歌"，其概念中的构成要素也在发生变化，某些对"亚洲"概念的认识还沦为对侵略的"正当性"辩护，甚至导致了血腥的历史。[③]

21世纪的今天，当我们重提"亚洲"概念时，当"亚洲"被作为一个语义概念来建构我们观念中的世界时，现实中作为"客体"的亚洲却变得模糊了。"亚洲"被不假思索地接受为一个既定的、业已存在的事实，因而掩盖了诸多问题。其实，"亚洲"一词一直语焉不详。[④] "亚洲"是一个地域的概念，还是一个文化的概念？[⑤] "亚洲"具有何种意象？"亚洲"又是

---

① 参见〔美〕约翰·奈斯比特《亚洲大趋势》，蔚文译，外文出版社，1996；盛邦和《近代以来中日亚洲观简论——"亚洲一体化"的思想追溯》，《国际观察》2005年第4期；小倉和夫「『アジア』の過去、現在、未来」、『Economic Review』第8卷第1号、2004、107-110頁。

② 参见盛邦和《近代以来中日亚洲观简论——"亚洲一体化"的思想追溯》，《国际观察》2005年第4期；孙江《近代中国的"亚洲主义"话语》，《上海师范大学学报》（哲学社会科学版）2004年第3期；章立明《亚洲共同体概念的回溯与展望》，《学术界》2017年第7期；嵯峨隆「初期アジア主義の政治史的考察—日本と中国の間—」、『中国研究論叢』第6卷、2006、5-41頁；嵯峨隆「1930年代における日中アジア主義の諸相」、『国際関係・比較文化研究』第13号、2014、1-18頁。

③ 参见刘峰《"九一八"事变后日本"亚洲主义"意识形态的政策化》，《史学集刊》2020年第1期；徐静波《亚洲主义思维与现今的东亚共同体建设》，《深圳大学学报》（人文社会科学版）2008年第1期；平石直昭「近代日本の国際秩序観と『アジア主義』」、東京大学社会科学研究所編『20世紀システム1　理想と形成』、東京大学出版会、1998；渡辺良智「日本人のアジア認識」、『青山学院女子短期大学総合文化研究所年報』第14卷、2006、33-54頁。

④ 孙歌：《亚洲意味着什么？——读〈在亚洲思考〉》，《读书》1996年第5期。

⑤ 国分良成「アジアという枠に意味はあるのか」、『朝日新聞』2007年4月26日。

相对于什么的存在？诸多问题依然没有得到解答。面对"亚洲区域一体化"或"亚洲共同体"的热烈讨论，一些基于社会学调查的研究也冷静地指出，"亚洲"作为一个整体，尚未在人们日常生活中扎根，在该区域生活的人们还未设想出实现"亚洲一体化"的道路。① 中国和日本都是亚洲的主要国家，两国间的关系"既近又远"，对"亚洲"区域共同体的形成发挥着重要的影响。在历史上，对"亚洲"概念的认知——纽带和团结（"连带论"）或盟主与霸权的确立（"霸权论"）②——不仅作为一种社会思想而存在，也成为政治实践，曾主导一国的外交政策，影响了历史的走向。③ 对"亚洲"的认识是中国和日本民族国家建构中的核心问题④，中国和日本对"亚洲"概念的认识和各自的定位将会影响两国关系与地区的稳定及发展。"亚洲共同体"建设的基础是民众，尤其是两国的年青一代，可谓决定未来发展的主要力量。因此，不同于人文研究专注于对两国思想家"亚洲主义"的论述，本文将从社会学的角度探索中日青年对"亚洲"的社会心理认知以及亚洲区域一体化实现的可能途径。

一　"亚洲"认知的主体性与实践性

关于"亚洲"概念的发生学，人文学者已有深入的研究，这些分析可以归纳为沿着两条并行不悖的逻辑主线展开。第一，将"亚洲"的概念和对亚洲的认识置于"亚洲－西方"的对立关系之中。"亚洲"概念的形成伴随欧洲殖民主义在世界范围内的扩张⑤，是欧洲或者说"西方"构建世界空

---

① 園田茂人「アジアはアジアの夢を見るか？」、SYNODOS、2015 年 5 月 25 日、http://synodos.jp/international/14150。
② 参见姜克實「『連帯』とは何か—アジア主義の理論解析—」、『岡山大学文学部紀要』第60号、2013、118 - 110 頁；和田守「近代日本のアジア認識—連帯論と盟主論について—」、『政治思想研究』第4巻、2004、1 - 16 頁。
③ 参见徐静波《明治时期日本的对华认识和政策的一个倾向——以亚洲主义者荒尾精的言行为中心》，《复旦学报》（社会科学版）2012 年第 1 期；王屏《近代日本的亚细亚主义》，商务印书馆，2004；翟新《第一次世界大战前后日本的大亚洲主义论》，《日本学刊》2010 年第 5 期。
④ 李永晶：《中日两国的东亚认识与东亚共同体构想》，《汕头大学学报》（人文社会科学版）2011 年第 1 期。
⑤ 参见汪晖《现代中国思想的兴起》下卷（第 2 部），生活·读书·新知三联书店，2004，第 1540 页；Hui Wang, "The Idea of Asia and Its Ambiguities", *Journal of Asian Studies*, Vol. 69, No. 4, 2010, pp. 985 - 989。

间认知所创造出来的"近代想象"。① "亚洲"被认为是作为欧洲对立面的意识形态概念,对"亚洲"概念的讨论涉及西方中心论问题。② 第二,将"亚洲"的概念和对亚洲的认识置于对西方盛行的"东方主义"的批判之中。萨义德将"东方学"概括为三重含义:一种学术研究学科,一种思维方式,以及一种权力话语方式。③ 对"东方主义"的批判意味着将矛头指向与"亚洲"概念相关的权力话语方式,西方处于表述和建构"亚洲"想象的中心,"亚洲"所表现出的思维和话语模式体现了西方的政治话语霸权。④ "东方主义的亚洲想象"将"亚洲"作为与欧洲文明相对应与区别的"他者",既满足了西方世界对异文化的猎奇心态,也巧妙地创造出西方世界更加"优越"和"文明"的认识。这样的"东方主义的亚洲想象",通过对亚裔的歧视、偏见,以及畅销书、电影和其他媒介对"停滞""落后""饥饿""贫困""污浊""混乱""悲惨"等亚洲的描述,继续建构和再生产。⑤

以上两种关于"亚洲"概念的发生学探讨,分别从"亚洲"作为欧洲近代化的参照和"东方主义的亚洲想象"出发,对"亚洲"的概念和认识做了解释,并反思了"使用谁的话语来讨论东方问题",⑥ 有助于深化对这一概念所包含的不平等话语体系的反思。然而,这样的视角从根本上说是结构主义主导的,是静态的。有些研究者一提到"亚洲",言必称"西方殖民主义"⑦,对"西方殖民主义"的批判作为一种学术语言,主导和支配了他们的思考方式。东西对立的思想渗透到生活中的方方面面,人们对"亚洲"的认识到底在多大程度上受到"西方殖民主义"的影响?只有依靠"西方",人们才能认识"亚洲"吗?从布迪厄考察实践中象征客体的运作来看⑧,一味强调亚洲与西方的对立,对反西方殖民主义的过度文化消费也落

---

① 杨念群:《何谓"东亚"?》,《清华大学学报》(哲学社会科学版) 2012 年第 1 期。
② 孙歌:《亚洲意味着什么?》,《台湾社会研究》第 33 期, 1999。
③ 〔美〕萨义德:《东方学》,王宇根译,生活·读书·新知三联书店, 2007。
④ 何文华:《"东方主义"的亚洲想象》,《贵州社会科学》 2011 年第 10 期。
⑤ 渡辺良智「日本人のアジア認識」,『青山学院女子短期大学総合文化研究所年報』第 14 巻、2006、33 – 54 頁。
⑥ 孙歌:《亚洲意味着什么?——读〈在亚洲思考〉》,《读书》 1996 年第 5 期。
⑦ Hui Wang, "The Idea of Asia and Its Ambiguities", *Journal of Asian Studies*, Vol. 69, No. 4, 2010, pp. 985 – 989.
⑧ 〔法〕皮埃尔·布迪厄:《实践感》,蒋梓骅译,译林出版社, 2003。

入了另一个窠臼，即忽略了"亚洲"概念所蕴含的主体性和实践性。①

在探讨"亚洲"概念时，对长期生活在这一区域（亚洲）的人们的主体性和实践性的重视，是出于以下两点考虑。第一，无论是"亚洲－西方"二元对立的逻辑，还是对"东方主义"的批评，其主体都是西方世界。西方世界创造了"亚洲"概念，并支配着关于"亚洲"的认识。而关键的问题应该是，长期居住在这一区域的人们自己如何感知、认识和评价亚洲。亚洲的想象不仅仅是创造"亚洲"概念的西方世界的"特权"，其主体是生活在这一区域的普通民众，西方世界对"亚洲"的界定并不必然排斥他们对"亚洲"概念的构想。想象是一种集体的、社会性的活动，成为"普通人群日常精神活动的一部分"，想象的愿景被注入社会生活之后，将产生强大的足以导致社会变革的运动。② 在这一过程中，怎么能缺少作为主体的当事人呢？无论"亚洲"这一概念如何被"西方"所操控，生活在这一区域的人们有着自己的主体性，自身能够形成对"亚洲"概念的认知。因此，厘清"亚洲"概念、深化对其认识需要增加生活在这一区域的人们的维度，重视该地区的各国民众对"亚洲"概念的建构，将"亚洲"与"西方"纳入同一个研究框架，以期通过"亚洲"概念的"亚洲化"和主体性的建构，真正摆脱由"东方主义"建构起来的权力话语方式。

第二，"亚洲"不是一个"完成时"或停滞的概念，对亚洲的认识在不断地更新和发展，且孕育着无限的新的可能性。象征是特定文化体成员对某个客体所创造的、代表某些非客体自身的符号，布迪厄批评结构主义在揭示象征客体的内在逻辑时，抹去了生产和再生产象征客体的社会条件。③ 这样的社会条件自然包括历史条件。社会学研究社会事实，实践社会学把社会事实看作动态的和流动的，社会事实处于实践的状态之中。④ "亚洲"要成为"社会事实"，不仅不能脱离实践，而且只能在实践中由认知主体不断地建构。"亚洲"概念拥有多重意义，随着时代的发展而改变。⑤ 不同于"结

---

① 翟一达：《亚洲的边界与想象》，《实证社会科学》2018年第2期。
② 〔美〕阿尔君·阿帕杜莱：《消散的现代性：全球化的文化维度》，刘冉译，上海三联书店，2012，第6~8页。
③ 〔法〕皮埃尔·布迪厄：《实践感》，第60页。
④ 孙立平：《迈向实践的社会学》，《江海学刊》2002年第3期。
⑤ 渡辺良智「日本人のアジア認識」、『青山学院女子短期大学総合文化研究所年報』第14卷、2006、33－54頁。

构-静态"的视角,对"亚洲"概念的实践社会学探索呈现出一个在实践中处于动态变化、形式丰富多样的"亚洲"。虽然"东方主义的亚洲想象"具有深远的影响力,但并不意味着它一成不变或将主导未来。实践感的逻辑要求实践不能离开它所涉及的事物,"注重在现时中发现的、表现为客观性的实践功能",排斥返回过去的、无视其存在的时间性原则。① 实践社会学对"亚洲"概念的探索需要基于对其建构的过程,而这个过程又是受制于时间的。

此外,"亚洲"的概念和认知在实践中的发展,对于域内各国的国家关系或居住在该区域的人们的相互认知与互动关系具有重要意义。民众在"亚洲"概念塑造过程中发挥着重要作用。② "亚洲"概念的主体性和实践性归根结底是生活在这一区域的人们自己如何建构"亚洲"的概念,如何发展对"亚洲"的认识,并形成超越地理上的国家疆界和民族国家的心理认同的新的互动形式。③ 本文将从社会学的主体性和实践性的角度探讨"亚洲"概念,分析普通民众对"亚洲"概念的认知。青年是未来发展的希望,人的跨境流动、价值观的代际更替等影响着青年一代对"亚洲"的认识,他们的"亚洲观"在实践中影响着其对区域内国家间关系的理解和人际互动的方式。

无论是地理还是文化的维度,"亚洲"的指向都充满诸多不确定性,而非一个已具备统一性和实在性的客体。亚洲在地理上的划分,通常包括东亚(东北亚和东南亚)、南亚、西亚、中亚等;至于文化上的亚洲,对于中日两国民众而言,通常是指东亚地区。不同国家的人使用"亚洲"概念时的所指并不统一,同一个国家在不同时期对"亚洲"的定义也有差异。对"亚洲"的认识是一个社会心理表征的活动,是社会成员对一定认知对象的集体性理解和认知,在这一过程中,个体分享观念、意象和知识,建立对外部世界的认知框架。④ 区域共同体的形成不仅是自然和地理造成的结果,还

---

① 〔法〕皮埃尔·布迪厄:《实践感》,第 143 页。
② 中村則弘「民衆世界の復権と東アジア共同体のオルタナティブ」、『日中社会学研究』第 21 巻、2013、19 - 26 頁。
③ 翟一达:《亚洲的边界与想象》,《实证社会科学》2018 年第 2 期。
④ 参见 Robert Farr and Serge Moscovici, *Social Representations*, New York: Cambridge University Press, 1984; Serge Moscovici, "The Phenomenon of Social Representations", in Gerard Duveen, ed., *Social Representations: Explorations in Social Psychology*, UK: Polity Press, 2000, pp. 18 - 77。

与观念、规范和意识等社会构成要素相关。① 作为区域的"亚洲"本质上是社会建构的结果。中国和日本是区域内的重要国家，对于亚洲区域主义的发展具有关键影响力，本文聚焦于这两个国家。先行研究发现，中国和日本都位于地理上的亚洲，但是对"亚洲"有不同的理解，中国青年在使用"亚洲"概念时主要指东北亚和东南亚地区，日本青年所理解的"亚洲"则包括东北亚、东南亚和南亚。② 明确这一点，可以帮助我们认识到中日两国青年在使用"亚洲"一词时社会心理表征中的差异，在此基础上进一步探究两国青年的"亚洲观"，可以体现本文所提倡的对"亚洲"概念认识的主体性和实践性。

基于社会调查和可供比较的经验材料，社会学能够为理解"亚洲"概念做出贡献。③ 本文结合问卷调查的数据以及深入访谈的一手资料，探究中日两国青年对"亚洲"的认知。采用混合研究设计的方法，是因为这两类方法各有长处和局限性，能够从不同角度揭示中日青年所理解的"亚洲"概念，两种方法不是相互排斥的关系，对于本文主题的分析能够取长补短、相互补充。本文使用的深入访谈资料来自作者以"亚洲观"为主题对中日青年访谈的第一手资料，接受访谈的对象是作者通过互联网或友人的介绍募集，中国的受访者来自上海、陕西和云南，日本的受访者来自东京、千叶、神奈川和北海道地区。访谈开始前，所有受访者均接受了有关研究目的的说明，访谈在保证匿名的情况下完成。问卷调查的资料则使用了由东京大学园田茂人教授主持的"亚洲学生调查"的数据，共有9个亚洲国家和地区参与了调查，调查对象为大学生，在不同学年和专业进行随机抽样，分别有800名中国青年和400名日本青年参与了这项调查。④ 本文实证分析的程序是：首先，使用问卷调查的数据，揭示"亚洲"概念在中国和日本的异同，

---

① 参见星野昭吉、刘小林《全球化与区域化视角下构建东亚共同体的思考》，《世界经济与政治》2011年第4期；Peter J. Katzenstein, "Introduction: Asian Regionalism in Comparative Perspective", in Peter J. Katzenstein and Takashi Shiraishi, eds., *Network Power: Japan and Asia*, Ithaca: Cornell University Press, 1997, pp. 1–44。
② 翟一达：《亚洲的边界与想象》，《实证社会科学》2018年第2期。
③ 園田茂人「社会学からアジア社会論へ」、『学術の動向』第13巻第4号、2008、72–73頁。
④ 参见園田茂人「アジア学生調査」データセット、東京大学東洋文化研究所、2013；園田茂人「中国の台頭はアジアに何をもたらしたか—アジア学生調査第2波調査・概要報告—」、『アジア時報』第45巻第4号、2014、36–57頁。

提供一个整体的理解框架；其次，根据问卷调查所获得的发现，有针对性地开展深入访谈，进一步研究中日青年如何认知"亚洲"。结合问卷调查数据和深入访谈的材料，可以反映出"亚洲"概念在中日两国青年中的主体性和实践性认知，从社会学的角度为理解"亚洲"概念以及讨论区域共同体何以可能提供新的见解。

二 "亚洲"的意象

中国和日本经历了不同的近代化历程，国民对亚洲的想象也存在巨大差异。思想史的研究惯于强调中国缺少"亚洲"意识[①]，然而事实是中国在很大程度上接受了本国作为亚洲的一部分，并将自身视为亚洲的中心，中国的朝贡体系将中国和周边国家连接起来，中国作为宗主国或保护国与区域内其他国家形成了松散的共同体。辛亥革命到五四运动时期，中国曾掀起讨论"亚洲主义"的热潮，并且提出了各种形式的亚洲观。[②] 在国人对"东亚病夫"这样的歧视愤愤不满时，其实已经隐含着中国人对中国作为亚洲一部分的认同。二战后，亚洲其他地区经济的腾飞是中国经济发展的前篇，二者共同构成了亚洲经济增长的奇迹。在今天，尽管"亚洲"具有地域所指的不确定性，但对于中国而言，"亚洲"并不是一个异质化和对立的他者，而是与中国互相关联的整体。

日本对亚洲的认知充满了矛盾和不确定性。虽然日本在地理上位于亚洲，但是19世纪的日本目睹了中国和亚洲地区其他国家惨遭侵略的事实，产生了"脱亚入欧"的愿望。[③] 地理位置当然无法改变，但是日本通过明治维新后的现代化迅速成为"西方强国"，而"落后的亚洲"是作为日本的对

---

① 参见李永晶《中日两国的东亚认识与东亚共同体构想》，《汕头大学学报》（人文社会科学版）2011年第1期；孙歌《亚洲意味着什么：文化间的日本》，巨流图书公司，2001；孙歌、唐小兵《东亚论述与东亚意识》，《开放时代》2012年第9期。

② 参见孙江《近代中国的"亚洲主义"话语》，《上海师范大学学报》（哲学社会科学版）2004年第3期；章立明《亚洲共同体概念的回溯与展望》，《学术界》2017年第7期；赵京华《从晚清到五四：亚洲主义在中国的消退及其后果》，《学术月刊》2016年第5期。

③ Kenichi Matsumoto, "Will the Era of Asia Come", *Journal of Reitaku University*, Vol. 5, No. 1, 1997, pp. 27 – 33.

立面、"他者"存在的。① 虽然日本在19世纪后期寻求"脱亚入欧",到了20世纪上半叶却自诩为亚洲国家的救世主,宣扬"黄种人与白种人"的对立,要与亚洲国家"提携共助",摆脱欧美列强的殖民统治,建立以日本为盟主的"大东亚共荣圈",但是最终日本的"大亚洲主义"版本没有成功。战后,日本小心地处理涉及亚洲的事务,直到20世纪90年代后期才重新积极开始与亚洲各国交流,其中最为显著的表现是与亚洲其他国家在经济上的密切互动。② 日本对亚洲各国长期的经济援助,不仅反映了这些国家经济落后的事实,也放大了作为"发达国家"的日本与该区域内其他国家的差异性。这些都塑造了日本民众对"亚洲"概念的认识,即日本社会长期存在对欧美诸国的积极评价,而对亚洲周边国家却抱着不信任或不感到亲近的感情。③

先行研究指出,由于两国的国家发展历程不同,中国和日本的"亚洲"认识有着根本的分歧和断裂。④ 但是,此中也并不全是差异,也有共同点。在园田茂人的"亚洲学生调查"中,提出让中日青年形容他们头脑中关于"亚洲"的意象。如图1所示,59.74%的中国受访青年和55.19%的日本受访青年认为亚洲发展迅速;73.25%的日本受访青年认为亚洲在不断变化,高于持有同样看法的中国受访青年近10个百分点;中国受访青年更加认可亚洲内部的多元化,占比为68.56%,而日本受访青年的该项比例为52.03%。以上有关"亚洲"的意象,中日青年达成共识的程度较高,从中可知,虽然亚洲是一个边界不确定的区域,但是中日青年对"亚洲"概念的认识中,都将"发展迅速"纳入了关于"亚洲"的意象。

> 亚洲在战后实现了经济的快速发展。以日本为先导,其后是中国香

---

① 国分良成「アジアという枠に意味はあるのか」、『朝日新聞』2007年4月26日。
② Kazuko Mori, "Designing an East Asian Community: Challenges to Contemporary Asian Studies", in Kazuko Mori and Kenichiro Hirano, eds., *A New East Asia: Toward a Regional Community*, Singapore: National University of Singapore Press, 2007, pp. 1 – 19.
③ 参见田辺俊介「日本人の外国好感度とその構造の実証的検討」、『社会学評論』第59巻第2号、2008、369 – 387頁;渡辺良智「日本人のアジア認識」、『青山学院女子短期大学総合文化研究所年報』第14巻、2006、33 – 54頁。
④ 李永晶:《中日两国的东亚认识与东亚共同体构想》,《汕头大学学报》(人文社会科学版)2011年第1期。

港、新加坡……（我记不清了），就是"亚洲四小龙"的经济增长奇迹，以至今天中国、印度的经济崛起……同拉美和非洲相比，亚洲的（经济）发展成就在世界上最为突出。（中国人 H，23 岁）

中日两国青年在访谈中都认可亚洲快速发展归因于各国人民自己的努力。除此之外，日本的青年还谈及了日本对亚洲各国经济发展的援助。如何看待日本对后发国家的经济援助，反映出日本青年的亚洲认识。

日本对亚洲与非洲国家和地区的经济援助在本质上都是为了开拓日本自己的国际利益，当然这不一定只是经济利益。但是对亚洲的援助，我认为，还有感情的成分。毕竟日本在二战期间给亚洲各国添了很多麻烦，帮助这些亚洲国家的发展也算是日本表达的道歉。（日本人 T，26 岁）

如图 1 所示，不断变化的、多元化的亚洲意象构成了中日青年对"亚洲"概念的主要认识。"亚洲-西方"的二元对立模式和"东方主义的亚洲想象"无法捕捉到生活于亚洲的人们的"亚洲"主体性认知。欧洲殖民扩张时形成的"亚洲"概念或者"东方主义"话语下的"亚洲"意象，完全不符合当代中国青年和日本青年对"亚洲"概念的建构。访谈中，中日青年明确表达了对"亚洲"在不断变化并具有多样性的认识。如果我们稍微关注一下当代中国青年的"亚洲"认知就会发现，他们对"亚洲"的理解远比旧知识精英丰富。中国青年并不否认亚洲的多样性。不仅调查数据表明"多元化"是"亚洲"在中国的主要意象之一，而且在访谈中，中国青年也没有以"中华思想"否认"亚洲"的多样性，日本青年也同样强调"亚洲"的多元化。

没有谁还会以 19 世纪的眼光来看待亚洲。亚洲现在已经不是落后的象征，它处于不断的变化中，并且朝着越来越好的方向变化。（中国人 L，23 岁）

虽然中华文明对亚洲的影响很大，但是并不意味着一个同质化的亚洲。各国有自己独特的传统，现代化发展塑造了各国不同的特色，亚洲的多元性在今天就更是毋庸置疑的。（中国人 Z，28 岁）

亚洲是多元的。我们有许多不同的语言、宗教、民族，没有一个单一的亚洲文化。多元化是亚洲的特征。（日本人T，22岁）

但是，中国青年和日本青年并非共享所有的亚洲意象，二者的主要分歧体现在以下三组数据中。60.49%的中国受访青年认为亚洲是古老的，然而日本受访青年中持同样看法的只占29.73%。此外，在两项有关"亚洲"的负面意象中，日本受访青年中有61.68%的人认为亚洲是"危险的"，58.84%的人认为亚洲是"肮脏的"。与此相对，只有33.5%的中国受访青年认为亚洲是"危险的"，21.51%的中国受访青年认为亚洲是"肮脏的"（见图1）。以上调查数据勾勒出"亚洲"意象在中日青年之间的差异，深入访谈则揭示了其背后的社会心理认知。

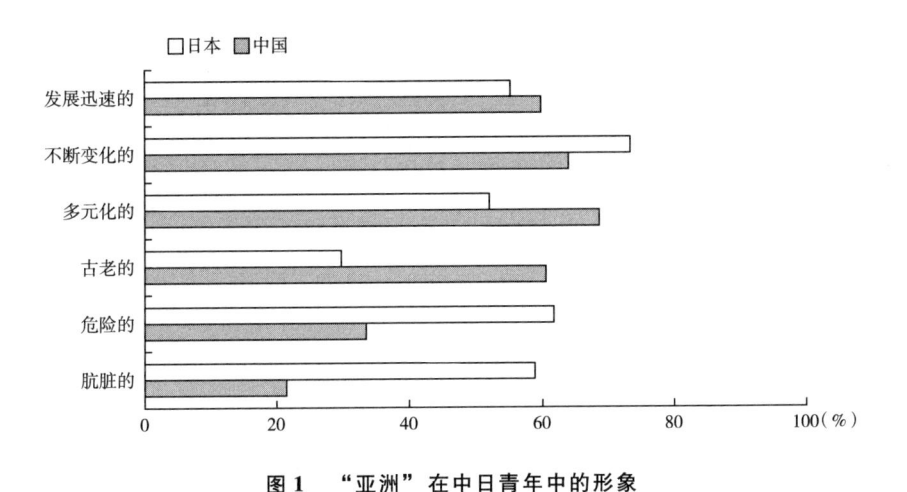

图1　"亚洲"在中日青年中的形象

资料来源：園田茂人「アジア学生調査」データセット、東京大学東洋文化研究所、2013。

通过访谈发现，关于亚洲是"古老"还是"年轻"的意象，中日两国青年采取了不同的参照系。日本青年解释"亚洲"年轻的意象是因为与欧洲文明相比，他们认为亚洲的哲学、音乐、建筑等显得"年轻"。一位日本受访青年举了大学的例子，在亚洲，历史悠久的学府也就有100多年的历史，而在欧洲有许多拥有数百年历史的大学。另外，亚洲喜欢现代化带来的"新"，如新的建筑、新的道路，所以显得"年轻"；而在欧洲，崇尚"旧"

的美学,对旧的、古老的事物的呈现不局限于博物馆中,在人们日常生活中也到处都有。所以日本青年认为与欧洲的"古老"相比,"亚洲"显得年轻。而中国青年解释"亚洲"古老的意象是将中国自身代入"亚洲"的想象空间中,中国是文明古国,保留着世界上许多的"历史奇迹",如长城、兵马俑、"四大发明",在中国青年的心理认知中,中国是亚洲的一部分,自然"亚洲"也就是古老的。

中日青年的"亚洲"意象,展现了两国对"亚洲"认知形成的差异。日本青年采取了"现在时"的视角,"亚洲"的概念是现有既定格局下的亚洲,追逐现代化、一切求新的亚洲。日本青年还采取了"置身事外"的视角,将日本脱离出亚洲来评价亚洲,即虽然日本保留了诸多古老的物质和非物质文化遗产,为现代化进程中如何保存传统树立了典范,但是日本人仍然认为亚洲太"新"。日本青年的亚洲观因循了通过亚洲与欧洲比较来为亚洲定位的逻辑。与此相对,中国青年采取了"历史"的视角,认为亚洲的文明可以追溯至几千年以前,甚至存在于神话传说。中国青年还采取了"内置化逻辑",即将中国置于亚洲之中来形成"亚洲"的概念和认识,中国从来没有将自己与亚洲割裂,中国是亚洲的组成部分,中国的古老也就对应了亚洲的古老。

可见,对"亚洲"的认知,受到了中日青年基于主体性的重新建构。再举一个例子,在中国,亚洲的意象很少与"肮脏的""危险的"联系起来,这是因为与"内置化逻辑"一致,中国青年并不认为中国是"肮脏的"和"危险的",所以认为亚洲是"肮脏的"和"危险的"既在情感上无法接纳,在政治立场上也是不正确的。但在日本,亚洲是一个被评价的"客体",与日本无关。日本青年认为亚洲是"肮脏的""危险的",可能招致批评,并被贴上"东方主义的亚洲想象"的标签。先行研究指出,日本的"亚洲想象"是为了衬托出日本自身更加优越的文明。[①] 日本没有将自己置于亚洲之中,也体现了其试图将自身与亚洲其他国家区分开的社会心理,或者说是一种角色认知,即以西方阵营之一员的姿态,在亚洲事务中发挥作用

---

① 渡辺良智「日本人のアジア認識」、『青山学院女子短期大学総合文化研究所年報』第14卷、2006、33-54頁。

的角色身份。① 但是，这种对"东方主义"标签的滥用可能并不符合实际，杜赞奇就批评了以"东方主义"来为日本 20 世纪初的"泛亚洲主义"定性②，因为这样会导致历史的复杂性和多面性被过度简化。同样的，对日本青年的深入访谈发现，他们心中亚洲的"肮脏"和"危险"的意象，可能更多的是一种朴素的直观感受，并不存在所谓的建立在权力话语体系下的"优越感"。也就是说，知识精英在使用"东方主义的亚洲想象"时，可能犯了"过度解读"的错误，或者将自己的见解投射到一般大众身上。

> 亚洲许多国家的规范和法律都与日本不同，因为不熟悉这些国家的状况，自然会感到危险。街道或厕所的不卫生也是客观的事实。"肮脏的"和"危险的"等词语只是反映客观现实，并没有突出日本人的优越感，也没有这样的必要。（日本人 K，21 岁）

> 我曾在柬埔寨做过海外志愿者，那里的卫生条件与日本国内相比有相当的差距。我也很担心安全问题。但是，这并不意味着我轻视这个国家或是认为日本更优越。相反，我很喜欢柬埔寨。我觉得当地人的精神世界很丰富，生活得很幸福。（日本人 U，23 岁）

虽然日本青年承认日本是亚洲的一员，但这并不影响他们认为亚洲是"肮脏的"和"危险的"。作为亚洲一员的身份认同是基于地理归属的认知，而"亚洲"概念的实践性意味着"亚洲"并不是一个既定的、僵化的存在，"亚洲"的意象和认知在实践中不断丰富并产生变化。"亚洲"概念的主体性更强调生活在这一区域的人们自己如何认识亚洲，对"亚洲"概念的社会学探索要求人们应该从地方性、差异化的认知出发来理解"亚洲"，呈现出一个个朴素、生动的"亚洲"意象，而非将知识精英构建起来的阐释体系强加给民众。"东方主义的亚洲想象"虽然是用来揭示话语的权力关系，但是不假思索地移植批判"东方主义"的话语来解释我们社会中的任何现象，对当事者的所思所感缺乏调查研究，这种对"东方主义的亚洲想象"的批判本身就落入了其批判对象的"东方主义"窠臼。

---

① 张建立：《战后日本国家自我认知的轨迹及成因》，《日本学刊》2015 年第 5 期。
② 杜赞奇：《亚洲归来：建构我们这个时代的区域概念（上）》，《读书》2010 年第 5 期。

三 亚洲共同体形成的基础

"亚洲"在哪里？对于一个既没有固定边界也非既定存在的客体，除了存在于想象中，亚洲共同体何以可能？孙中山、戴季陶、李大钊、章太炎、冈仓天心、中江兆民、大川周明、宫崎滔天、竹内好等中日两国思想家都论述过"亚洲主义"。除了解读和阐释这些思想家构建的"亚洲主义"以外，普通民众对亚洲的认知也需要通过社会学的视角予以关注。例如，20世纪初日本普通民众的亚洲主义有着反政府的倾向，也与对白种人的反抗态度有关。[1] 因此，在探寻"亚洲"何以成为可能或曰"亚洲共同体"如何形成的问题时，多重视角和不同层次的考察是必需的。特别是在21世纪，对中日两国青年的"亚洲观"的理解更需要实践社会学的视角，因为"亚洲"的概念既受两国历史上对"亚洲"认识的影响，也在不断变化和发展。

那么，中日两国青年是如何理解"亚洲共同体"的发展基础的？图2展示了相关调查的结果，表明96.98%的中国受访青年和90.18%的日本受访青年认为经济发展是亚洲区域整合的关键。一些研究也指出，区域内经济的统合有利于"亚洲共同体"的发展。[2] 另外，94.01%的中国受访青年和87.69%的日本受访青年看重文化交流对"亚洲"形成的作用，只有58.69%的中国受访青年和38.1%的日本受访青年认为人员流动有助于"亚洲"的形成。

上述调查数据表明，中日青年对经济发展有利于"亚洲共同体"的形成存在高度共识。在访谈中，他们也强调经济发展可以促进区域内各国的相互联系，经济上的相互依赖会产生对"共同体"的认知，这有助于"亚洲"的形成。然而事实上，在过去几十年间，亚洲实现了快速的经济发展，各国间的经济依赖达到了相当高的水平，不仅有东南亚联盟这样的区域性组织存在，在东盟和中日韩间还建立了自由贸易区；但是，因为历史、文化和政治

---

[1] 张承志：《亚细亚的"主义"》，《天涯》2009年第1期。
[2] 園田茂人「東アジア共同体成立の心理的基盤を探る」、『連携と離反の東アジア』、勁草書房、2015。

等因素的阻碍,① 仅仅凭借这些经济发展和协作的成就,"亚洲共同体"成为可能似乎仍然遥不可及。

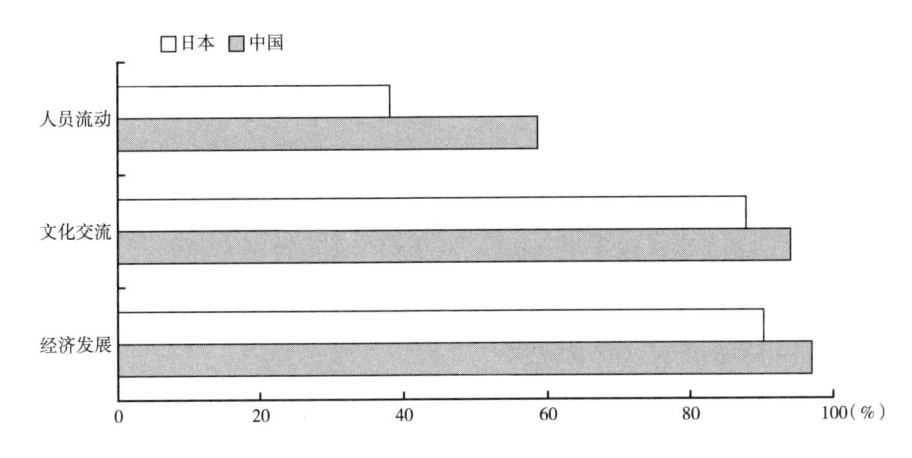

图2　中日青年对"亚洲共同体"发展基础的态度

资料来源：園田茂人「アジア学生調査」データセット、東京大学東洋文化研究所、2013。

进一步而言，文化交流反映了"文化的跨境"，是有助于"亚洲共同体"形成的又一个动力。一些受访者在访谈中提及"儒家文化圈"，认为亚洲的共同基础是具有"统一的东方文化"，都是"黄种人"。但事实是，在一个世纪以前，以种族和文明来整合"亚洲共同体"的尝试已经被证明是失败的。② 这些强调人种和东方文明的观点，其实忽略了亚洲内部在文化上存在巨大差异性。面对这些差异，"亚洲共同体"的建立和发展需要寻找共同基础。一位日本青年在访谈中表示，亚洲各国需要达成通过法律和对话的方式解决分歧的共识。亚洲各国之间的差异和多样性意味着，作为区域一体化的"亚洲共同体"的形成需要一种共通的价值观，一种尊重各国差异但又能支持"亚洲共同体"存续的价值原则，例如法治和人权等。因此，接受差异和包容多元的文化交流是促进"亚洲共同体"形成的重要途径。中国的"孔子学院"、日本动漫、韩国音乐和电视剧的传播等都是文化交流的

---

① 参见李永晶《中日两国的东亚认识与东亚共同体构想》，《汕头大学学报》（人文社会科学版）2011年第1期；〔日〕星野昭吉、刘小林《全球化与区域化视角下构建东亚共同体的思考》，《世界经济与政治》2011年第4期。

② 章立明：《亚洲共同体概念的回溯与展望》，《学术界》2017年第7期。

形式，在亚洲国家获得了民众的青睐。无论是政府主导的文化输出，还是消费主义支撑下的文化产业发展，都被认为丰富了"亚洲想象"的空间，① 并培育出一种共同命运体的意识。② 但是，文化消费对区域内各国民众"亚洲"概念的形成产生了何种作用，还有待进一步的系统考察。一些研究发现，文化消费与对他国的"敌对感情"可以共存。③ 近年来，中国"孔子学院"的海外发展展现了中国文化"走出去"的成绩，但是域内一些国家表达了对以"华夷等级秩序"和"朝贡体系"为代表的旧式"亚洲"想象的忧虑。学理上的"文化交流"是双向的过程，而在现实中往往成了"单向度"的流入或流出。这样的所谓"文化交流"，意义何在？虽然问卷调查反映出中日青年都很重视文化交流对"亚洲"发展的作用，但是进一步的深入访谈发现"文化交流"的指向在两国存在差异，中日青年在访谈中展示了其对"文化交流"的理解如何影响着各自对亚洲的认知。日本青年理解的有利于"亚洲共同体"成为可能的"文化交流"指与地理意义上的亚洲以外的国家进行交流。与亚洲以外的"他者"的文化交流，加深了他们对亚洲的理解，并塑造了日本青年的"亚洲"认知。

在新西兰的奥克兰博物馆，有一个专门的"亚洲区"。里面包含了中国的文化介绍、日本的文化介绍、越南的文化介绍，还有一些其他的国家。通过这样的文化交流，加深了我对日本是亚洲一部分的认识。（日本人 T, 24 岁）

与其他国家的文化交流让我明白，日本与西方国家的文化有很大差异，但与中国和韩国等亚洲国家接近，我们都重视集体，在乎个人与他人的关系……亚洲是有文化基础的。（日本人 W, 25 岁）

---

① 参见 Koichi Iwabuchi, *Feeling Asian Modernities*: *Transnational Consumption of Japanese TV Dramas*, Hong Kong: Hong Kong University Press, 2004; Sang-Yeon Loise Sung, "The Role of Hallyu in the Construction of East Asian Regional Identity", *European Journal of East Asian Studies*, Vol. 11, No. 2, 2012, pp. 155 – 171。
② 参见白石さや「ポピュラーカルチャーと東アジア」、西川潤・平野健一郎編『国際移動と社会変容　東アジア共同体の構築3』、岩波書店、2007; Shim Doobo, "Globalization and Cinema Regionalization in East Asia", *Korea Journal*, Vol. 45, No. 4, 2005, pp. 261 – 290。
③ 園田茂人「都市中間層の台頭と新たなアイデンティティの形成?」、西川潤・平野健一郎編『国際移動と社会変容　東アジア共同体の構築3』、岩波書店、2007。

> 我去西班牙旅行，当地人曾称我为亚洲人。虽然我一直知道日本位于亚洲，但是从来没有被称作"亚洲人"。我不知道"亚洲人"是什么意思。因为亚洲很广阔，还包括中国、韩国，还有其他很多国家。我告诉他们，我是日本人。（日本人S，29岁）

中国青年在访谈中也解释了他们理解的有利于"亚洲共同体"形成的"文化交流"，即与区域内各国的文化交流。通过亚洲各国间的文化交流，中国青年加深了对"亚洲"内部差异性的理解，多元化也构成了中国青年对"亚洲"的认知（见图1）。与日本青年相比，中国青年的"亚洲"认识并不是通过与其他文明的"文化交流"产生的一种"返身性"认识，他们本来就认为自身存在于亚洲之中，"文化交流"也不过是亚洲内部的交流，亚洲各国文化上的相互了解有利于"亚洲共同体"的形成。

最后，如图2所示，中日青年在"人员流动"对"亚洲共同体"形成的作用上的认识存在较大分歧。跨越民族国家疆界的人员流动反映了"国家的空间生产偏离的程度"以及"新型空间生产的可能性"。[1] 创造作为共同体的"亚洲"，人员间的交流必不可少，"人员流动"则是重要的前提。[2] 一些研究也指出，流动性与共同体意识的塑造密切关联，跨越国境的人的移动和交流有利于提高生活在东亚域内的人们对"亚洲共同体"的认同。[3] 那么，"人员流动"对于中日青年而言到底意味着什么？中日青年对"人员流动"的态度又如何影响他们对亚洲的认知？通过深入访谈发现，中日青年对"人员流动"的认知有着根本的分歧。中国青年认为"人员流动"是域内跨国境的人口流动；与此相对，日本青年所理解的"人员流动"指域内其他国家的人流入日本。在访谈中，日本青年表达了对伴随人员流动产生的一系列问题的不安，如犯罪、就业等，这也部分回答了为什么日本青年对"人员流动"持消极态度。其实访谈所设定的核心词是"亚洲"，即询问

---

[1] 杜赞奇：《亚洲归来：建构我们这个时代的区域概念（下）》，《读书》2010年第6期。
[2] 平野健一郎「東アジアにおける人の国際移動—東アジア共同体の原動力—」、西川潤・平野健一郎編『国際移動と社会変容　東アジア共同体の構築3』、147頁。
[3] 参见祁进玉、郭跃《全球在地化与流动性：亚洲共同体意识及其展望》，《西北民族研究》2020年第2期；上ノ原秀晃「東アジアにおけるトランスナショナル・アイデンティティ」、大阪商業大学JGSS研究センター編『日本版総合的社会調査共同研究拠点研究論文集』第13号、2013、93-104頁。

"人员流动"对"亚洲共同体"形成的作用,完全没有涉及"日本社会",而日本青年却自发地将日本作为"人员流动"的目的地。日本青年针对"人员流动"所表达出的态度就像一面镜子,映射出日本社会对待移民的政策,佐证了日本研究者提出的日本社会长期存在"排外主义"社会心理倾向。① 以上呈现了日本青年理解该问题的思维方式,也展现了他们对亚洲的认知。面对"亚洲共同体"的讨论,日本更倾向于维护自身的独立性;涉及亚洲区域内人员自由流动的问题时,日本人显然对人员向日本的流动存在一定的抵抗心理。日本虽然在地理上处于亚洲,但作为与亚洲大陆"隔海相望"的岛国,日本民众显然有着独立的和亚洲大陆相区别的意识。

四 两国青年对亚洲的认同感

安德森将民族国家形容为一个"想象的共同体",即毫无联系的一群人通过共同的语言和印刷资本主义的普及,形成对同胞、归属和民族神化的想象,从而建构出来的民族共同体意识,其中民族认同是关键。② 作为在更高层次上超越民族国家的"亚洲",其存在的想象基础也正是诸多个体的心理认同。社会心理学对社会认同(social identity theory)研究的一个基本假设就是,人们将"自我"视为群体中的成员,而非单一的个体,对团体成员身份的认同影响着人际关系和团体间关系。③ 社会认同是区域一体化进程中不可或缺的组成部分,与经济协作、政治安全保障相辅相成,共同影响着区域一体化。④ "亚洲共同体"的形成离不开其成员对"亚洲"建立相应的认

---

① 参见田辺俊介「日本のナショナル・アイデンティティの概念構造」、『社会学評論』第 52 卷第 3 号、2001、398 – 412 頁;田辺俊介「日本人の外国好感度とその構造の実証的検討」、『社会学評論』第 59 卷第 2 号、2008、369 – 387 頁;Hirori Sasada, "Youth and Nationalism in Japan", *SAIS Review*, Vol. 26, No. 2, 2006, pp. 109 – 122。
② 〔美〕本尼迪克特·安德森:《想象的共同体:民族主义的起源与散布》,吴叡人译,上海人民出版社,2005。
③ 参见 S. Alexander Haslam, Naomi Ellemers, Stephen D. Reicher, Katherine J. Reynolds and Michael T. Schmitt, "The Social Identity Perspective Today: The Impact of Its Defining Ideas", in Tom Postmes and Nyla R. Branscombe, eds., *Rediscovering Social Identity: Key Readings*, New York: Psychology Press, 2010, pp. 341 – 356; Henri Tajfel, "Social Identity and Intergroup Behavior", *Social Science Information*, Vol. 13, No. 2, 1974, pp. 65 – 93。
④ 〔日〕星野昭吉、刘小林:《全球化与区域化视角下构建东亚共同体的思考》,《世界经济与政治》2011 年第 4 期。

同感,"亚洲认同"就是指生活在该区域的人们对自身是属于亚洲的一部分的"团体成员"身份的自我认知。"亚洲认同"超越了民族国家的边界,塑造了人们对一个超国家共同体的归属感,并增强了成员间的团结和合作。先行研究发现,当双方拥有较高的"亚洲认同"时,中日青年间的相互接触和交流有利于对对方形成积极的评价和建立良好的关系。[1] 虽然"亚洲认同"在一定程度上可以和国家认同共存,但是仍然面临民族主义的挑战。在这个意义上,超越民族国家疆域,从主体性的角度重新思考"亚洲",才显得更加有意义。

但是,由于政治与文化原因,超越民族国家的区域认同往往十分微弱,"亚洲共同体"仍处于构想状态,区域内各国间互不信任、分裂对立的状况制约着亚洲一体化的实现。[2] 一些研究者认为,受朝贡体系文化的影响,"中国人缺乏区域主义的思考理念"[3],而日本因为存在"脱亚入欧"的倾向,所以日本人的"亚洲认同"水平也很低[4]。日本明治维新时期的"脱亚入欧"论反映了当时日本的"亚洲观",即日本希望进入世界体系的"中心",所以日本的国家意识不是建立在亚洲交流的基础上,从而消解了日本的"地域性自我"。[5] 这些分析有助于我们理解中日两国的"亚洲观",但没有反映出一个实践性的"亚洲"概念,不能代表"亚洲"概念在当今两国社会的状态和未来发展的方向。既然"认同"对于亚洲区域共同体的发展至关重要,那么中国和日本青年的"亚洲认同"如何,最终成为一个社会学的实证性问题。

图3显示了中国和日本青年对"亚洲认同"的态度。首先,86.27%的中国受访青年和73.18%的日本受访青年认同自己是"亚洲"的一员。对于

---

[1] Yida Zhai, "Identity, Contact, and the Reduction of Mutual Distrust: A Survey of Chinese and Japanese Youth", *The Pacific Review*, Vol. 30, No. 1, 2017, pp. 93 – 113.

[2] 参见葛兆光《想象的和实际的:谁认同"亚洲"?——关于晚清至民初日本与中国的"亚洲主义"言说》,载高明士编《东亚文化圈的形成与发展:儒家思想篇》,华东师范大学出版社,2008;〔日〕星野昭吉、刘小林《全球化与区域化视角下构建东亚共同体的思考》,《世界经济与政治》2011年第4期。

[3] 赵京华:《从晚清到五四:亚洲主义在中国的消退及其后果》,《学术月刊》2016年第5期,第121页。

[4] 渡辺良智「日本人のアジア認識」,『青山学院女子短期大学総合文化研究所年報』第14巻、2006、33 – 54頁。

[5] 孙歌:《亚洲意味着什么?——读〈在亚洲思考〉》,《读书》1996年第5期。

亚洲"想象共同体"的建构，88.55%的中国受访青年和65.91%的日本受访青年认为有必要提高"亚洲认同"。对于超越传统民族国家的公民身份的界定，61.13%的中国受访青年赞成发展"亚洲公民"身份，而只有34.92%的日本受访青年持同样积极的态度。"亚洲"的想象和共同体的构建离不开"亚洲认同"。对比中日青年在这一问题上的态度，就可以发现二者之间存在的差异。

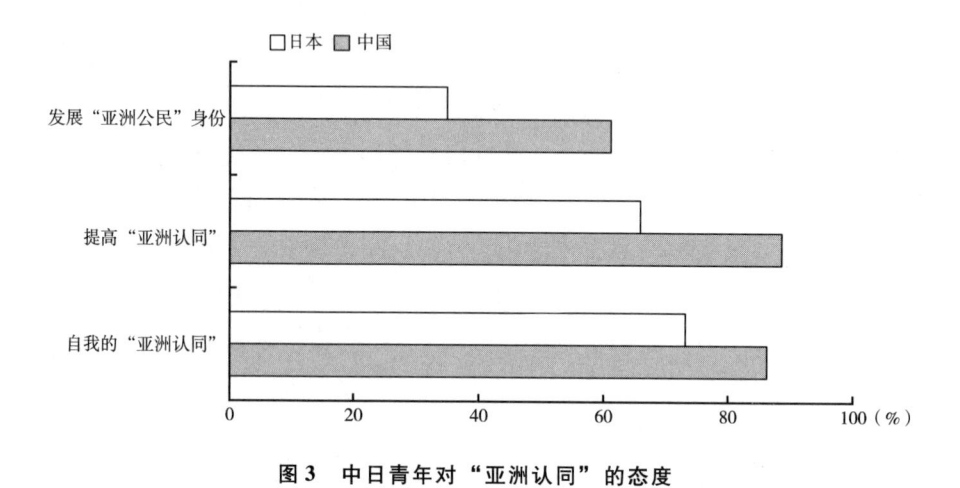

图 3　中日青年对"亚洲认同"的态度

资料来源：園田茂人「アジア学生調査」データセット、東京大学東洋文化研究所、2013。

针对日本青年对发展"亚洲公民"身份认可度较低的现象，进一步的深入访谈揭示了其背后的原因。日本青年对此做出了这样的说明。

> 二战后日本受到美国的长期支配，与美国和欧洲的联系更加密切，"亚洲认同"的意识也就慢慢变得淡薄了。另一方面，日本人的国民性中有排他的倾向。对于大多数日本人来说，更强调自己是"日本人"，对发展"亚洲公民"身份的意愿也就显得较低。（日本人 F，23 岁）

> "亚洲公民"身份在日本获得认可较低的一个原因是该词在日本不怎么使用，大多数人不知道"亚洲公民"身份是什么意思。对于日本人而言，发展"亚洲公民"身份显得有些遥远。（日本人 K，21 岁）

与前文分析的中国青年的"亚洲观"一致,中国青年将自身置于亚洲之中,因此有着较高的"亚洲认同",并且也赞成提高"亚洲认同"和发展"亚洲公民"身份。与中国青年相比,日本青年对于"亚洲公民"身份显然没有很强的认同和积极的态度。但值得注意的是,相对于日本社会整体较低的"亚洲认同"[1],日本当代青年的"亚洲认同"比起年长一代已经有了一定的提高。进入 21 世纪后,日本更倡导建立"东亚共同体"[2],积极发展与东南亚国家的关系。因此,继续以"脱亚入欧"来理解日本的"亚洲"概念显然有失偏颇,其他研究也证实了当今日本对亚洲的"亲和"态度。[3] 对于"亚洲共同体"的形成和发展,中日两国青年如何看待区域内国家的作用?对此,访谈深入询问了两国青年对"亚洲共同体"建设中国家关系的认识。

中国青年在访谈中表达出对中国在"亚洲共同体"建设中发挥主导作用的期待,随着国家经济实力的增强,中国青年对中国在区域或国际社会发挥更大作用持积极态度,这也反映出国家快速发展过程中大众的社会心理意识。与此相对,日本青年对于"亚洲共同体"建设中的国家关系,更偏向国家间的平等互动,这既体现出日本青年对亚洲各国关系的基本认知,也反映了他们对日本在"亚洲共同体"建设上发挥主导作用的一种消极态度。

尽管两国青年都认为要建设"亚洲共同体",需要提高区域内民众的"亚洲认同",但是这种对区域内群体的认同是否排斥区域外的西方文明? 20 世纪的"亚洲主义"宣扬"东西方对立",人文学的研究者在论及"亚洲"概念时也惯于强调"反西方殖民主义",本文从社会学的主体性和实践性出发,通过深入访谈探索中日青年的"亚洲认同"中所蕴含的对亚洲和西方关系的态度。

> "亚洲共同体"的建设和发展违背了美国等西方国家的意愿,二者之间的冲突难以避免。(中国人 Y,20 岁)

---

[1] 園田茂人「東アジア共同体成立の心理的基盤を探る」、『連携と離反の東アジア』、勁草書房、2015。
[2] 佐藤考一「『東アジア共同体』構想と日本」、『アジア研究』第 52 巻第 3 号、2006、1-16 頁。
[3] 田辺俊介「『近い国・遠い国』——多次元尺度構成法による世界認知構造の研究—」、『理論と方法』第 19 巻第 2 号、2004、235-249 頁。

不同文明之间是可以共存的，而冲突和对立的根源可能是信息不对称或者交流障碍。（中国人 L，21 岁）

"亚洲共同体"的发展与同西方文明对立以及冲突没有直接的关系。（日本人 Y，23 岁）

作为"亚洲"的一分子，并不意味着要排斥西方文化，亚洲和西方都是人类文明的一部分。（日本人 K，21 岁）

在深入访谈中，日本青年几乎没有表现出"亚洲－西方"对立的想法，即使他们认同自己是亚洲的一员，对西方文化也持开放的态度，但这绝不意味着他们对西方文化顶礼膜拜，他们认为亚洲和西方可以相互借鉴发展。与此相对，对于"亚洲认同"中亚洲与西方关系的认识，在中国受访青年中却产生了两极化的结果。一些人表达了西方文明对亚洲的威胁，尤其是将中国代入"亚洲"的论述中，认为基于西方打压中国，"亚洲认同"的提高应团结亚洲各国与霸权的西方相抗衡，反映出"东西方对立"的思想影响甚广。另外，有一些中国青年提出"亚洲认同"应该保持亚洲与西方的良性互动，学习西方先进文化，并积极发展"亚洲共同体"。

目前是中日两国重塑"亚洲"构想的重要时期，需要以实践和动态的视角来把握域内国家的民众到底如何主体性地建构他们的"亚洲想象"。以上调查结果表明，未来"亚洲共同体"的形成需要超越 20 世纪的旧亚洲主义，发展更具有包容性、相互尊重、促进合作的新亚洲主义。

结　语

亚洲如何以一个区域的面貌出现，又如何被建构成一个区域？[1] 这是一代代学人一直关注的问题。历史上，以中国"华夷秩序"为基础的朝贡体系所构建的松散的"亚洲"最终解体，建立在日本"大亚洲主义"和"大东亚共荣圈"构想下的"亚洲"也走向了失败。人文学研究对"亚洲"概念所做的反思令人尊重，但"亚洲"不仅仅是一个由西方形塑的、包含不平等权力关系的话语体系，也不仅仅是与西方对立而存在的。社会学更关注

---

[1] 杜赞奇：《亚洲归来：建构我们这个时代的区域概念（上）》，《读书》2010 年第 5 期。

一个实践中的"亚洲"概念,即由认知主体在实践中理解和认知"亚洲",并且不断经历变化。即使到了今天,有些人一提到"亚洲",就条件反射般地认为要团结起来与"西方"抗衡,强调抵御"西方的文化帝国主义""学术话语霸权"。这种以回应欧美、自我膨胀、树立对抗话语权为基础的旧亚洲主义恐怕很难真正孕育出国际主义,也不利于地区的和平与发展。如果还抱着"亚洲－西方"对立的思维、以批判西方的殖民主义和"东方主义的亚洲想象"来确定"亚洲"的独立,这本身就陷入了其所批判的"二元对立"模式。口口声声地寻求"主体性",自身反而陷入了西方批判"后殖民主义"的话语中,这种反思对深化具有主体性的"亚洲"概念的认识作用有限,也脱离了处于变化发展中的实践。对人民主权、依法治国、基本权利的尊重以及对多样性的包容等普遍价值原则,才是"亚洲是一体"(アジアは一つ)的基础。这也可以理解为一种新的亚洲主义,以此促进区域内的合作与融合。这种新的亚洲主义不再宣扬东西方对抗,也不应该成为国际政治中争夺霸权的工具。

本文的研究表明,中国青年的"亚洲"想象反映了其将自身置于亚洲之中的认识,对"亚洲"的意象也多是积极的,认为"亚洲"是发展迅速的、不断变化的、多元化的、古老的,"亚洲"不"危险"、不"肮脏"。而"东方主义的亚洲想象"将亚洲呈现为"非理性的、堕落的、停滞的、不正常的"[①],显然这与中国青年的"亚洲"概念和认识不一致。如果我们仅仅沿用和照搬那些批判"东方主义"的论述,是无法正确理解"亚洲"概念的主体性和实践性的。"亚洲"概念和认识在中国青年中的形成并没有依靠"西方"作为他者的参照,中国青年原本就认为中国是亚洲的一部分,乐意见到中国与该区域各国开展更多的经济和文化交流。有人文学者曾批评中国知识精英只盯着欧美,而不是近邻日本、韩国,更不是老挝、缅甸等东南亚的"小国"。这样的观察一针见血,但若在此基础上进一步推论认为中国民众没有"亚洲意识",就过度演绎了。本文的研究结果表明,中国青年受访者拥有较高的"亚洲认同",并且对于发展超越国家疆域的"亚洲公民"身份也持积极的态度。中国不是没有"亚洲意识",而是有将中国置于亚洲之中甚至中心的"亚洲意识",进一步而言"亚洲"在一定程度上成为

---

① 何文华:《"东方主义"的亚洲想象》,《贵州社会科学》2011年第10期。

对中国态度和感情的投射。我们需要警惕的是,"亚洲"论述可能掩盖区域合作中不均衡的力量对比关系。① "亚洲共同体"要成为可能,需要中国以谦虚的态度,消除周边国家对"中国崛起"的不安。② 在中国发展亚洲区域主义,需要建立尊重其他国家、合作共生的观念,吸取 20 世纪日本的教训,摈弃"盟主论""中心论"的迷思。本文的研究表明,中国青年越来越认识到"亚洲"内部的差异性和多元性,"亚洲"并不是中国的翻版。但认识到多元性并不代表能很好地接纳和包容多元以及尊重其他国家。未来,在中国,"亚洲"概念和认知的一个具有建设性的发展方向应该是以亚洲为中介的国际主义,寻求多元的和谐与平等的相处。

较之中国,日本青年的"亚洲"认知更为复杂,并充满了矛盾,这与日本历史上对亚洲的认识有关。日本既认为自身是亚洲的中心,担负"解放""复兴"亚洲的责任,同时又轻视"落后的"亚洲诸国,"脱亚论"流行。③ 本文的调查发现,一方面,日本青年的"亚洲"概念中包括日本,但是在形成这样的"亚洲"认识时,很大程度上是依赖与其他文明的参照,通过与"他者"对比的视角,承认和认识到日本的"亚洲"身份;另一方面,日本青年又将"亚洲"视为一个独立于日本的"客体",在评价"亚洲"时,除了与中国青年共享的"亚洲"意象,诸如亚洲是发展迅速的、不断变化的以及多元化的,日本青年还倾向于认为亚洲是"危险的"和"肮脏的"。他们不认为这两个负面的意象适合日本,但视亚洲为"危险的"和"肮脏的",隐晦地将日本排除在"亚洲"概念之外。虽然日本青年也认同经济和文化交流有利于"亚洲"的发展,但是对人员流动存在抵触心理,担心跨越国境的人员流动可能给日本自身带来负面影响。日本青年的"亚洲认同"呈现出与中国青年的温度差,也对发展超越民族国家的"亚洲公民"身份表现出疑虑。但是,与年长一代相比,日本年青一代的"亚洲认同"已经有了一定提高。19 世纪日本的"亚洲"概念影响日本走上了"脱

---

① 孙歌:《亚洲论述与我们的两难之境》,《读书》2000 年第 2 期。
② Yida Zhai, "A Peaceful Prospect or a Threat to Global Order: How Asian Youth View a Rising China", *International Studies Review*, Vol. 21, No. 1, 2019, pp. 38 - 56.
③ 参见盛邦和《近代以来中日亚洲观简论——"亚洲一体化"的思想追溯》,《国际观察》2005 年第 4 期;孙江《近代中国的"亚洲主义"话语》,《上海师范大学学报》(哲学社会科学版) 2004 年第 3 期。

亚"的道路，并且与其在明治维新后的扩张相关联。① 随着历史发展，在实践中，日本的"亚洲"认识也不是一成不变的。那些认为日本在进入"中心"国家的过程中消解了"地域性的自我"的观念或许很好地反映了19世纪或二战后初期的日本，但是在今天否认日本处于"亚洲"地域中，无论是在经济、政治还是在文化交流方面都是不切实际的。事实上，日本积极推进形成多层次的区域主义战略。② 20世纪60年代以后的日本多位首相在施政方针演说中都明确主张日本是"亚洲"的一员③，进入21世纪，日本积极地参与区域内事务也表明日本已经"重回"亚洲。值得注意的是，虽然日本正在加深与亚洲各国的关系，但是与近邻诸国间真正的友好关系尚未完全建立。④ 有日本研究者呼吁，日本需要发展"亚洲认同"，这样有利于摆脱国际政治中的"零和博弈"思维。⑤ 20世纪日本推行的"大亚洲主义"没有成功，21世纪日本的亚洲政策又再次面临选择。日本青年的"亚洲"认识所呈现出的矛盾特征只是一个信号，事实上，日本的"亚洲"认识或将再次影响这个国家未来的道路选择。

（审校：张耀之）

---

① 孙歌、唐小兵：《东亚论述与东亚意识》，《开放时代》2012年第9期。
② 〔日〕若宫启文：《战后政治中的"亚洲意识"》，《国外社会科学》1995年第9期；吴怀中：《冷战后日本区域主义战略与亚洲合作进程》，《日本学刊》2020年第3期。
③ 张建立：《战后日本国家自我认知的轨迹及成因》，《日本学刊》2015年第5期。
④ 渡辺良智「日本人のアジア認識」、『青山学院女子短期大学総合文化研究所年報』第14巻、2006、33-54頁。
⑤ 井上寿一『アジア主義を問い直す』、筑摩書房、2006、241頁。

• 文化与思想史 •

日本的对外认识研究：历史、主题与趋势*

熊淑娥**

内容提要：日本的对外认识研究涉及政治学、历史学、哲学等领域，属于跨学科研究，本文主要运用政治思想史与国际政治学相结合的方法。从历史变迁看，日本的对外认识可以分为近代、二战后至冷战结束、冷战后至今三个阶段；从主题看，存在西洋与东洋、区域与国别、权力与秩序、对外认识与自我认识四组关键词。近年日本的对外认识研究逐步打破以政、官、财人士的言论及其现实政策影响为研究对象的政治外交史研究范式，以及以各时代典型思想家为研究对象的思想史研究范式的壁垒，呈现出学科交叉与融合的趋势。其中，日本学界对于近代日本历史分期的新观点值得关注。中日两国在地缘政治、学术话语与共同价值上命运与共、休戚相关，今后两国学者应该进一步开展真诚坦率的学术对话、交流与合作。

关 键 词：日本对外认识　日本近代历史分期　政治思想史　国际政治学　学科融合

通常而言，一个国家采取的某项对外政策或行动，往往是基于某种价值判断的。对外认识，指一个国家或一个国家的民众采取何种对外态度与行动，总是与其对国际形势、外国事务的判断相关。对外认识不仅与对外行动，以及政治、军事、经济、社会、教育、宗教、思想、文化等多方面的国

---

* 本文为中国社会科学院重大专项课题"中国与周边国家关系研究"（编号：2020ZDGH016）的阶段性成果。
** 熊淑娥，法学博士，中国社会科学院日本研究所助理研究员，主要研究方向为日本思想史、日本文化与社会。

内政治变革存在联系，也与时人对国际形势、外国状况的认识与判断有深刻联系，这些认识与判断或隐或显地发挥着积极或消极作用。

对外认识的研究是一个既与国内现实生活密切相关，也与历史紧密联系的问题。日本的对外认识是与日本人的内外能动性、实践性密切相关的精神领域的重要组成部分。① 明治维新后，日本以欧美为榜样取得了长足的发展，率先步入发达国家行列，成为亚洲最具影响力的国家之一。150 多年来，围绕明治维新以后日本的国家转型和社会变化，日本人前赴后继地尝试从各种角度进行解读和回答。与此相关联，日本的对外认识研究成为一个指涉对象众多、研究内容丰富的主题，广义上可指日本国内外学界一切有关日本人对外部世界状况的判断与行动的研究，狭义上则指日本学界有关日本人对外认识的研究。囿于篇幅与内容，本文主要对狭义的日本对外认识研究展开论述。据此，本文的主要目标是考察近代以来日本的对外认识研究历史脉络，概括研究主题，归纳基本特征，揭示最新趋势，发现其中问题，以期为中国学人理解日本的对外认识与自我认识提供一个参考。

一 日本对外认识研究的发端

日本对外认识研究的发端与日本国际政治学的形成几乎是同步的。国际政治学的兴起，源自第一次世界大战后世界对战争悲剧根源的反思以及对和平的渴望，国际联盟等国际组织研究与国际政治规范研究是其主流。一战以前，国际政治学尚未发展为一门独立的学问，国际现象研究尚未被纳入政治学领域，通常出现在国际法或外交史研究领域。英美国家的情况如此，日本亦是如此。因此，日本国际政治学的拓荒人之一神川彦松才会感慨道："像我辈这样的远东一小学徒，与全世界学徒同时且从同一起点为开创和发展一门新学问而努力的例子，在我国学界是极为罕见的。"②

日本国际政治学在成立之初，有三种研究方法。一是以外交官出身的信夫淳平为代表的国际法研究路径，他自1925年起连续出版了日本国际政治

---

① 芝原拓自「対外観とナショナリズム」、『日本近代思想大系 12　対外観』、芝原拓自・猪飼隆明・池田正博校注、岩波書店、1988、458 – 459 頁。
② 神川彦松「わが国際政治学の生立ちについて」、『日本學士院紀要』第 25 卷第 1 号、1967、24 頁。

学第一套成体系的著作,即四卷本的《国际政治论丛》,包括第 1 卷《国际政治的进化及目前形势》、第 2 卷《国际政治的纲纪及连锁》、第 3 卷《国际纷争与国际联盟》以及第 4 卷《外交监督与外交机关》,被认为是日本国际政治学的集大成之作。① 此外,尾佐竹猛出版了国际法研究著作《从国际法看幕末外交物语》。② 二是以神川彦松为代表的外交史研究路径,代表作是其博士学位论文《国际联盟政策论》(1927 年)。三是以蜡山政道为代表的政治学研究路径,他从 1923 年开始发表了《国际政治组织及其单位问题》《国际政治学的指导原理》等论文,其后结集出版了论文集《国际政治与国际行政》(1928 年)。

几乎在同一时期,日本思想史领域也出现了与近代日本对外认识相关的研究。日本思想史研究的开端,可以追溯到津田左右吉运用文学素材撰写出版的四卷本思想通史《文学中的我国国民思想研究》③。至于从思想史角度研究日本对外认识的最早著述,当属吉野作造的《我国近代史中政治意识的发生》。④ 其后,吉野思想的继承人冈义武发表了《明治初期自由民权论者眼中当时的国际形势》⑤(1935 年),他采用的代表人物研究方法成为近代日本对外认识研究的典型方法,为后世学者所继承发展。

综上所述,日本的对外认识研究有思想史与国际政治学两条传统路径。思想史路径主要是选取有代表性的学者、思想家,分析其言论背后的认识结构与社会背景等,以社会思潮研究最为典型,重点在于研究对象人物对外部环境的认识。国际政治学路径则是选取某个历史时期内中上层政治家、官僚及相关财界、军界等人士,也就是参与国家对外政策制定的当事人作为研究对象,考察他们的言行与对外政策出台过程的相互影响,重点在于研究对象人物的认识本身。两种路径在研究细节上可能存在差异,但基本都认同研究

---

① 信夫淳平『国際政治論叢第 1 巻　国際政治の進化及現勢』、日本評論社、1925;信夫淳平『国際政治論叢第 2 巻　国際政治の綱紀及連鎖』、日本評論社、1925;信夫淳平『国際政治論叢第 3 巻　国際紛争と国際聯盟』、日本評論社、1925;信夫淳平『国際政治論叢第 4 巻　外政監督と外交機関』、日本評論社、1926。
② 尾佐竹猛『国際法より観たる幕末外交物語』、文化生活研究会、1926。
③ 津田左右吉『文学に現はれたる我が国民思想の研究』(全四巻)、洛陽堂、1916～1921。
④ 吉野作造「わが国近代史における政治意識の発生」、吉野作造編『政治学研究　小野塚教授在職廿五年記念』(第二巻)、岩波書店、1927。
⑤ 岡義武「明治初期の自由民権論者の眼に映じたる当時の国際情勢」、篠原一・三谷太一郎編『岡義武著作集』(第 6 巻)、岩波書店、1994。

对象人物的言行与其对国内社会和国际形势的认识是互为表里、不可割裂的关系。

二 日本对外认识研究的变迁

二战后日本的对外认识研究，可以冷战结束为标志分为前后两个发展阶段。

（一）以反思近代战争与追求战后和平为主要特征的研究阶段（1945~1991年）

每一次世界大战的平息都会催生一波思考战争与和平、战争责任的思潮，和平问题也成为二战后日本的一大研究问题。1946年1月《世界》杂志的创刊号登载了横田喜三郎的《国际民主生活原理》。这篇文章开宗明义地指出，日本今后必须作为民主主义国家重生，因为近代日本在国际民主生活中经常无视民主主义原理，总是反其道而行之，它的极端便是最终走上了太平洋战争道路。[①] 1950年以安倍能成为首的"和平问题谈话会"第三次发表声明，指出战后日美媾和问题体现了美苏两个世界的斗争，作为世界上唯一遭遇核爆的国家，日本应该坚持非武装中立、避免成为超级大国的同盟国，杜绝再度成为侵略国家的可能性。[②] 需要指出的是，除去战争反省，战后日本和平主义思想的形成，离不开其战败国身份、被美军单独占领的经历以及冷战时期特殊的国际环境等历史条件。[③]

1952年丸山真男将二战期间发表的三篇论文结集成《日本政治思想史研究》[④]

---

① 横田喜三郎「国際民主生活の原理」、酒井哲哉編『平和国家のアイデンティティ』、3-4頁。
② 平和問題談話会「三たび平和について」、酒井哲哉編『平和国家のアイデンティティ』、42-81頁。
③ 熊淑娥：《从反安保法斗争看日本的和平主义现状》，载杨伯江、吴怀中、林昶主编《日本研究报告（2016）》，社会科学文献出版社，2016，第117页。
④ 丸山真男的《日本政治思想史研究》中收录的三篇论文均发表在《国家学会杂志》上，分别是：「近世儒教の発展における徂徠学の特質並にその国学との関連」（1940年）、「近世日本政治思想における『自然』と『作為』—制度観の対立としての—」（1941~1942年）、「国民主義理論の形成」（1944年，后将标题改为「国民主義の『前期的』形成」），参见丸山眞男『日本政治思想史研究』、東京大学出版会、1952。中译本参见〔日〕丸山真男《日本政治思想史研究》，王中江译，生活·读书·新知三联书店，2000。

一书出版，开创了日本政治思想史这一学术领域。① 书中引述"海防论"、"富国强兵论"和"尊皇攘夷论"来分析日本"早期"民族主义的形成史与形态。在《现代政治的思想与行动》上卷（1956 年）中，丸山从思想的角度分析了战前日本法西斯主义，并对比日本与欧洲和中国，指出明治维新以后日本民族主义的复杂性来自日本意识形态的分歧与多样性。② 1959 年丸山发表的《开国》③ 一文则指出日本经历了三次象征性的"开国"，分别是室町幕府至战国时期、幕末维新时期以及现在（二战后）。在《日本的思想》一书前言中，丸山真男再次论述了日本的自我认识、传统思想与外来思想以及"开国"的意义所在，即所谓"开国"具有双重意义，既包括将自己向国际社会开放，又意味着面对国际社会将自己"画"为一个国家——统一国家。④

在丸山真男开创日本政治思想史学术领域的同期，以 1956 年日本国际政治学会（The Japan Association of International Relations，JAIR）的成立为标志，日本的国际政治学也在兴起。⑤ 在日本政治思想史研究与国际政治学同步发展的背景下，战后日本的对外认识研究基本围绕着中国、朝鲜等亚洲国家和英国、美国等日本近代对外交往的主要对象国以及具有代表性的思想家、政治家展开。

在日本对外认识研究变迁中，《近代日本的对外态度》⑥ 一书的意义不容忽略。它具有三个开创性特征：第一，该书邀请美国南加利福尼亚大学的罗杰·丁曼（Roger Dingman）等 3 位美国教授合作，开创了日本学界就对外认识主题开展国际合作的先例；第二，三谷太一郎摈弃传统的政治外交史路径，从华盛顿体系下日美两国金融部门的紧密合作关系的视角，阐述了国

---

① 米原谦『日本政治思想』（増補版）、ミネルヴァ書房、2017、218 頁。
② 丸山眞男『現代政治の思想と行動』（上下卷）、未来社、1956～1957。中译本参见〔日〕丸山真男《现代政治的思想与行动》，陈力卫译，商务印书馆，2018，第 149～168 页。
③ 丸山眞男「開国」、『講座現代倫理第 11 巻　転換期の倫理思想（日本）』、筑摩書房、1959。
④ 丸山眞男『日本の思想』、岩波書店、1961。中译本参见〔日〕丸山真男《日本的思想》，区建英、刘岳兵译，生活·读书·新知三联书店，2009，第 4～10 页。
⑤ 日本国际政治学会自 1957 年起由有斐阁出版其机关杂志《国际政治》，2001 年起由英国牛津大学出版社出版英文杂志 International Relations of the Asia-Pacific，首任理事长是神川彦松。
⑥ 佐藤誠三郎・R. ディングマン編『近代日本の対外態度』、東京大学出版会、1974。

际金融资本对远东国际政治以及日本对外认识的影响;① 第三，渡边昭夫开创了以首相、外相的国会演说为研究文本的方法，指出日本人在国际社会的自我定位中使用的联合国、自由主义阵营与亚洲3个基本认识框架，在二战前与二战后具有一定的连续性。②

以近代日本思想家、政治家的对外观为主线的研究中，《近代日本的政治思想坐标——思想家和政治家的对外观》③颇具代表性。其显著特征是，除了编者宫本盛太郎之外，其余7名作者均出生于1945年以后，20世纪80年代末正值年富力强时期。他们具有敏锐的问题意识，敢于挑战新的研究问题，拓展研究范围。例如，在研究对象上，宫本盛太郎选择大正时期《东洋经济新报》的新自由主义言论来分析日本的英国观④，岛田洋一选择有"极端的日美亲善论者"之称的清泽洌（1890~1945年）的外交观来考察昭和前期日本的美国观⑤，二者在当时的对外认识研究中均具有一定新意。

战后日本出版的几套思想丛书也反映了日本对外认识研究意识的深化。自1968年起，筑摩书房率先出版了《战后日本思想大系》⑥，这是第一套汇集了1945年以后日本思想研究成果的丛书。与此同时，筑摩书房还出版了20卷本的思想丛书《日本的思想》⑦。这套丛书以人物思想为主，也收录了《历史思想集》与《幕末思想集》这两部涉及日本对外认识主题的论集。特别值得一提的是，丸山真男在为《历史思想集》撰写的解说文《日本历史观的历史》中提出，日本思想中存在一种解构外来思想的共通模式，即

---

① 三谷太一郎「日本の国際金融家と国際政治」、佐藤誠三郎・R.ディングマン編『近代日本の対外態度』、123-154頁。作者后将此文扩充成研究专著，参见三谷太一郎『ウォール・ストリートと極東―政治における国際金融資本―』、東京大学出版会、2009。
② 渡辺昭夫「対外意識における『戦前』と『戦後』―首相・外相の議会演説の分析に基づく若干の考察―」、佐藤誠三郎・R.ディングマン編『近代日本の対外態度』、225-274頁。此书中还有其他关于日本人对外认识框架的考察，参见佐藤誠三郎「幕末・維新期における対外意識の諸類型」、佐藤誠三郎・R.ディングマン編『近代日本の対外態度』、1-34頁。
③ 宮本盛太郎編『近代日本政治思想の座標―思想家・政治家たちの対外観―』、有斐閣、1987。
④ 宮本盛太郎「日本の新自由主義―東洋経済新報社の人々―」、宮本盛太郎編『近代日本政治思想の座標―思想家・政治家たちの対外観―』、263-288頁。
⑤ 島田洋一「アメリカと日本―清沢洌―」、宮本盛太郎編『近代日本政治思想の座標―思想家・政治家たちの対外観―』、187-210頁。
⑥ 『戦後日本思想大系』（全16巻）、筑摩書房、1968~1974。
⑦ 『日本の思想』（全20巻）、筑摩書房、1968~1972。

"历史意识的'古层'"论,为后来的学者观察近代日本思想史提供了或可依据或可批判的角度。①

此外,岩波书店推出的67卷本思想丛书《日本思想大系》②收录了从古代到幕末的思想类著作,与日本对外认识主题直接相关的有《幕末政治论集》③、《洋学》④与《西洋见闻集》⑤等。继之,岩波书店又出版了24卷本的《日本近代思想大系》⑥,收录了自幕末至1945年的思想言论著作,其中《开国》⑦、《法与秩序》⑧、《言论与媒体》⑨、《对外观》⑩、《历史认识》⑪、《翻译的思想》⑫等均直接涉及近代日本的对外认识。

简而言之,一方面,二战结束后至冷战前,日本的对外认识研究与日本人的战争认识、历史认识和自我认识的变化紧密相连;另一方面,诸多大部头思想丛书的出版是战后日本迅速重建并实现经济高速发展之后,日本人渴望重新认识和评价近代历史、重新定位战后日本的体现。

(二)以国际秩序与自我认知为主要特征的研究阶段(自1991年至今)

冷战结束后日本对外认识研究的第一个变化是,受到国际秩序分化与重组的影响,国际秩序观成为热点问题。小林启治运用建构主义的方法,通过论述近代日本的对外行动、对外交事务的看法等,考察了日本在二战前国际社会中的地位,分析了当时国际社会的形成、特征和变迁。⑬国际

---

① 丸山眞男「歴史意識の『古層』」、『日本の思想6 歴史思想集』、筑摩書房、1972、3 - 46頁。
② 『日本思想大系』(全67巻)、岩波書店、1970~1982。
③ 『日本思想大系56 幕末政論集』、吉田常吉・佐藤誠三郎校注、岩波書店、1976。
④ 『日本思想大系64 洋学』(上)、沼田次郎・松村明・佐藤昌介校注、岩波書店、1976;『日本思想大系65 洋学』(下)、広瀬秀雄・中山茂・小山鼎三校注、岩波書店、1972。
⑤ 『日本思想大系66 西洋見聞集』、沼田次郎・松沢弘陽校注、岩波書店、1974。
⑥ 『日本近代思想大系』(全24巻)、岩波書店、1988~1992。
⑦ 『日本近代思想大系1 開国』、田中彰校注、岩波書店、1991。
⑧ 『日本近代思想大系7 法と秩序』、石井紫郎・水林彪校注、岩波書店、1992。
⑨ 『日本近代思想大系11 言論とメディア』、松本三之介・山室信一校注、岩波書店、1988。
⑩ 『日本近代思想大系12 対外観』、芝原拓自・猪飼隆明・池田正博校注、岩波書店、1988。
⑪ 『日本近代思想大系13 歴史認識』、田中彰・宮地正人校注、岩波書店、1991。
⑫ 『日本近代思想大系15 翻訳の思想』、加藤周一・丸山眞男校注、岩波書店、1991。
⑬ 小林啓治『国際秩序の形成と近代日本』、吉川弘文館、2002。

秩序观成为热点的另一个原因是，全球化背景下的日本政治思想史研究领域不断拓展，特别是有意识地尝试开展政治思想与国际政治学科的交叉研究。

学科交叉研究的尝试，从《思想》杂志2003年第1期刊登的一组题为"帝国、战争、和平"的专题论文可见一斑。第一个专题"总体战争的世纪"考察了约翰·阿特金森·霍布森（John Atkinson Hobson）的帝国主义政治理论、汉娜·阿伦特（Hannah Arendt）的帝国主义与极权主义思想、爱德华·卡尔（Edward Carr）《二十年危机》中的国际秩序理论以及雷蒙·阿隆（Raymond Aron）的殖民地思想；① 第二个专题"从战中走向战后"聚焦20世纪上半叶的国家主权概念、国际法秩序、社会主义思想、日本帝国的殖民统治以及和平论；② 第三个专题"后冷战时期的战争与和平"围绕美国的"国际主义"、迈克尔·沃尔泽（Michael Walzer）的"正义战争"论以及"后主权"的政治思想展开。③

《思想》杂志这组专题论文的特点，一是主要采用了历史和思想相结合的路径来研究国际秩序；二是以整个20世纪的国际社会为研究对象，突破了以往对外认识以一国一时或某个民族国家为研究主体的局限性；三是研究主题紧扣帝国、战争与和平3个关键词，对人类社会具有普遍意义，与其相

---

① 参见川崎修「帝国主義と全体主義―ハンナ・アレント、ローザ・ルクセンブルク、ホブスン―」、『思想』第1号、2003、8-26頁；中村研一「帝国主義政治理論の誕生―ホブスンの戦争批判と自由主義批判―」、『思想』第1号、2003、27-46頁；遠藤誠治「『危機の20年』から国際秩序の再建へ―E. H. カーの国際政治理論の再検討―」、『思想』第1号、2003、47-66頁；北川忠明「フランス植民地帝国の解体と知識人―レイモン・アロンを中心に―」、『思想』第1号、2003、67-85頁。
② 参见篠田英朗「国際関係論における国家主権概念の再検討―両大戦間期の法の支配の思潮と政治的現実主義の登場―」、『思想』第1号、2003、86-103頁；小畑郁「世界戦争の時代における国際法秩序の構想―ヴォルフガング・フリードマンと『国民国家の危機』―」、『思想』第1号、2003、104-120頁；酒井哲哉「国際関係論と『忘れられた社会主義』―大正期日本における社会概念の析出状況とその遺産―」、『思想』第1号、2003、121-137頁；米谷匡史「矢内原忠雄の〈植民・社会政策〉論―植民地帝国日本における『社会』統治の問題―」、『思想』第1号、2003、138-153頁；苅部直「平和への目覚め―南原繁の恒久平和論―」、『思想』第1号、2003、154-171頁。
③ 参见西崎文子「アメリカ『国際主義』の系譜―ウィルソン外交の遺産―」、『思想』第1号、2003、172-189頁；杉田敦「二分法の暴力―ウォルツァー正戦論をめぐって―」、『思想』第1号、2003、190-206頁；遠藤乾「ポスト主権の政治思想―ヨーロッパ連合における補完性原理の可能性―」、『思想』第1号、2003、207-228頁。

关联的主权、社会、正义、秩序等正是21世纪国际秩序重构中不可忽视的议题；四是12篇论文的执笔者除中村研一外，基本上出生于20世纪50年代，他们的成长环境与前述《近代日本的政治思想坐标——思想家和政治家的对外观》的作者相比发生了比较大的变化，在研究视野和价值取向上已经不同于上一个世代，反映了日本学界对外认识研究视角的转变，即从以往的"从日本看世界"转变为"从世界看日本"。

政治思想与国际政治的交叉研究，还体现在日本国际政治学会主办的杂志《国际政治》第139期的主题"日本外交的国际认识与秩序构想"当中。黑泽文贵在序章中提纲挈领地用马修·佩里（Matthew Perry）叩关、一战、二战和冷战结束作为划分日本外交的4个历史节点，指出日本外交在不同时期面对不同对象时，均存在相应的等级制国际秩序观，这种观点可能是日本传统的"场"文化与国际关系中等级制理论相结合的结果。① 特别值得注意的是，松浦正孝以"泛亚主义"为关键概念，从政治经济史的角度考察了"岛国"日本从"大陆帝国"到"海洋帝国"的意识转变过程。② 这一问题意识应该与20世纪80年代中后期国际政治经济学的兴起、海洋国家理念的普及有关。

作为对全球化、国际化的一种反思，冷战后日本对外认识研究的第二个变化是出现了从"对外观"到"对内观"的转变动向。"对外观"是研究本国与外国关系的传统视角，而"对内观"则是对本国"对外观"历史的再审视。正是基于这种问题意识，1994年《季刊 日本思想史》刊登了一组关于日本"对外观"的论文，意在回溯日本在古代、中世、近世、近代等不同历史阶段的对外认识与自我认识。其中，田崎笃朗以《日本灵异记》中的地狱观为视角，分析了古代日本对中国文化的憧憬与本土意识的确立过程。③ 市川浩史从觉宪（1131～1212年）的《三国传灯记》与天竺、震旦、本朝（日本）三国秩序的关系出发，认为日本中世初期对外观中存在淡化

---

① 黒沢文貴「序論 日本外交の構想力とアイデンティティ」、『国際政治』第139号、2004、1-12頁。
② 松浦正孝「『島国』、そして『陸の帝国』から『海の帝国』へ」、『国際政治』第139号、2004、107-124頁。
③ 田崎篤朗「古代に見られる中国文化への憧憬と自土意識—『日本靈異記』における地獄観の成立をめぐって—」、『季刊 日本思想史』第44号、1994、3-22頁。

宗教权威的倾向。① M. 威廉·斯蒂尔（M. William Steele）分析了江户时代瓦版画上的构图，指出江户时代的日本人并不否定日本落后于西洋的现实，但瓦版画上出现的"大日本""献上"等字样也显示出日本人以自我为中心的民族主义心理在不断高涨。②

此外，20世纪90年代日本学界对古代对外认识的研究提到了"白村江战役"（663年）。例如，森公章的《古代日本的对外认识与通交》，基于日本天皇称号的成立、日本对唐朝的认识等，分析了古代日本外交政策与对外交往情况，以及"白村江战役"之前的东亚形势，指出古代日本的对外认识存在"事大主义"（权势主义）和"日本中心主义"双重构造。③《丰臣政权的对外认识与朝鲜侵略》分析了丰臣秀吉政权的对外认识、朝鲜战争与东亚形势之间的关系，作者北岛万次认为丰臣秀吉侵略朝鲜与神功皇后征伐三韩有相似之处，都是由日本对朝鲜的蔑视而起。④ 这两部著作的不同在于研究对象分别是中国唐朝和朝鲜，共性则是从与对外战争的内在联系的视角来考察日本的对外认识，这一角度值得参考借鉴。

冷战后日本对外认识研究的第三个变化是国际共同研究显著增多。21世纪伊始，日本与韩国实施了两次共同研究，包含日韩两国之间相互认识在内的成果引人注目。日本与韩国学者从思想史角度，分别阐述了17~19世纪两国民众对各自国家的认识，并从多个角度分析了日韩关系中与近代化进程同步迸发的民族主义和相互认识。⑤ 日韩共同研究是双方在21世纪既竞争又合作的国际秩序中，将"国家理念"重新置于各自历史条件下，探讨其内涵与对外认识的关系的一种尝试，具有很强的现实意义。

为了促进东亚民众正确理解历史，中、日、韩三国历史学者先后共同编写了《东亚三国的近现代史》⑥与《超越国境的东亚近现代史——国际秩序

---

① 市川浩史「覚憲『三国伝燈記』と三国—中世初期における対外感の一側面—」、『季刊日本思想史』第44号、1994、23-37頁。
② M. W. スティール「庶民と開国—新たな対外世界像と自国像—」、『季刊 日本思想史』第44号、1994、47頁。
③ 森公章『古代日本の対外認識と通交』、吉川弘文館、1998。
④ 北島万次『豊臣政権の対外認識と朝鮮侵略』、校倉書房、1990。
⑤ 朴忠錫・渡辺浩編『国家理念と対外認識』、慶應義塾大学出版会、2001。
⑥ 《东亚三国的近现代史》共同编写委员会编《东亚三国的近现代史》，社会科学文献出版社，2005。

的变迁》①。《超越国境的东亚近现代史——国际秩序的变迁》从国际关系演变的角度叙述东亚三国近现代史的结构变化。接着，同样基于为民众建立跨越国境的历史认识提供有益经验的初衷，中日两国历史学家采用"同一题目，交换意见，充分讨论，各自表述"的方式，共同撰写了《中日共同历史研究报告》，报告分为古代史卷和近代史卷，两国学者分别撰写的"中国人与日本人的相互认识"出现在"古代史卷"，从中可以看出中日学者在研究方式与认识方法上存在差异。尽管两国民众要在历史问题上取得相互理解具有一定困难，但此报告的完成与公布对于促进理解和尊重与"自己的意见相左的意见"具有积极意义。②

冷战后日本对外认识的第四个变化是，冷战结束与全球化浪潮、日本国内"1955年体制"的终结等内外因素变化也反映在近年出版的丛书和著作当中。《日本思想史讲座》③全5卷与《岩波讲座 日本的思想》④全8卷，展现了日本对外认识研究的最新成果。其中，《岩波讲座 日本的思想》第3卷的标题是《内与外：对外观与自我形象的形成》，此卷通过日本的"内"和"外"思想的交汇碰撞案例，考察了"日本"在与外部交流过程中所形成的自我认识及对外认识的变迁。⑤对外认识的归结点是自我认识，对外认识与自我认识是表里一体的关系。在此意义上，"对外观"即"对内观"。

三 日本对外认识研究的主题

日本对外认识的研究范畴涉及政治学、历史学与哲学三大学科，主要归属于政治思想史和国际政治学的学科交叉领域。尽管日本的对外认识研究经历了近代、二战后及冷战后3个发展阶段，但其关注的主题已经具备相对稳定性。通过对相关文献的分析和梳理，日本对外认识研究的主题总体上可以

---

① 中日韩三国共同编纂委员会：《超越国境的东亚近现代史——国际秩序的变迁》，社会科学文献出版社，2013。
② 步平、〔日〕北冈伸一主编《中日共同历史研究报告》，社会科学文献出版社，2014。
③ 『日本思想史講座』（全5卷）、ペリカン社、2012～2015。
④ 『岩波講座 日本の思想』（全8卷）、岩波書店、2013～2014。
⑤ 『岩波講座 日本の思想第3卷 内と外―対外観と自己像の形成―』、岩波書店、2014。

归纳出西洋与东洋、区域与国别、权力与秩序、对外认识与自我认识4组主要关系。

（一）西洋与东洋认识研究

日本对外认识的研究，首先便是对"西洋"与"东洋"这一对概念的内涵进行探讨。

"西洋"与"东洋"最初是用于表示海域的词语，元代汪大渊所撰《岛夷志略》、明代张燮所撰《东西洋考》两本书中，均把南海东部及其附近诸岛（大约为北半球东经110度以东——主要是加里曼丹岛、菲律宾群岛等）称为"东洋"。因为日本位于中国之东的海洋，清朝以来，中国人便称日本为"东洋"。17世纪以后，日本开始使用"西洋"来称呼欧洲国家，并且赋予"西洋"文化上的意蕴，即代表一种与日本乃至东亚异质的社会形态。① 与之相对，日本开始使用"东洋"来称呼东方国家，同样也赋予其文化意蕴。在日本人的意识中，"东洋"与"西洋"是世界两大文化圈。将东洋与西洋作为相对概念理解，又将二者统一起来，是近代以后日本人认识世界的根本方法。②

日本学界的西洋认识研究，多以反思西洋文明为主。筑后则的《明治初期日本关于近代文明的三大争论》一文，以明治启蒙思想家中的代表性人物福泽谕吉、西村茂树和中江兆民的西洋观为研究视角，通过对3位思想家所主张的"功利""道德""义理"的综合比较分析，探讨了近代日本引进西洋文明的历史走向。③ 此外，还有一些研究具体考察了在日本近代启蒙思想形成过程中，日本对西洋各国的态度、对西洋文明的看法，指出日本西洋观的转变与启蒙思想的形成，需要在克服传统思想的基础上实现。④ 与此相对，日本的东洋认识研究则比较系统，而且现有研究均在不同程度上指出

---

① 严绍璗：《日本中国学史稿》，学苑出版社，2009，第216页。
② 河原美耶子「日本近代思想の形成過程　その一——東洋対西洋観を中心として—」、『教育学雑誌』第27号、1993、16~27頁。
③〔日〕筑后则：《明治初期日本关于近代文明的三大争论》，《日本研究》2007年第2期，第16~19页。
④ 植手通有『日本近代思想の形成』、岩波書店、1974。

"东洋"概念具有多重内涵。① 其实,对"东洋""东洋史"的诠释,既隐藏着日本人试图去除中国在历史与传统等方面对自身所产生的影响的意图,也是日本人为了同西洋相抗衡以确立日本独特性的尝试。

(二)地域与国别认识研究

日本对外认识研究的第二个重要主题是地域与国别认识研究。其中,选取近代日本思想史上的代表人物来考察其亚洲认识②、中国认识③、朝鲜认识④、美国认识⑤等研究尤为突出,这是因为这些国家是近代日本交往的主要对象。而且,无论是在文化意义上还是在地理意义上,中国始终是日本无法回避的存在。与此相关联,朝鲜也被列为重要的研究对象。整体上看,无论是新闻媒体的视角还是文学的视角,对朝鲜认识的研究丰富了日本对外认识研究的内涵。

此外,从相互交流的视角来重新认识包括中国在内的亚洲认识视角⑥,以及重新反思日本与美国的相互认识⑦等研究,同样值得注目。为增进地域与国别之间的相互认知,日本学界还与其他国家就对外认识主题开展了国际合作研究。这种合作研究通常会集有不同背景的学者,并以两种语言同时出版成果,起到了良好的效果。⑧ 遗憾的是,由于政治和历史因素影响,目前此类国际合作研究似乎难以为继。

---

① 参见李小白《明治维新时期日本人西洋意识的诸类型》,《东北师大学报》(哲学社会科学版)2006年第5期,第60~64页;钱国红『日本と中国における「西洋」の発見』、山川出版社、2004。
② 参见古屋哲夫編『近代日本のアジア認識』、緑蔭書房、1996;岡本幸治編『近代日本のアジア観』、ミネルヴァ書房、1998;〔日〕子安宣邦《近代日本的亚洲观——重新认识日本近代化》,赵京华译,生活·读书·新知三联书店,2019;〔日〕安川寿之輔《福泽谕吉的亚洲观》,孙卫东、徐伟桥、邱海水译,香港社会科学出版社有限公司,2004。
③ 参见野村浩一『近代日本の中国認識—アジアへの航跡—』、研文出版、1981;松本三之介『近代日本の中国認識—徳川期儒学から東亜協同体論まで—』、以文社、2011;〔日〕子安宣邦《近代日本的中国观》,王升远译,生活·读书·新知三联书店,2020。
④ 中塚明『近代日本の朝鮮認識』、研文出版、1993。
⑤ 参见澤田次郎『近代日本のアメリカ観—日露戦争以降を中心に—』、慶応義塾大学出版会、1999;長谷川雄一編著『大正期日本のアメリカ認識』、慶応義塾大学出版会、2001。
⑥ 山室信一『思想課題としてのアジア—基軸・連鎖・投企—』、岩波書店、2001。
⑦ 加藤秀俊・亀井俊介編『日本とアメリカ—相手国のイメージ研究—』、日本学術振興会、1991。
⑧ 例如,劉傑・楊大慶・三谷博編『国境を越える歴史認識—日中対話の試み—』、東京大学出版会、2006;刘杰、〔日〕三谷博、杨大庆等:《超越国境的历史认识:来自日本学者及海外中国学者的视角》,社会科学文献出版社,2006。

(三) 权力与秩序认识研究

权力与秩序认识也是日本对外认识研究中的一组关键词。如同田中明彦与川岛真所指出的，近代世界体系的特征是以具有相互排他性的国境线为标志的主权国家组成的国际体系与跨越国境线的世界经济体系并存。① 在日本的国际秩序观研究以近代时期为主流的情况下，由1970年以后出生的日本青年学者合著的《历史中的国际秩序观》从历史的维度探讨了20世纪包括日本在内的不同国家和地区面对美国霸权的国际秩序观，研究视野与立论视角均具有一定新意。②

酒井哲哉运用这种方法论，将国际关系的谱系置于20世纪思想史中，从思想史和政治史两个角度考察近代日本国际秩序论的发展，分析近代日本对外思想中的亚洲主义与"脱亚论"的二元对立。③ 同样是运用思想史与国际关系结合的方法论，大木康充以二战前德国陷入本民族文化至上主义为教训，从与"军国主义"相对抗的角度，指出"文化主义"在思想史上的意义，并指出"文化主义"与二战后"文化国家"理念之间的关系。④

(四) 对外认识与自我认识研究

如前所述，对外认识的归结点是自我认识，日本人的对外认识问题，归根结底也是日本如何认识自身的问题。特别值得一提的是，桂岛宣弘摆脱了单一研究的形式，将对外认识与自我认识——自他认识纳入研究范畴，以德川到明治时代的对外认识及其深层的自我认识为切入点，考察了儒学、宗教、近代天皇制、民族主义等，并对日本思想史学及东亚思想史学做了反思和批判。⑤ 的确，自他认识及其相互影响、相互作用机制是值得进一步深入

---

① 田中明彦・川島真編『20世紀の東アジア史Ⅰ 国際関係史概論』、東京大学出版会、2020、Ⅵ頁。
② 葛谷彩・小川浩之・西村邦行『歴史のなかの国際秩序観—「アメリカの社会科学」を超えて—』、晃洋書房、2017。
③ 酒井哲哉『近代日本の国際秩序論』、岩波書店、2007；高蘭『アジア主義における脱亜論—明治外交思想の虚像と実像—』、明徳出版社、2007。
④ 大木康充「近代日本における『文化主義』の登場とその展開—桑木厳翼・金子筑水・土田杏村—」、伊藤信哉・荻原稔編著『近代日本の対外認識2』、彩流社、2017、110-153頁。
⑤ 〔日〕桂岛宣弘：《从德川到明治：自他认识思想史》，殷晓星译，中国社会科学出版社，2019。

研究的课题。

对于如何看待和谈论"日本人"和"日本"的问题，田中优子认为江户时代日本已经出现了近代民族主义思想的早期形态，因此从以江户时代日本人自我认识为起点的研究中可以获得启发。她指出，理解江户时代日本自我认识的关键是，日本对统摄于"华夷秩序"中的虾夷、琉球等外部区域的态度，与内部作为"和国""武国""神国"等自我意识是共存的。① 尽管这个结论并不新鲜，但它使用能、春画、歌谣、净琉璃等作为素材的研究手法仍然值得肯定。

综上所述，日本的对外认识研究围绕这四组研究主题铺开，总的来说呈现出两个特点。第一，近代日本国际秩序论的研究受到冷战后至21世纪世界秩序的现实影响，松本三之介的"东亚协同体论"研究便是典型案例。② 上文详述的日本国际政治学会杂志《国际政治》刊发的"日本外交的国际认识与秩序构想"专题论文亦如此。第二，媒体、舆论历史研究的兴起。信息技术的发展促进报纸、杂志的电子化，有利于研究者检索和收集资料，进行系统研究。近代日本的朝鲜认识研究就是以杂志和出版物为主要研究素材，通过文本分析考察近代日本人的朝鲜观。③ 以《外交时报》为对象的研究也采用了同样的研究方法。④ 同时，还出现了在比较同一时期报纸论调的基础上，归纳其背后舆论趋势的研究⑤，这种研究颇具启发意义。

四 近年日本对外认识研究的新趋势和新观点

近年，日本的对外认识研究主题相对集中和稳定，也出现了学科相互交

---

① 田中優子編『日本人は日本をどうみてきたか―江戸から見る自意識の変遷―』、笠間書院、2015、4-9頁。
② 同类主题的研究还有：石井知明・小林英夫・米谷匡史編著『一九三〇年代のアジア社会論―「東亜協同体」論を中心とする言説空間の諸相―』、社会評論社、2010。
③ 参见里上竜平「近代日本の朝鮮認識―朝鮮保護政治期の雑誌・出版物にみる日本人の朝鮮観―」、尾崎ムゲン「教育雑誌にみるアジア認識の展開」、古屋哲夫編『近代日本のアジア認識』、緑蔭書房、1996；琴秉洞編・解説『資料・雑誌にみる近代日本の朝鮮認識：韓国併合期前後』（全5巻）、緑蔭書房、1999。
④ 伊藤信哉「一九二〇年代『外交時報』にみる日本知識人の対外認識―半沢玉城と末広重雄を中心に―」、武田知己・萩原稔編『大正・昭和期の日本政治と国際秩序―転換期における「未発の可能性」をめぐって―』、思文閣出版、2014、82-112頁。
⑤ 片山慶隆『日露戦争と新聞―「世界の中の日本」をどう論じたか―』、講談社、2009。

叉与融合的趋势。另外，对于近代日本历史分期，日本学界提出了新的观点，值得关注。

（一）近年日本对外认识研究的新趋势

以西洋与东洋、区域与国别、权力与秩序、对外与自我为主要论题的日本对外认识研究，近年呈现出一些新趋势，值得关注。

第一，就研究对象而言，打破了常规的以政治家、官僚、财界、军界等人士的言论如何对现实政策产生影响为研究对象的政治外交史研究范式，以及以代表时代思潮的思想家言论的背景、影响等为研究对象的思想史研究范式的壁垒。例如，伊藤信哉选择国际法学者、法制官僚、日本外交史的奠基人有贺长雄为研究对象，以其在《外交时报》上发表的著述为内容，分析了其从日俄战争到一战期间的对外认识，指出与抽象的观念和一以贯之的外交思想相比，有贺长雄在国际政治中更重视维护国家利益和扩张民族生存空间，发挥了作为"帝国主义外交"传道者的作用。① 服部聪的《二战结束前日本外务省的国际联盟认识》，分析了日本加入国际联盟的动机、活动和效果，认为国际联盟没有发挥预想的作用，日本因此开始对国际协调持否定态度。②

第二，与传统的以亚洲与欧美、东洋与西洋等特定对象和概念的研究不同，有些研究并不拘泥于地理范围，还对相近类型的思想家的对外认识进行对比研究。例如，荻原稔就对比了活跃于20世纪30年代的两位右翼思想家满川龟太郎和北一辉对"大东亚战争"、九一八事变的反应，以及对中国和西洋列强认识的异同等，指出日本对"泛亚主义"理念的执着在一定程度上引发了"大东亚战争"，并提出日本在亚洲的战争对于"右翼"的意义的问题。③

第三，在现实政策和设想之外，还以未能付诸实践的设想和认识为研究

---

① 伊藤信哉「有賀長雄の対外認識—ある学者官僚の栄光と蹉跌—」、伊藤信哉・荻原稔編著『近代日本の対外認識1』、彩流社、2015、29－75頁。
② 服部聡「終戦前後における日本外務省の国連認識—国際連盟での教訓と国際社会への復帰—」、伊藤信哉・荻原稔編著『近代日本の対外認識1』、268－303頁。
③ 荻原稔「1930年代の日本の右翼思想家の対外認識—満川亀太郎・北一輝を中心に—」、伊藤信哉・荻原稔編著『近代日本の対外認識1』、228－267頁。

对象。比如，中谷直司就重点关注了巴黎和会到华盛顿会议的交涉过程，指出：一方面，既往的日美关系史研究强调这一交涉过程是美国"新外交"理念的实践结果，形成了一种有别于传统大国间政治的新秩序，即"华盛顿体系"；另一方面，日英关系史研究则强调"华盛顿体系"作为有别于第一次世界大战前的新秩序，并非在华盛顿会议上形成的，因为华盛顿会议并无有计划、有组织的议程和理念，只是各国相互交易与妥协的结果。在此基础上，中谷认为"华盛顿体系"内潜藏着日、美、英三国的理念对立，而美国未能加入国际联盟是一战后东亚秩序逐步走向紧张的原因之一，并在很大程度上影响了英国的亚洲外交政策。①

第四，提出了日本对外认识研究中的"现实"、"认识"与"表现"的三分法。坂野润治是这一观点的首创者，他通过对比福泽谕吉的《脱亚论》（1885年）和《时事小言》（1881年），指出福泽在前一文中认识到"欧美对亚洲的侵略不仅危及中国、朝鲜，也同样危及日本"，而在后一文中指出"日本也可能参与欧美对亚洲的侵略"，两种认识差异背后是其对国际形势认识转变的一种"夸张表现"。② 在此基础上，作者进一步指出必须区分以下三种类型：一是客观国际形势的"现实"，二是著述者对"现实"的"认识"，三是著述者对"现实"的"表现"。换言之，研究者必须清醒地认识到著述者的"表现"只是其对外观的表象，"表现"后隐藏着著述者对"现实"的"认识"，必须从著述者的具体对外政策等对外论中分析其"思想"。③ 这种"三分法"在对外认识的研究中具有方法论的指导意义。

（二）当前日本对外认识研究的新观点

历史时段和地理空间，是对外认识研究的两个基础条件。如何界定研究对象的时间和空间是研究者问题意识与价值取向的体现。当前日本对外认识研究中，有学者提出了重新界定近代日本历史时段的观点。

关于近代日本历史阶段的划分，思想史领域一般将其界定为始于幕末危机而止于第二次世界大战结束的历史期间。末木文美士的《日本思想史》

---

① 中谷直司「『強いアメリカ』と『弱いアメリカ』の狭間で—『ワシントン体制』への国際政治過程—」、伊藤信哉・荻原稔編著『近代日本の対外認識1』、113－157頁。
② 坂野潤治『近代日本とアジア—明治・思想の実像—』、筑摩書房、2013、14－16頁。
③ 坂野潤治『近代日本とアジア—明治・思想の実像—』、21頁。

是一部以神权与王权为基本视角，审视飞鸟、奈良时代至平成时代结束的最新思想通史，其对近代日本的历史分期也基本遵循了以明治维新为开端和以昭和前期为终点的通行分期法。① 而国际政治学领域所言的近代日本通常指从1853年美国海军将领佩里率领"黑船"抵达江户湾至20世纪50年代美军主导的民主化改革结束的100年左右的日本。

具体到近代日本的起始时间，日本学界有1853年佩里叩关和1868年明治维新两种观点。以1853年佩里叩关为近代日本起点的早期事例，有1907~1908年大隈重信主持撰写的两卷本《日本开国五十年史》②。《日本开国五十年史》全面叙述了佩里叩关后50年内，日本在政治、思想、经济、军事、外交，以及工业、商业、农业、矿业、传媒业等各领域摸索改革与追求独立富强的过程，该书资料翔实，具有较高的研究价值，是近代时期出版的日本政治外交通史的奠基作品。入江昭于1966年出版的《日本的外交》是二战后较早将1868年明治维新作为日本进入近代的标志的国际政治学通史类研究专著，该书的副标题"从明治维新到现代"清晰地界定了历史分期。③ 2020年有斐阁出版了清水唯一朗等3名日本中青年学者合著的《日本政治史》，书中将佩里叩关作为日本近代国家、近代国际关系开始形成的标志事件，并以日本战败投降为近代日本结束的标志。④

另外，以1945年为近代日本历史的终结点，"战前"与"战后"成为其历史分期方法的两个象征词，特别是日本历史学界对于昭和历史的论著，多用"战前""战后"或"昭和前期""昭和后期"的表述，如七卷本的《昭和史讲义》中有"战前文化人篇"和"战后篇"。⑤ 整体而言，从明治时代到令和时代，百余年来日本对近代历史的分期已基本形成共识。

然而，值得注意的是，针对日本学界通行的将1853~1945年或1868~1945年作为近代的历史分期方法，2015年日本彩流社出版的《近代日本的对外认识》第1册提出了以19世纪90年代中后期至20世纪50年代中期为

---

① 末木文美士『日本思想史』、岩波書店、2020、168-207頁。
② 〔日〕大隈重信：《日本开国五十年史》，上海社会科学院出版社，2007。
③ 入江昭『日本の外交——明治維新から現代まで——』、中央公論新社、1966。
④ 清水唯一朗・瀧井一博・村井良太『日本政治史』、有斐閣、2020、3頁、244-247頁。
⑤ 筒井清忠編『昭和史講義　戦前文化人篇』、筑摩書房、2019；筒井清忠編『昭和史講義　戦後篇』、筑摩書房、2020。

近代的主张。该书选择将19世纪末作为近代日本开端的依据是，编著者认为："1895年日本占据台湾，开始经营海外殖民地区。在此时期前后，欧洲列强开始'瓜分清国'、美国占领菲律宾等，帝国主义外交浪潮逼近了东亚。"① 此前，日本的目标是追求国家独立和取得与欧美国家的对等地位，以1895年为分界线，日本人开始将目光投向广阔的海外世界，并且就日本的前途展开思想论争。该书选择将20世纪50年代中期作为近代日本结束的依据，编著者认为："在太平洋战争中失败以及在新的国家体制下实现了独立的日本，在这一时期完成了与苏联恢复邦交、加入联合国，'1955年体制'后国内政治对立结构形成。"② 此前，围绕实现国家独立和与社会主义国家修复关系的方式，日本国内出现了"全面媾和论"与"单独媾和论"两种不同意见③，日本人的对外认识也呈现出多样性。但是，进入20世纪60年代以后，这种情况发生了变化，自此日本围绕对外政策的讨论都是在国内政治对立结构的前提下进行的。在此意义上，该书的编著者认为20世纪50年代中期意味着近代日本的终结，是日本历史上的一个分水岭。

上述关于近代日本历史分期的新提法，将近代日本从通常意义上的100年左右时间缩短至约60年，显示出当前日本学界存在一种将近代日本相对化的意识。第一，将近代日本的起始时间从1853年或1868年推迟至1895年，这种用中日甲午战争的胜利来冲淡幕末日本与欧美国家签订不平等条约所带来屈辱记忆的做法，意在淡化日本人对近代历史开端的不愉快、不光彩的记忆。第二，将1895年日本占领中国台湾置于帝国主义浪潮席卷亚洲的背景下，不仅回避了日本对朝鲜的占有野心是造成中日甲午战争的直接原因的事实，也回避了日本要求清政府割地赔款并给中国人民带来巨大损失的事实。第三，按照上述逻辑将近代日本大约60年的时间称为"日本历史转折期"，并将其置于大英帝国衰退、美苏崛起等近代国际秩序调整期来理解的方法，对于日本发动对外侵略的历史有避重就轻之嫌。

---

① 伊藤信哉·荻原稔编著『近代日本の対外認識1』、5-6頁。
② 伊藤信哉·荻原稔编著『近代日本の対外認識1』、6頁。
③ 张帆：《战后日本现实主义国际政治思想的原点——日本型现实主义析论》，《日本学刊》2018年第2期，第139~140页。

结　语

日本是对近代中国影响最深远的国家之一。"论往昔,中华东瀛为友为敌是非在;望前程,环宇生民是福是祸总相关。"① 基于这种基本问题意识,本文考察了日本对外认识研究的历史变迁,分析主要论题,揭示最新趋势,发现其中问题,目的是为中国学者提供一个思考的参照物。对于日本而言,在福泽谕吉的"脱亚论"背后,是日本在西洋与东洋、传统与近代、权力与秩序、区域与国别、对外认识与自我认识之间的诉求和挣扎。无论是传统的思想史领域或国际政治学领域,还是政治思想史与国际政治学的学科交叉领域,日本如何看待传统中国的资源、近代中国的屈辱与当代中国的崛起,是日本学术界一个既老又新的话题。

中国与日本是邻国,当今分别为世界第二大和第三大经济体。然而,无论是中国还是日本,在以欧美英语世界为主导的西方学术话语体系中,仍然处于"周边"而非"本土"的位置。② 在地缘政治、学术话语与共同价值上,中日在东亚地区可谓命运与共,休戚相关。因此,今后两国学者,特别是科研机构和高校的青年学者应该本着求同存异、坦诚交流的原则,进一步开展学术对话,以期促进两国社会的相互认知和理解。

（审校：张耀之）

---

① 中国社会科学院陈奎元院长为中国社会科学院日本研究所建所30周年所写题词。
② 贺平：《国际日本研究的中文译介述略——第三方镜鉴的意义》,《日本学刊》2020年第2期,第157页。

• 书评 •

"本土书写者"的困境与呐喊
——评《学术世界体系与本土人类学：近现代日本经验》

贺 平*

内容提要：桑山敬己所著《学术世界体系与本土人类学：近现代日本经验》一书提出，日本在"学术世界体系"中处于边缘地位，而"本土人类学"则是构筑更加平等的"对话空间"、重塑"民族志三重结构"的出路所在。该书的主要观点及其引起的学术争论对于反思"中心"与"边缘"、"本土"与"非本土"、"国别研究"与"学科研究"等多对关系颇有启迪。因此，这一著作的意义也超越了人类学的学科藩篱以及"区域研究"的国别界限，对于在全球视野和社会科学整体背景下检视"日本研究"亦有助益。

关 键 词：学术世界体系　日本研究　本土人类学　国际关系研究

在知识和学术的"世界体系"中，本国处于怎样的位置？这一位置是否公正、合理、恰如其分？如果不是，何以至此，出路又在何方？这些问题是大部分国家的知识分子不时自我反思和质疑的问题。从人类学的学科出发，日本学者桑山敬己也给出了自己的回答。2008年，桑山出版了专著《学术世界体系与本土人类学：近现代日本经验》。2019年12月该书被翻译成中文，作为"日本现代人类学译丛"著作之一，由商务印书馆出版发行。①

---

* 贺平，国际政治学博士，复旦大学日本研究中心教授，主要研究方向为国际政治经济学。
① 〔日〕桑山敬己：《学术世界体系与本土人类学：近现代日本经验》，姜娜、麻国庆译，商务印书馆，2019。本文中关于该书内容的介绍，如无特殊说明，均引自此译本。

一 其人其书

桑山敬己是日本著名的文化人类学家,生于1955年,在东京外国语大学相继完成英语专业本科和地域文化专业硕士研究生课程,1982年获得富布赖特奖学金赴美留学,1989年在加利福尼亚大学洛杉矶分校获得文化人类学博士学位,博士学位论文题为"日本人的自我概念:自律与他律的动态变化"。此后,桑山在弗吉尼亚联邦大学担任了近4年的讲师。1993年,桑山离开居住了11年的第二故乡美国,回到日本。返日后,除了在创价大学短期执教外,桑山主要供职于北海道大学,2018年3月从北海道大学退休后转至私立的关西学院大学继续工作。

《学术世界体系与本土人类学:近现代日本经验》是桑山敬己长期积累、反复思考的成果,在相当程度上也是其个人学术历程的写照。长期的海外留学和执教经历无疑对桑山观察、体验和反思不平等的学术权力结构有着重要影响。在原著的序言和后记中,桑山自述了该书诞生的来龙去脉。他从1995年开始进行本土人类学研究的思考和写作,并于1997年在日本国内的《民族学研究》杂志上发表了其在"本土人类学"领域的第一篇论文,题为《"现地"的人类学——以内外的日本研究为中心》。该文虽然以日文发表,但其英文摘要引起了国际同行的关注。为此,他接受了牛津大学日本人类学家罗杰·古德曼(Roger Goodman)的建议,重新梳理了该文的长篇英文摘要,并发表在国际学术团体"日本人类学研究会"(JAWS)的学术通讯上。荷兰的日本人类学家扬·范布雷曼(Jan Gerhard van Bremen)还在同期学术通讯上刊登了对《民族学研究》上的日文原文颇具建设性的评论。以此为契机,日本本土人类学的讨论逐渐走向国际学术圈。此后,加拿大的日本人类学家帕梅拉·阿斯奎思(Pamela Asquith)等不少学者陆续加入讨论。围绕"日本本土人类学"主题,1999年在大阪国立民族学博物馆召开的第12届日本人类学研究会年会上还组织了一个分科会,其成果于2000年刊发在《立命馆亚洲太平洋大学纪要》特刊上。在此基础上,桑山将发表在《今日人类学》《自然人类学》等刊物上的数篇论文大幅修改后结集成册,形成英文版书稿 *Native Anthropology: The Japanese Challenge to Western Academic*

Hegemony，2004 年由澳大利亚墨尔本的跨太平洋出版社出版。① 2008 年，根据日本读者的阅读特点，桑山又对原有内容做了若干调整和补充，并由日本主营法律和社会学著作的弘文堂出版了日文版『ネイティヴの人類学と民俗学—知の世界システムと日本—』。2019 年的中译本《学术世界体系与本土人类学：近现代日本经验》即译自这一日文版。不难看出，中译本的标题保留了"本土人类学"这一关键词，融合了英文版和日文版标题的精华，但也相对弱化了英文版标题所蕴含的问题意识与批判气势。

该书的英文版问世后，在日本人类学的国际学术共同体内引起了较大反响，不少学者纷纷引用该书，并参与其核心命题的学术讨论。相关学术书评整体上评价颇为积极，也不乏共鸣。② 在此之后，桑山本人又陆续发表了数篇论文，在回应学界同仁、阐述自身立场的过程中，进一步扩展和深化了原有的思考。从该书日文版的参考文献可以看出，桑山本人的著述中，有近一半是在 2004 年英文版出版后发表的。可以说，该书虽是独著，但在一定意义上是桑山与学界志同道合者切磋的互动成果。该书的英文版共 184 页，并不算长，但日文版则有 350 页，增加了不少内容。因此，相比英文版，4 年之后成书的日文版更显下笔从容、篇幅绰然，在观察、判断和行文上也更为充实周全。日文版成书之后，桑山也并未停止对这一主题的探讨，继续著书立说，将其应用于对阿伊努等议题的研究。③

《学术世界体系与本土人类学：近现代日本经验》一书分为三个部分：第一部分从人类学的视角，整体分析学术世界体系；第二部分以柳田国男为

---

① 跨太平洋出版社（Trans Pacific Press）是 2000 年初由在澳大利亚长期执教的日本社会学和文化人类学学者杉本良夫组织成立的，主要致力于出版有关日本以及其他亚洲国家研究的英文学术论著。这一机构本身或许就是日本和亚洲的社会科学研究面对"本土化"和"国际化"的悖论时做出的某种尝试。

② 参见 Alberto G. Gomes, "Review on Native Anthropology", *Journal of Intercultural Studies*, Vol. 26, No. 3, 2005, pp. 283 – 285；沼崎一郎「書評 桑山敬己著 *Native Anthropology*: *The Japanese Challenge to Western Academic Hegemony*」、『文化人類学』第 70 巻第 2 号、2005、285 – 289 頁。关于日文版的书评可参见沢尻歩「書評・紹介 桑山敬己著『ネイティヴの人類学と民俗学—知の世界システムと日本—』」、『北海道民族学』第 5 号、2009、43 – 47 頁；中西裕二「書評 桑山敬己著『ネイティヴの人類学と民俗学—知の世界システムと日本—』」、『日本民俗学』第 281 号、2015、90 – 94 頁。

③ 参见 Takami Kuwayama, "The Ainu in the Ethnographic Triad: From the Described to the Describer", in Joy Hendry and Laara Fitznor, eds., *Anthropologists, Indigenous Scholars and the Research Endeavour Seeking Bridges Towards Mutual Respect*, New York: Routledge, 2012。

例，考察日本的文化人类学与民俗学；第三部分从《菊与刀》和美国的人类学教科书切入，透视美国如何表述日本。全书的主体和核心事实上是第一部分的三章，桑山本人在第二章的结语部分将全书的基本观点归纳为六点：第一，在人类学的言说特别是民族志中，"本土人"被结构性地排除在外；第二，近代殖民主义中的西方霸权是造成这种状况的罪魁祸首；第三，本土人类学家因为在学术世界体系中处于边缘位置，只发挥了次要作用；第四，英国、美国、法国处于学术世界体系的中心位置，为世界各地的知识生产设定了阶层化的基准；第五，开放式文本有助于超越个人研究者的主观性，获得某种客观性；第六，人类学家应创造一种平等参与对话的平台和空间，使包括"本土人"（特别是知识阶层）在内的各个利益主体都能参与其中。这六个观点前后呼应，逻辑一以贯之，第一点开宗明义地呈现问题的结果或表征，第二点至第四点分析成因，第五点和第六点则探讨缓解之道。

具体而言，桑山的论述主要围绕两个关键词展开，即"学术世界体系"与"本土人类学"。

首先，毫无疑问，伊曼纽尔·沃勒斯坦（Immanuel Wallerstein）的"世界体系论"对桑山从人类学的角度思考"学术世界体系"产生了重大影响。同时，桑山的分析也从瑞典人类学家托马斯·耶霍尔姆（Tomas Gerholm）和乌尔夫·汉内斯（Ulf Hannerz）等人的研究中获得了不少灵感。他们将"中心与边缘"的关系比喻为"本土与离岛"的关系。离岛的人必须知道本土的情况，也迫切地想知道本土的情况，而本土对离岛则缺乏兴趣。这种"印象主义式"的观察不乏量化数据的支撑和佐证。[①] 在相当意义上，这一对"学术世界体系"的感知和反应似乎在"中等国家"表现得更为突出，因此桑山与这些学者产生强烈的共鸣和同感也在情理之中。

印度裔学者阿希尔·古普塔（Akhil Gupta）和美国学者詹姆斯·弗格森（James Ferguson）曾在1997年两人主编的《人类学定位》一书中提出近乎完全一致的观点。他们指出，在"地缘政治学霸权"的影响下，人类学研究存在"中心"与"边缘"的结构，英国、美国、法国把持着中心的

---

① Sébastien Mosbah-Natanson and Yves Gingras, "The Globalization of Social Sciences? Evidence from a Quantitative Analysis of 30 Years of Production, Collaboration and Citations in the Social Sciences (1980 – 2009)", *Current Sociology*, Vol. 62, No. 5, 2014, pp. 626 – 646.

权力。① 此外，在社会科学中，不少理论都有对空间权力格局的想象和类比，如政治经济学中的"辐轴理论"、内藤湖南的"文化中心移动说"、施坚雅关于中心与边缘的"三级市场理论"等。这些形象化的概念阐释或许对桑山"学术世界体系"论的建构也不无启发。

桑山的核心观点是，日本处于"知识世界体系的边缘位置"，日本只是"西方人的表述对象"，而日本对自身的表述"很难传达到世界体系的中心地带"。在"描述者＝殖民者＝观察者＝了解者"和"被表述者＝被殖民者＝被观察者＝被了解者"的连等式中，西方和日本被分别置于两端。"边缘生产的知识无论多么有价值，只要与中心的标准和期待不符，就很难见天日。"反过来，即便是那些自感处于边缘位置的美国学者，事实上他们也处于学术世界体系的中心位置，无论如何，"中心中的边缘"仍高于边缘。② 为此，日本的"本土人类学家"需要改变"被客体化""被对象化"的状态，摆脱上述所有的"被"字，成为自我表述、自我书写的主人。

桑山指出，当美国的日本研究尚未成熟时，曾几何时也需要日本研究者的协助，但一俟自成规模和体系，美国研究者便与日本的研究同行分道扬镳了。此时，对美国的日本研究者而言，"报道人"（informant）远比当地的同行更有交流的价值。③ 尽管"报道人"的表述日益被替换成"合作者"（collaborator），但在桑山看来，本土的研究者至多是一个了解当地情况的助手，而非真正的知识生产者，本地的图书馆等学术资源也远未得到充分利用。④

语言及其背后的思考方式是"中心"主导"学术世界体系"的重要载体。一方面，桑山认为，美国人看不上日本的学问，"与其说是日本人自身的问题，不如说是因为美国人没有能够承认其价值的意图和能力，而最大的

---

① Akhil Gupta and James Ferguson, "Discipline and Practice:'The Field'as Site, Method, and Location in Anthropology", in Akhil Gupta and James Ferguson, eds., *Anthropological Locations: Boundaries and Grounds of a Field Science*, Berkeley: University of California Press, 1997, p. 27.
② 〔日〕桑山敬己:《学术世界体系与本土人类学：近现代日本经验》，第 2、43、32 页。
③ 〔日〕桑山敬己:《学术世界体系与本土人类学：近现代日本经验》，第 52 页。
④ Takami Kuwayama, "Anthropological Fieldwork Reconsidered: With Japanese Folkloristics as a Mirror", in Joy Hendry and Heung Wah Wong, eds., *Dismantling the East-West Dichotomy: Essays in Honour of Jan van Bremen*, London and New York: Routledge, 2006, p. 52.

原因就在于他们日语能力的不足"。① 另一方面，桑山又敏锐地看到，"中心"与"边缘"之间的语言鸿沟并不仅仅在于熟练程度与否，更在于不同语言在主导话语体系中的位置差异。只有使用英语等中心国家的语言，知识的获取、生产和传播才更为有效，才能得到认可。②

其次，为了缓解"学术世界体系"的权力不平等，桑山开出了"本土人类学"的"药方"。桑山将"本土人类学"界定为"本土人尝试着用自己的观点、自己的语言阐释自己的民族、自己的文化"的学问。③ 简而言之，"本土人类学"是"本土人对本土人的人类学"。正是在这个意义上，桑山分析的最终落脚点并不是普通的"本土人"，而是为其代言的"本土人类学家"。"对话空间"是全书始终强调的一个关键词，不言而喻，此处对话的双方更多地指"本土人类学家"与"非本土人类学家"。因此，桑山的剖析和判断在相当程度上是他作为一个日本"本土人类学家"的夫子自道。

桑山的重要创见在于"民族志的三重结构"，将描述者、被描述者、读者作为三位一体的三个角色加以分析。在桑山对古典民族志、过渡期民族志、完全本土型民族志三种类型民族志的探讨中，被描述者（本土读者）也被纳入视野，这颇有新意和深意。尽管如此，桑山在书中所强调的弱势主体并非"本土人"，而是"本土人类学家"。当然，桑山并非无视"本土人"，如果"本土人类学家"作为一种知识的创造者尚且依附于中心的强者，普通的"本土人"处于一种更为弱势的地位也就自不待言了。

桑山的立场与观点或许容易让人联想到萨义德（Edward Waefie Said）的"东方主义"，但两者事实上存在微妙的差别。他们对"学术世界体系"与"本土人类学"的分析尽管都具有"反霸权"和"去中心"的特征，但桑山的立论仍立足于学术史和知识系谱的范畴，而萨义德的主张显然更为彰显"反殖民主义"的大义名分。萨义德将"东方主义"视为"西方对东方的一种投射和统治东方的一种愿望"，东方仅是"一个被论说的主题""一些虚构性叙事"。在对东方的讨论中，东方自身是"完全缺席的"。为此，

---

① 〔日〕桑山敬己：《学术世界体系与本土人类学：近现代日本经验》，第53页。
② Takami Kuwayama, "The 'World-System' of Anthropology: Japan and Asia in the Global Community of Anthropologies", in Shinji Yamashita, Joseph Bosco and J. S. Eades, eds., *The Making of Anthropology in East and Southeast Asia*, New York: Berghahn Books, 2004, p.39.
③ 〔日〕桑山敬己：《学术世界体系与本土人类学：近现代日本经验》，第15页。

萨义德反复引用并强调:"他们无法表达自己,他们必须被别人表述。"① 他呼吁,要摈弃东方学发展过程中所呈现的"种族主义的、意识形态的和帝国主义的定性观念"②,希望东方学者能够站出来自己描述东方。"东方主义"尽管是反殖民主义的视角,但究其根本,它描绘的是一种殖民者与被殖民者延续下来的压迫关系。与萨义德的激进主张相比,桑山的阐述要缓和得多,书中对"东方主义"的引用也并不突出。如英文原题所示,桑山期待的更多是"挑战霸权",而非"颠覆体系"。桑山坦言,无论是处于"知识世界体系"边缘的日本还是其他国家,都无力以集体的力量掀起"一场革命"。③ 同时,在个人的学术风格和价值取向上,桑山似乎也对"后现代主义"以及批判理论敬而远之。在这一思考方式的延长线上,桑山反思道:"边缘的研究者过于重视与中心的关系,反而忽视了边缘与边缘的关系。"④ 为此,他再度借用"本土与离岛"的比喻,认为不仅是离岛与本土之间,各离岛之间也应该增加往来,避免彼此隔绝的状态。

二 如切如磋

针对桑山的分析和观点,不少学者提出了若干商榷或质疑之处,主要包括以下三个方面。

首先是"中心"和"边缘"的关系。一些学者认为,"中心"和"边缘"是相对的,只有在比较意义上才成立,而日本在多大意义上处于一种绝对的"边缘"地位,或许要打一个问号。在这方面,一个重要的概念在于"半边缘"。桑山固然熟知这一概念,但为了突出"中心"和"边缘"的对立,其理论一开始并不强调介于"中心"和"边缘"之间的"半边缘"结构。⑤ 但在不少学者看来,如果套用"三个世界"的理论,日本与其说处于"第三世界",毋宁说日本更符合"第二世界"的身份,甚至在某些

---

① 〔美〕爱德华·W. 萨义德:《东方学》,王宇根译,生活·读书·新知三联书店,2019,第448页。
② 〔美〕爱德华·W. 萨义德:《东方学》,第128、236、438页。
③ 桑山敬己「アメリカの人類学から学ぶもの」、『国立民族学博物館研究報告』第31卷第1号、2006、52頁。
④ 〔日〕桑山敬己:《学术世界体系与本土人类学:近现代日本经验》,第109页。
⑤ 〔日〕桑山敬己:《学术世界体系与本土人类学:近现代日本经验》,第31页。

时段或领域不乏跃居"第一世界"的表现。尽管一国的综合国力与学术产出未必同步发展,两者在世界上的地位也未必始终并驾齐驱,但在学术世界中,日本身处"第三世界"而非"第二世界"的判断仍不免引起争议。再联想到日本学者添谷芳秀等阐述的"中等强国论",日本在"中等国家"中排名尚且靠前,实在难以为其贴上"落后国家""边缘国家""下等国家"的标签。

不少学者强调,无论是"中心"还是"边缘",内部都还有进一步的分化。例如,出生于美国但长期在香港执教的人类学家麦高登(Gordon Mathews)赞同桑山的基本判断,即日本人类学家若想在西方学术刊物崭露头角,必须屈从于相对狭窄的话语空间,甚至不得不抛弃源自"边缘"的本土理念。但麦高登也强调,"中心"如欧美,其内部也并非铁板一块,难以一概而论。① 日本学者山下晋司也表达了类似的观点。他不无自信地指出,在人类学研究中,尽管美国更为强势,但相比东京大学和日本其他顶尖机构,美国的不少大学或许更处于"边缘"的地位。②

对于日本的"边缘"定位,不少来自更为边缘的发展中国家的学者显然有着不同的声音。例如,马来西亚学者赛义德·法里德·阿拉塔斯等从"学术帝国主义"、"学术新殖民主义"、"学术依附"以及社会科学中的"全球不平等分工"等角度做了更为激进的分析。在他们看来,日本与德国、荷兰等一道,至多是这一"学术世界体系"中处于"半边缘"地位国家的代表。③

对此,桑山不得不自我辩护,提出三个补充性观点。第一,"中心的多元化",即便是英、美、法这三个"中心",其内部也在国际合作、对"非中心"地区的关注程度等方面存在差异。第二,"边缘的多元化",被边缘

---

① Gorden Mathews, "On the Tension between Japanese and American Anthropological Depictions of Japan", in Shinji Yamashita, Joseph Bosco and J. S. Eades, eds., *The Making of Anthropology in East and Southeast Asia*, New York: Berghahn Books, 2004, pp. 125 – 126.

② Shinji Yamashita, "Reshaping Anthropology: A View from Japan", in Gustavo Lins Ribeiro and Arturo Escobar, eds., *World Anthropologies: Disciplinary Transformations within Systems of Power*, Oxford: Berg Publishers, 2006, p. 36.

③ 参见 Syed Farid Alatas, "Academic Dependency and the Global Division of Labour in the Social Sciences", *Current Sociology*, Vol. 51, No. 6, 2003, pp. 599 – 613; Syed Farid Alatas, *Alternative Discourses in Asian Social Science: Responses to Eurocentrism*, SF Alatas: Sage, 2006。

化的当然不止日本，大部分非西方国家以及不少欧洲小国也是如此。第三，"中心内部的边缘化"与"边缘内部的边缘化"。一方面，美国尽管处于"学术世界体系"的中心，但日本人类学研究在美国的学术体系中是相对边缘化的，换言之，这些学者尽管身处"中心"，但其处境是"边缘"的。另一方面，"边缘"内部还可再做区分，相比更为边缘的其他国家，日本"与其说是边缘，不如说是半边缘"。换言之，"日本对于中心是边缘，但在边缘内部则是中心"。[1]

日本既是欧美人类学者观察、分析的对象，历史上日本的人类学家也踏足中国台湾地区、朝鲜半岛等日本曾侵占的地区以及东南亚等周边国家，成为外来"观察者"。对日本而言，这种多元身份和特殊历史情境使"中心"与"边缘"的划分相对模糊及重叠，也为支持和修正桑山的各方观点提供了若干佐证，使其见仁见智、相容不悖。

其次，"本土人类学"的定位，有没有必要过于突出"本土人类学家"与"非本土人类学家"的身份差异？这一质疑主要源于以下三个观点。

第一，"本土"与"非本土"的对立或许过于绝对，也不够全面。例如，山下晋司指出，相比"西方"与"非西方"的二元对立，"三角关系"恐怕更能反映日本人类学发展的历程和现状。在"三角关系"中，日本是"本土"，西方是"镜子"，而亚太则是"研究的场域"。[2] 出生于日本但长期在美国执教的学者三好将夫，在研究日美文化关系时提出过"偏离中心"（offer center）的概念，将自身置于既非母国又非研究对象国的立场。[3] 这种貌似吊诡的身份也得到了布鲁斯·卡明斯等学者的认同。[4]

第二，相比"非本土人类学家"，"本土人类学家"未必具有明显的优势或差异，因此，所谓的"本土人类学"也就无从谈起。桑山认为，日本人的思考模式、论述方式与"学术世界体系"不尽一致。例如，"日本人更

---

[1] 〔日〕桑山敬己：《学术世界体系与本土人类学：近现代日本经验》，第 92~100 页。

[2] Shinji Yamashita, "Somewhere in between: Towards an Interactive Anthropology in a World Anthropologies Project", in Joy Hendry and Heung Wah Wong, eds., *Dismantling the East-West Dichotomy: Essays in Honour of Jan van Bremen*, London and New York: Routledge, 2006, p.180.

[3] Masao Miyoshi, *Off Center: Power and Culture Relations between Japan and the United States*, Cambridge and London: Harvard University Press, 1991.

[4] Bruce Cumings, "Boundary Displacement: Area Studies and International Studies during and after the Cold War", *Bulletin of Concerned Asian Scholars*, Vol.29, No.1, 1997, p.26.

重视建立在实践基础上的具象性,而不是理论方面的抽象思考",因此,日本学者的作品中虽案例丰富,"但大多缺少将其抽象理论化的意识",而美国学者给人的感觉则是擅长创造概念和建构理论。① 当然,桑山也强调,"本土人类学家"和"非本土人类学家"之间并不存在"感受"与"分析"的分工,两者的差别只是程度问题。"本土人类学家"在感受"自文化"的同时,需要磨炼分析能力;而"非本土人类学家"在掌握分析工具的同时,也需要提高实际感受能力。② 但案例与理论、感受与分析无形中已划分了"本土"与"非本土"学者的界限。

对此,不少非日本的学者有着不同的观点。例如,来自中国香港的王向华以退为进,通过自我批判指出,与西方学者相比,本土的学者并不必然具有"先验的认知论优势"。换言之,就某一特定文化而言,所谓的"局内人"未必一定比"局外人"了解得更为深刻和全面。正因如此,人为地认定"东西方"或"本土与外来"之间的二元对立,其实并无必要。③ 何亚伟(James L. Hevia)基于自身的研究经历也主张:"生于一国并说那国的语言并不意味着对当地之过去有着先天的接近能力,还必须转译和阐释。这两者都需要心通意会和想象力。"④ 斯坦福大学的人类学教授别府春海的书评对桑山的著作整体上评价积极,但也提出了一个发人深省的问题,即究竟谁才是"本土人类学家"? 举例而言,在描述日本的农民时,像桑山这样在美国接受学术训练、一直生活在城市的大学教授,在多大程度上能够代表"本土"?⑤

在这方面,对桑山的方法论提出本质挑战的或许是来自丹麦的人类学家克斯汀·海斯翠普。她多次强调"本土人类学"的概念本身就是一个矛盾体,不可能存在,并指出人类学家无法同时站在本土和人类学的立场上发出

---

① 〔日〕桑山敬己:《学术世界体系与本土人类学:近现代日本经验》,第 61~62 页。
② 〔日〕桑山敬己:《学术世界体系与本土人类学:近现代日本经验》,第 157 页。
③ Heung Wah Wong, "Eastern and Western Anthropologists Unite in Culture: A Personal Note", in Joy Hendry and Heung Wah Wong, eds., *Dismantling the East-West Dichotomy: Essays in Honour of Jan van Bremen*, pp. 111, 116.
④ 〔美〕何亚伟:《怀柔远人:马嘎尔尼使华的中英礼仪冲突》,邓常春译,社会科学文献出版社,2019,第 284 页。
⑤ Harumi Befu, "Review on Native Anthropology: The Japanese Challenge to Western Academic Hegemony", *Pacific Affairs*, Vol. 78, No. 4, 2005-2006, pp. 659-660.

一个声音。人类学研究质量的"高低"、理论的"好坏"与是不是外国人或本地人无关。① 过于强调"本土化"还有可能画地为牢,导致"地方主义"(parochialism)的风险。

第三,不少学者认为,"本土人类学家"面临的困境未必是"中心"与"边缘"的结构所造成的,有可能是其自身选择的结果。日本这样的案例表明,"边缘"脱离或自外于"中心"的行为带有一定的主观意图,并不完全是被动之举。对于"边缘"而言,希望被"中心"接纳而不得,不免焦虑;而如果选择另起炉灶、自在自为,则原先的愤懑感乃至屈辱感也会极大地消退。这不妨视为某种"自我边缘化"。

著名的中日语言文学研究者魏世德(John Timothy Wixted)曾指出,日本等国有着强烈的文化自觉和自信,这种"文化主义"(culturalism)导致日本国内的知识体系自行其是,与国际知识体系"井水不犯河水"。他把这种表现称为"反向的东方主义"(reverse Orientalism)。② 麦高登同样使用"中心"和"边缘"的表述,但更多地从文化和心理意义上去阐释。他指出,与巴西、俄罗斯、中国等处于"半边缘"位置的国家一样,日本有规模可观的母语受众。日本的人类学研究在相当程度上"被外界忽视"甚至与其他国家的人类学形成一个"平行宇宙",首要原因在于日本学者主观上缺乏与外部世界交流的兴趣,而上述的一定规模受众也使这种内部的自成一体具备了基本条件。③

套用"离岛"和"本土"的比喻,如果"离岛"自身具有可观的规模,可大体自给自足,自然也会降低与"本土"互通有无的需求。不少学者认为用母语著书立说是像日本这样处于"半边缘"地位的国家打破国际学术分工、脱离知识生产依附的良途。④ 例如,日本文化人类学会会长、在

---

① 参见 Kirsten Hastrup, "The Native Voice and the Anthropological Vision", *Social Anthropology*, Vol. 1, No. 2, 1993, pp. 173 – 186; Kirsten Hastrup, "Native Anthropology: A Contradiction in Terms?", *Folk: Journal of the Danish Ethnographic Society*, Vol. 35, 1993, pp. 147 – 161; Kirsten Hastrup, "Anthropological Theory as Practice", *Social Anthropology*, Vol. 4, No. 1, 1996, pp. 75 – 81。

② John Timothy Wixted, "Reverse Orientalism", *Sino-Japanese Studies*, Vol. 2, No. 1, 1989, pp. 17 – 27.

③ Gordon Mathews, "Why Japanese Anthropology is Ignored beyond Japan", *Japanese Review of Cultural Anthropology*, Vol. 9, 2008, pp. 53 – 69.

④ Syed Farid Alatas, "Academic Dependency and the Global Division of Labour in the Social Sciences", *Current Sociology*, Vol. 51, No. 6, 2003, pp. 599 – 613.

伦敦大学获得人类学博士学位的关根康正基于自身经历指出，与其在短时间内通过"英文化"增加对外输出，不如深耕内部、拿出真正具有"原创性"的东西。从历史和现状来看，考虑到较大的国内学术市场规模，事实上日本学者仅用日文撰写论文就能保持较高的研究水平。更进一步说，鉴于语言本身孕育于独特的历史和风土之中，用母语撰写同时运用国际通用学术概念的研究或许更具价值。① 这种部分脱离、彼此平行的状态固然是为了摆脱"完全依附"的一种策略，但有能力达到这种状态本身就是一种资本，是真正处于"边缘"地位的国家难以企及的。

三　圈里圈外

无论是在日本国内还是在国际学界，对"本土人类学"多有呼吁和著文②，桑山敬已既不是第一人，也未必是最具影响力之人，但像他这样以专著形式振臂疾呼的似不多见。日本国内，桑山同道不孤。近年来，川桥范子、加藤惠津子等日本学者对"本土人类学"或"自文化人类学"也多有阐释，对欧美作为中心的学术霸权提出异议，希望打破其垄断，同时也摆脱"低人一等"的心态，以一种更加不卑不亢的姿态与欧美学界开展平等的学术对话。③ 在日本文化人类学会、国际人类学与民族学联合会等的学术会议中，日本人类学的本土化始终是具有较高热度的议题。

从学科发展而言，人类学在日本具有比较特殊的历史经验和现实地位，或许这是"本土书写者"在人类学领域更具存在感、号召力的原因之一。首先，人类学在日本的发展历程相对较长，基础也相当坚实。自南方熊楠、柳田国男、折口信夫等学者开始，日本学界自身在人类学以及与之相关的民俗学、民族学、考古学等领域拥有较为悠久的传统和深厚的积累，因此也比较自信。日本文化人类学会的前身"日本民族学会"早在1934年就已成

---

① 関根康正「ある危機からの構築にむけて—『21世紀の日本文化人類学会の国際化とグローバル化』に関する問題提起—」、『文化人類学』第79巻第4号、2015、469–479頁。

② 例如，阿尔琼·阿帕杜莱等学者很早就从人类学整体视角阐述过"中心"与"边缘"的关系，参见 Arjun Appadurai, "Theory in Anthropology: Center and Periphery", *Comparative Studies in Society and History*, Vol. 28, No. 2, 1986, pp. 356–361。

③ 加藤惠津子「日本人・ネイティヴ・人類学徒—劣等感も選良意識も超えた自文化研究に向けて—」、『文化人類学』第71巻第2号、2006、202–220頁。

立，目前拥有会员近2000人，规模仅次于美国，全球排名第2位。日本不少大学设有文化人类学的课程。由于写作风格和阅读习惯的差异，日本的人类学著作不仅有"象牙塔"里的高深研究，而且有畅销不衰的大众读物，相比美国等其他国家更具市场效应和读者基础。① 因此，无论是与日本国内的其他学科比较，还是与国际同行比较，日本的人类学可以说是一个优势学科。身据优势而不被承认，学者的心理落差不免更为显著。

其次，在人类学、社会学、民俗学等领域，日本学者对欧美学界的"批判"和"反抗"似乎尤甚于政治学、经济学等其他学科。其中，人类学可能是最为突出的。这从日本首位人类学者坪井正五郎开始就已经埋下了种子。② 这种主体意识的高扬或许源于数个因素。其一，人类学自诞生之初，就天然地与殖民主义和种族主义交织在一起。因此，人类学的后续发展往往带有反殖民主义的反思和批评，思考学术研究中的权力格局与平等关系。③ 其二，本土学者和本土读者身为人类学和社会学中的"被观察者"或"报道人"，其对主客对立的感受更加痛切，因而其抗拒的反应和姿态也更显性。其三，日本的人类学研究自肇始便具有比较鲜明的本土色彩，着眼于研究日本自身的特殊性。④ 日本的人类学甚至被认为在很长时间内与形形色色的民族主义牵连在一起。⑤ 柳田国男创立民俗学并刻意疏远人类学，目的之一便是反对欧美的文化人类学。在他看来，后者站在"征服者""文明人"的立场去调查被统治地区的风俗，而他要做的是重新确立自己的主体地位。⑥ 这三个因素表面上看或许不无矛盾之处，但在日本身上实现了对立统一。

---

① Gordon Mathews, "The Globalization of Anthropology, and Japan's Place within It", *Japanese Review of Cultural Anthropology*, Vol. 16, 2015, pp. 75 – 91.
② Joy Hendry, "Building Bridges, Common Ground, and the Role of the Anthropologist", in Joy Hendry, *An Anthropological Lifetime in Japan: The Writings of Joy Hendry*, Leiden: Brill, 2016, pp. 621 – 622.
③ 参见 Talal Asad, ed., *Anthropology & the Colonial Encounter*, London: Ithaca Press, 1973。
④ Shinji Yamashita, "Reshaping Anthropology: A View from Japan", in Gustavo Lins Ribeiro and Arturo Escobar, eds., *World Anthropologies: Disciplinary Transformations within Systems of Power*, Oxford: Berg, 2006, p. 33.
⑤ 〔英〕莫里斯·布洛克：《人类学与认知挑战》，周雨霏译，商务印书馆，2018，中文版序言，第v页。正如山下晋司所提示的，在日语中，"民族学"与"民俗学"的发音是一致的。当然，相比中文世界的读者，这一巧合对英文世界的读者而言，或许更为困惑。
⑥ 〔日〕小熊英二：《单一民族神话的起源：日本人自画像的系谱》，文婧译，生活·读书·新知三联书店，2020，第226页。

再次，在相当意义上，日本与欧美学界之间的"事实"与"方法"悖论在人类学、社会学中也尤为突出。杰里·伊兹曾做过一个颇耐人寻味的比较：同为出生于中国大陆的人类学家，阎云翔、景军、刘新等在美国的学者，与聂莉莉、韩敏、秦兆雄等在日本的学者，在学术风格上表现出明显的共性差异，前者重视理论构建，而后者更专注于事实和数据的收集梳理。① 这从一个侧面间接地凸显了日美差异。

在人类学以外的其他学科，不少日本学者也对桑山的观察和体验感同身受。例如，社会学家上野千鹤子结合自身的经历批判称，在日美共同研究中，美国学者期待的无非是"美国出理论，日本出信息"，即仅仅把日本同行定位于信息提供者的角色，而需要他们提供的无非是"特殊主义作用下差异化的当地知识"，仿佛在"普遍主义"的视角下从日本身上无所可学。在这种意识的作用下，尽管不少文学类的日文作品纷纷西译，但日本学者在思想和社会科学方面的著作往往无人问津。作为著名的哲学家和文学批评家，柄谷行人将这一现象形象地称为"审美化"。② 在他看来，西方学者常带着"美学的眼光"来看待非西方世界。③

颇为吊诡的是，桑山的观点在国际学界特别是在日本人类学研究领域的同行中获得了相当的共鸣，但其中大部分不是日本学者，不是桑山笔下的"本土人类学家"。通过阅读这些学者的作品和相互引用，能充分感受到"日本人类学研究"这一学术共同体的内聚力、认同感和某种共同的危机意识。④ 尽管不能说这是一种"茶杯里的风暴"，但这种共鸣大体仍局限在研究日本的人类学家内部，并没有充分外溢到更广泛的社会科学领域和日本研究以外。桑山此书英文版的影响似乎更甚于日文版，而国际学术同仁的反响

---

① Jerry S. Eades, "Anthropologists of Asia, and Anthropologists in Asia: The Academic Mode of Production in the Semi-periphery", in Jan van Bremen, Eyal Ben-Ari and Syed Farid Alatas, eds., *Asian Anthropology*, London and New York: Routledge, 2005, pp. 87 – 92.
② 上野千鶴子「グローバリゼーションと日本の社会学教育」、『社会学評論』第58卷第4号、2008、524 – 539頁。
③ 值得一提的是，在欧美的后现代主义历史哲学中，这种"审美取向"本是题中应有之义，未必与权力相关。参见〔波兰〕埃娃·多曼斯卡编《邂逅：后现代主义之后的历史哲学》，彭刚译，北京大学出版社，2007。
④ 2005年扬·范布雷曼英年早逝后，乔伊·亨德里（Joy Hendry）、王向华等多位学者于2006年编辑出版了一本题为《打破东西方二元论》（*Dismantling the East-west Dichotomy*）的纪念文集，就是一个感人的例证。

也大大超出日本国内同行。桑山坦言自己是一个"对国内情况不了解"的"海归"。但桑山既未被母国的学术生态完全"同化",也不同于始终在海外的日籍或日裔学者。从桑山的学术简历可以看出,桑山有近半数论著为英文作品,也有日文著述,自有游走于国内、国际的独到之处。对于那些在国内环境浸淫已久并无长期海外留学和工作经历的日本学者而言,与桑山的体验和呐喊多少有些隔阂,普通读者中对桑山立论"心有戚戚焉"的恐怕为数更加有限。

更耐人寻味的是,即便在日本人类学共同体内,关注、引用并评论桑山观点的学者也大多来自欧洲、亚洲等地区,美国学者对其反应寥寥,评价也难言积极。例如,耶鲁大学教授威廉·凯利直言不讳地指出,身为美国学者,他们并没有感受到自身在日本人类学研究的世界体系中处于某种压倒性的中心地位;日本人类学发展的知识轨迹与其说是由人类学家的社会地位决定的,倒不如说受到了日本社会变迁和互文(intertextual)的左右。[①] 这似乎又反过来印证了桑山所言非虚。

四 何去何从

对"本土"社会科学的反思并不局限于日本,在那些处于国际学术位阶"劣势"地位的国家都有程度不一的体现。同时,桑山敬己的观察和分析固然主要聚焦于人类学,但在教育学、社会学等其他学科中,类似的现象解读、因果评析、理论争鸣、政策建议也似曾相识。不少学者从"学术依附论"(academic dependency theory)的视角有过类似的阐述。[②] 例如,早在1982年墨西哥城召开的第十届世界社会学大会上,就设立了一个题为"社会学理论中的普遍主义与本土化"的分科会,部分论文还收录编纂为1988年的《国际社会学》(*International Sociology*)特集,从"第三世界依附论"、"扎根理论"(grounded theory)、"解放实践"(emancipatory practice)

[①] William W. Kelly, "Fear and Loathing of Americans Doing Japan Anthropology", in Joy Hendry and Heung Wah Wong, eds., *Dismantling the East-West Dichotomy: Essays in Honour of Jan van Bremen*, pp. 133 – 140.

[②] Syed Farid Alatas, "Indigenization: Features and Problems", in Jan van Bremen, Eyal Ben-Ari and Syed Farid Alatas, eds., *Asian Anthropology*, p. 230.

等诸多理论视角出发，积极呼吁社会科学的本土化。

与商品世界一样，学术世界也不免存在某种垂直分工体系，体现出生产链和价值链的前后高下之分。桑山的根本主张在于提高日本人类学研究的主体性、独立性，摆脱依附的地位和卑躬屈膝的姿态。如果把桑山对日本人类学研究的探讨置于日本研究的国际语境下，乃至进一步拓展，将其视作一国社会科学的代表，则其样本意义可能更为突出。这就是今天我们在该书出版十余年之后重读桑山著作的意义。

桑山对欧美"日本人类学研究"的不少批评在中国都能找到近乎镜像的例子。例如，王铭铭认为，以莫里斯·弗里德曼（Maurice Freedman）为代表的汉学人类学甚至整个人类学都面临着"学术人格的分裂"："他们一方面把中国当成独特的对象加以'东方学式的'客体化，另一方面为了学科的理论建构把中国社会加以学理化。"① 又如，周锡瑞（Joseph W. Esherick）在批评何伟亚的《怀柔远人——马嘎尔尼使华的中英礼仪冲突》一书时提出，该作品虽然力图反击欧洲中心论的殖民主义立场，但无视中国学者对马嘎尔尼和清廷的大量研究，恰恰是这一立场的再生反映了一种判断，即中国人无法理解西方理论的最新发展。②

在社会学领域，从20世纪80年代初开始，一批旅美或曾在欧美求学的中国台湾学者对"中心"和"边陲"的问题就有过激烈而颇具价值的讨论。③ 萧新煌等学者借用沃勒斯坦的世界体系论等对中国社会学在国际学术体系中面临的困境做过比较深入的阐发。20世纪90年代中后期，王铭铭提出社会人类学本土化的首要任务是"通过本土观念的解剖树立新的社会人文科学范式，使本土人类学获得一个避免文化和权力格局制约的自主讨论空间"。④ 进入21世纪之后，对这一问题的讨论仍在继续和深化，不少学者各

---

① 王铭铭：《社会人类学与中国研究》，生活·读书·新知三联书店，1997，第108页。
② 周锡瑞：《后现代式研究：望文生义，方为妥善》，《二十一世纪》1997年12月号，第105～117页。
③ 参见杨国枢、文崇一主编《社会及行为科学研究的中国化》，"中研院"民族学研究所，1982；蔡勇美、萧新煌主编《社会学中国化》，巨流图书公司，1986；叶启政《社会理论的本土化建构》，北京大学出版社，2006。
④ 王铭铭：《社会人类学与中国研究》，第253页。

抒己见。① 2018 年《清华社会学评论》特集"西方理论与本土化前沿"出版。② 也有学者从另一个侧面提出反对意见，例如，谢宇从议题本土化、应用本土化和范式本土化三个角度出发，认为社会学本土化是个伪命题，中国的社会学要为世界以及整个社会科学体系做出贡献。③ 在政治学等其他学科的研究中，"中国化"与"本土化"也是一个颇为热门且不乏成果的议题领域。

这些讨论事实上涉及两个根本问题，即国别化的研究能为这个学科做什么？这个学科又能为研究这个国家做什么？两者的连接或补充或许是一种理想的状态，但在价值取向上则往往呈现出较大的差异，甚至呈现两极化趋势。④ 能否避免"民族感情或政治利益过分泛滥"，能否防止"掩盖科学理性的有效运作"，或许是任何一门社会科学在"本土化"过程中都亟须注意的问题。⑤ 进而言之，"中心"对"边缘"的"漠视"、主流对外围的"打压"，在多大程度上与一国的学术质量存在因果关系？反过来，在推进学术本土化的过程中，当国内同行对高质量成果已大体形成共识时，是否仍有必要勉力追求境外或国际的主流学术圈的首肯，又如何赢得认同？这些问题是我们超越人类学的学科藩篱，在更大视野中阅读、思考桑山敬已作品的意义所在。在这一语境下，普通读者也不必因该书颇为严肃的标题畏而退却，完全可以各取所需。对于学界的同仁而言，无论是否把它当作一部人类学著作，都能读出其中的味道来。

（审校：李璇夏）

---

① 相关研究可参见周晓虹《"中国研究"的国际视野与本土意义》，《学术月刊》2010 年第 9 期，第 5~13 页。
② 王天夫主编《清华社会学评论》第十辑，社会科学文献出版社，2018。
③ 谢宇：《走出中国社会学本土化讨论的误区》，《社会学研究》2018 年第 2 期，第 1~13 页。
④ 萧新煌：《旅美中国社会学家谈社会学中国化》，载蔡勇美、萧新煌主编《社会学中国化》，巨流图书公司，1986，第 337 页。
⑤ 叶启政：《边陲性与学术发展——再论本土化》，载叶启政《社会理论的本土化建构》，第 52 页。

Table of Contents & Abstracts

· **Special Discussion: East Asian Cultural Exchange and Japan's National Construction** ·

Analysis on the Development of Japan's Tennoism from the Historical Perspective of East Asia

Cai Fenglin / 1

Abstract: In the study of Japanese political history, Tennoism is one of the core subjects. The establishment of Tennoism in ancient Japan is a highly concentrated process of kingship based on the political premise of the construction of Ritsuryō State, which presents the political development track that the construction of Ritsuryō State and the construction of Tennoism blend and advance together. The internal cause of formation of Tennoism lies in the development of social productivity in ancient Japan and the consequent demand for domestic political development; the external cause is the profound influence of the East Asian international environment on Japan centering on the Korean Peninsula issue. Ancient Japan had always maintained close political, economic and cultural ties with the East Asian continent. In the process of strengthening the kingship, transferring the kingship into the imperial power, establishing the Ritsuryō State and finally establishing the Tennoism of ancient Japan, great influences made by East Asia can be found resulting from the development of politics and culture together with the change of political situation. Its core link is the Korean Peninsula, the channel of civilization, or the Korean Peninsula issue is one of the main driving forces for the birth of Tennoism.

Keywords: Japan; Kingship; Tennoism; Ancient East Asia; Korean Peninsula

The Study of Japanese Female Emperors

Yoshikawa Toshiko / 26

Abstract: There were many female emperors in ancient Japanese history. Japanese scholars began to discuss the historical significance of the existence of female emperors under the understanding that female emperors and male emperors were the same monarchs. The evolution of the Japanese empress system experienced the process of excluding the female emperor, the appearance of the empress, the establishment of the transition of the empress, the initiation of the dual monarchy by the empress and the end of the empress, which was closely related to the state of the monarchy in the same period of Japan. There is a difference between the female emperor who takes care of the emperor and the male emperor who breaks away from the state affairs. The dual monarchy system of the female emperor assisting the emperor, which is found out from constant attempts and mistakes, has the function of restraining the influence of the relatives and ensuring the powerful rule of the royal family in the world.

Keywords: Mikado System; Female Emperors; Transition Emperors; Dual Monarchy

On the Reception of "Bai Hong Guan Ri, Tai Zi Wei Zhi" in *The Tale of Genji*

Zheng Yinlong Tong Jun / 36

Abstract: Murasaki Shikibu was deeply influenced by Chinese classics when she wrote *The Tale of Genji*. In this classic, Tounoben chanted a Chinese sentence "Bai Hong Guan Ri, Tai Zi Wei Zhi" (The white fogbow cross the sun, the prince fears it). How to interpret this sentence in *The Tale of Genji* has been controversial since ancient times. This sentence comes from the letter "Yuzhong Shang Liangwang Shu" (Write to King Liang in Prison) by Zou Yang in the Han Dynasty. It was first seen in *Shiji*, based on the allusion that Jing Ke assassinated the king of Qin. According to research, the annotations in *Kakaisyo* are the most critical. First, with regard to the word "Wei" of "Tai Zi Wei Zhi", Chinese ancient scholars had two interpretations: "fear" and "doubt". In the context of *The Tale of Genji*, it should be understood as "fear", but Zou Yang's original meaning should be "doubt". Second, the "Bai Hong Guan Ri" in *The Tale of Genji* alluded to the idea that Genji wanted to murder the Emperor Suzaku, while Zou Yang believed that God was moved by Jing Ke's sincerity, so there was a good sign of "the white fogbow cross the sun". Based on this, it can be seen that Tonoben, the chanter, misread the Chinese, and understood praising the allusions of resisting tyranny into "subordinates endanger the sovereign". Through the creation of this character, Shikibu wanted to express the troubled times of the Emperor Suzaku's era dominated by the Minister of Right. However, it has not been mentioned by the predecessors. Contrary to popular views, the out-of-context "misreading" may also be the accidental mistake of the author Shikibu herself, but there is no actual evidence at present.

Keywords: *The Tale of Genji*; Chinese Classics; Cultral Exchange; Cultural Misunderstanding

Japanese Burial System in Asuka Era
—*From the Perspective of International Relations in Acient East Asian*

Hishida Tetsuo / 56

Abstract: With the 7th century as the time node, the burial system of the Japanese archipelago has undergone great changes. At the beginning of the 7th century, a new type of tomb called "hengkou type stone coffin" began to appear, and gradually replaced the hengxue type stone cave which has the function of highlighting the family status within the region, that is following the surname system. "Hengkou type stone coffin" is considered to follow the architectural example of the thin burial order to a certain extent, which means that there was a gradual transition from the surname system to the crown system in Japanese society at that time. Japan's burial system and its reflected crown (official) position system may be based on Paekche's system, and Paekche's burial system was largely influenced by the burial system of the Southern Dynasties in China. Through the study of the burial system, we can infer that the social order based on the official position system has spread throughout East Asia since its origin in China.

Keywords: Asuka Era; Burial System; Surname System; Crown System; International Relations in Acient East Asian

Iha Fuyuu's Study of Ryukyu Nationality and Politics

Xu Yong / 65

Abstract: Iha Fuyuu's achievements of historiography are of academic value in the Ryukyu / Okinawa study. Iha Fuyuu played a turning and advancing role in the field of historiography, from the study of ancient Ryukyu, the study of modern history after the country was destroyed, and the study of the development of new Ryukyu history after World War II. Iha Fuyuu had leaded the academic frontier with cross-disciplinary research and is also recognized as one of the representatives of modern Ryukyu and East Asia in the fields. His research was not only rooted in the vitality of Ryukyu history and culture, but also the product of multi-directional political wrestling in modern times. This paper focuses on Iha Fuyuu's research of the Ryukyu nationality theory, political history of the kingdom, and his research after World War II.

Keywords: Iha Fuyuu; Ryukyu Study; Ryukyu Nation; History of Ryukyu

· **Political and Diplomatic History** ·

The Political Reform in the Heisei Period
—*Target, Process and Performance Evaluation*

Wang Zhechun Gao Hong / 92

Abstract: After entering the Heisei Period, the drastic changes in the international and domestic situation make it difficult for Japan's original political system to continue, thus starting the political reform process throughout the entire Heisei Period. The political reform in 1994, Hashimoto's administrative reform and the political decision-making system reform since then constitute a logical and consistent whole, that is, hope to reshape Japan's political system through systematic and comprehensive reform, so as to realize the dream of amending the constitution and completely getting rid of the constraints of the post-war system. After nearly 30 years of reform, we have achieved certain stage results in breaking bureaucratic domination, establishing political dominance, and strengthening the leading position of the prime minister and cabinet in decision-making. However, Japan has not become stronger because of this, especially the threat of structural contradictions at the economic and social levels to Japan in the future is increasing. For the Japanese government in the Reiwa Period, how to make the economy return to the track of benign growth and realize the sustainable development of society is a fundamental issue more related to the future of Japan than amending the constitution.

Keywords: The Heisei Period; Political Reform; Prime Minister's Office; Political System Transformation

Japan's Foreign Policy towards EU Countries during the Epidemic Period

Zhou Yongsheng / 110

Abstract: COVID – 19 is a worldwide epidemic. Japan has obvious diplomatic characteristics of the epidemic to European countries, mainly through the EU countries, through information exchange strategies, exchanging policies and measures, providing clinical trials and calling for solidarity and epidemic prevention. Japan's diplomacy towards European countries has multiple strategic objectives and considerations, among which strategic cooperation, security and military cooperation are important strategic objectives. At the same time, Japan attaches great importance to economic cooperation with European countries. Japan's diplomacy with Europe, under the banner of freedom, democracy, human rights, rule of law and other values, has formed strategic partners with many European countries from a global perspective and strategic height, and has carried out mutually beneficial cooperation on an equal basis, seeking the development of bilateral relations and promoting regional and global stability and prosperity. During the outbreak of COVID – 19, Japan's diplomacy to Europe did not produce outstanding and sensational effects. However, in daily diplomacy, it accumulated a lot of results, which laid a good foundation for Japan to expand the world diplomatic situation, further expand and deepen relations with European countries, and enhance Japan's international status.

Keywords: Japanese Diplomacy; Japan-Europe Relations; Economic Cooperation; Defense Cooperation; Strategic Cooperation

· Economic and Social History ·

The Prospect for "Asian Community": Perceptions of Asia among Chinese and Japanese Youth

Zhai Yida / 131

Abstract: The current challenges to globalization and European integration provide an opportunity to rethink an "Asian Community". As an imagined object, the notion of "Asia" has attracted enormous attention. Investigating "Asia" in humanities has yielded valuable insights, but such efforts ignore the agency and practice underlining the notion of "Asia". The previous studies exclusively focus on how Chinese and Japanese intellectual perceive Asia and their proposal of Asianism in the 19th and 20th centuries. Using a mixed-method approach, the current study explores perceptions of "Asia" among Chinese and Japanese youth by combining quantitative survey data and qualitative interview materials. This Study compare images of "Asia", perceived possibility of "Asian community", and "Asian identity" between China and Japan. The results indicate that the classic pan-Asianism advocating incongruity between Asia and the West cannot bring about regional prosperity and peace. Rather, neo-Asianism, which is grounded on universal principles such as the rule of law, human rights, and democracy, needs to be developed.

Keywords: Practice Sociology; Asianism; Social Cognition; Asian Identity; Universal Principles

· Culture and Thought History ·

An Overview of Studies on Japanese Perceptions of the External World: History, Themes and Trends

Xiong Shue / 156

Abstract: The study of Japanese perspectives on the external world involves political science, history, philosophy and other fields, and belongs to interdisciplinary research. This paper mainly using the research method of combining the history of political thought and international political science. In terms of historical changes, it can be divided into three stages: the modern period, the post-World War II period to the end of the Cold War, and the post-Cold War period to the present. In terms of themes, there exist four groups of key words: Western and Eastern, regional and country-specific, power and order, and foreign and self-understanding. In recent years, the study of Japan's foreign understanding has gradually broken down the barriers between the paradigms of political and diplomatic history, which focus on the rhetoric of government officials and wealthy individuals and their actual policy influence, and the paradigms of intellectual history, which focus on the typical thinkers of each era, and has shown a tendency to intersect and integrate with each other. Among these, the new views of Japanese scholarship on periodization of modern Japanese history are noteworthy. China and Japan share a common destiny and are closely related in terms of geopolitics, academic discourse and common values. In the future, scholars from both countries should engage in sincere and frank academic dialogues, exchanges and cooperation.

Keywords: Japan's Perspectives on the External World; Periodization of

Japan's Modern History; History of Political Thought; International Political Science; Disciplinary Integration

· Book Review ·

Native Anthropologists' Dilemma and Cry-out: A Review on *Native Anthropology: The Japanese Challenge to Western Academic Hegemony*

He Ping / 176

Abstract: Kuwayama Takami's *Native Anthropology: The Japanese Challenge to Western Academic Hegemony* points out that Japan is in a peripheral position in the "academic world system" and that "native anthropology" is a solution to constructing a more equal "space for dialogue" and reshaping "the ethnographic triad". The arguments of the book and the academic debate it aroused provide thought-provoking enlightenments for our reflection on the relationship between "core" and "periphery", "native" and "non-native", "country-specific study" and "disciplinary research". Therefore, its implication transcends the disciplinary barrier of anthropology and the national boundary of "regional studies", and is conducive to re-examining "Japanese studies" in the context of social science as a whole and the global arena.

Keywords: Academic World System; Japanese Studies; Native Anthropology; International Relations Study

《日本文论》征稿启事

为了促进日本研究学科发展，2019年日本学刊杂志社创办学术集刊《日本文论》。《日本文论》前身为日本学刊杂志社曾办学术期刊《日本问题资料》（1982年创刊），以"长周期日本"为研究对象，重视基础研究，通过长时段、广视域、深层次、跨学科研究，深刻透析日本，广泛涵盖社会、文化、思想、政治、经济、外交及历史、教育、文学等领域。《日本文论》以半年刊的形式，由社会科学文献出版社出版发行，2020年度被收入"CNI名录集刊"名单。期待广大海内外学界同人惠赐高水平研究成果。

一、《日本文论》将以专题形式刊发重大理论研究成果；注重刊发具有世界和区域视角、跨学科和综合性的比较研究，论证深入而富于启示意义的成果；注重刊发应用社会科学基础理论的学理性文章，特别是以问题研究为导向的创新性研究成果。

二、本刊实行双向匿名审稿制度。在向本刊提供的稿件正文中，请隐去作者姓名及其他有关作者的信息（包括"拙著"等字样）。可另页提供作者的情况，包括姓名、职称、工作单位、通信地址、邮政编码、电话、电子邮箱等。

三、本刊只接受电子投稿，投稿邮箱：rbyjjk@126.com。

四、论文每篇不低于1万字。请附200~300字的中文及英文摘要和3~5个关键词。稿件务请遵守学术规范，遵守国家有关著作、文字、标点符号和数字使用的法律及相关规定，以及《日本学刊》现行体例的要求（详见日本学刊网 http://www.rbxk.org）。

五、切勿一稿多投。作者自发出稿件之日起3个月内未接到采用通知，可自行处理。

六、本刊不收版面费。来稿一经刊出即付稿酬（包括中国学术期刊电子版和日本学刊网及其他主流媒体转载、翻译部分）和样刊（1册）。作者未收到时，请及时垂询，以便核实补寄。

图书在版编目(CIP)数据

日本文论 . 2021 年 . 第 1 辑：总第 5 辑／杨伯江主编 . -- 北京：社会科学文献出版社，2021.8
ISBN 978 - 7 - 5201 - 8802 - 9

Ⅰ.①日… Ⅱ.①杨… Ⅲ.①日本 - 研究 - 文集 Ⅳ.①K313.07 - 53

中国版本图书馆 CIP 数据核字（2021）第 162963 号

日本文论　2021 年第 1 辑（总第 5 辑）

主　　编 / 杨伯江

出 版 人 / 王利民
责任编辑 / 郭红婷
责任印制 / 王京美

出　　版 / 社会科学文献出版社·当代世界出版分社（010）59367004
　　　　　地址：北京市北三环中路甲 29 号院华龙大厦　邮编：100029
　　　　　网址：www.ssap.com.cn
发　　行 / 市场营销中心（010）59367081　59367083
印　　装 / 北京玺诚印务有限公司

规　　格 / 开　本：787mm × 1092mm　1/16
　　　　　印　张：12.75　字　数：217 千字
版　　次 / 2021 年 8 月第 1 版　2021 年 8 月第 1 次印刷
书　　号 / ISBN 978 - 7 - 5201 - 8802 - 9
定　　价 / 68.00 元

本书如有印装质量问题，请与读者服务中心（010 - 59367028）联系

▲ 版权所有 翻印必究